本书的出版得到了山东青年政治学院出版基金的资助

青年学术丛书·经济

YOUTH ACADEMIC SERIES-ECONOMY

收入分配与经济增长

——转型期中国问题

周青梅 著

人民出版社

责任编辑:李椒元

装帧设计:肖　辉

责任校对:余　倩

图书在版编目(CIP)数据

收入分配与经济增长:转型期中国问题 / 周青梅著.
　-北京:人民出版社,2013.6
ISBN 978－7－01－011470－5

Ⅰ.①收…　Ⅱ.①周…　Ⅲ.①收入分配-研究-中国②中国经济-经济增长-研究　Ⅳ.①F124

中国版本图书馆 CIP 数据核字(2012)第 280630 号

收入分配与经济增长

SHOURU FENPEI YU JINGJI ZENGZHANG

——转型期中国问题

周青梅　著

人民出版社 出版发行

(100706　北京市东城区隆福寺街 99 号)

北京世纪雨田印刷有限公司印刷　新华书店经销

2013 年 6 月第 1 版　2013 年 6 月北京第 1 次印刷
开本:710 毫米×1000 毫米 1/16　印张:17
字数:262 千字　印数:0,001－3,000 册

ISBN 978－7－01－011470－5　定价:33.00 元

邮购地址 100706　北京市东城区隆福寺街 99 号
人民东方图书销售中心　电话 (010)65250042　65289539

目　录

引　言

一、问题的提出

　　收入分配与经济增长一直是经济学研究中的核心问题,是贯穿于经济学学科全部历史的极其重要的理论问题和实践问题。通过对稀缺性资源的充分利用和有效配置,从而最大化地增进人类的福利,是经济活动的目的,也是经济学研究的目的。任何社会的经济活动基本可以概括为财富的创造与分配的互动过程,财富如何被创造与分配,是社会进步水平或程度的重要标志之一。国民收入作为财富"流量"的概念,如何被分配,不仅关系到社会成员的切身利益,而且关系到整体经济增长的效率和社会财富的增长。而且,鉴于其明显的现实性和政策导向性,经济增长与收入分配也是各国政府所关注的重要问题之一。

　　由于概念界定的模糊性以及相互作用的复杂性,收入分配与经济增长问题一直也是经济学研究领域中争议最大的问题。在确保经济增长的同时,如何进行利益的分配以及如何分配更能促进经济增长成为经济学界讨论最多的问题,是经济发展理论面临的重要研究课题之一,也是经济学家争议的焦点问题。

　　我国的收入分配差距日益扩大的现实,已经成为社会经济发展的重大障碍。根据测算,目前中国的基尼系数已经超过了 0.4 国际公认的警戒线,达到了 0.47,①社会的贫富差距已经突破了合理的限度,世界银行报告显示,美国5% 的人口掌握了 60% 的财富,而中国则是 0.4% 的人口掌握了全国 70% 的

---

　　①　2004 年国家统计局公布数据。国家统计局公布的"基尼系数"止于 2004 年。

财富。中国的财富集中度远超美国,成为全球两极分化最严重的国家。世行报告同时显示,中国最高收入的 20% 人口的平均收入和最低收入的 20% 人口的平均收入之比是 10.7,而美国是 8.4,俄罗斯是 4.5,印度是 4.9,最低的日本只有 3.4。中国国家统计局的一次调查显示,占中国人口 10% 的最富有人群掌握着国家 45% 的财富,而占人口 10% 的最贫困人口只拥有国家 1.4% 的财富。① 同时,高收入人群的收入增长幅度远高于一般工薪阶层、农民工和农民的收入增长。2011 年中国城乡居民人均收入比达 3.13:1,②实际城乡居民收入差距远在 3 倍以上,居民收入差距的基尼系数已远远超过 0.4 的国际警戒线。收入分配作为社会生产的重要环节,不仅是生产条件分配差异的结果,而且是再生产中生产条件分配新的差异的源头。中国已成为世界上收入分配比较不公平的国度,这一点已为国内外的大多数的学者和组织所认同。

收入分配差距的积累和加剧,成为影响我国社会稳定和经济增长的突出问题,带来的经济社会风险也日渐突出。它不仅严重抑制了消费在国民经济增长中发挥更大的作用,使得消费不足变成促进经济更好更快发展的"短腿",还容易引发各种社会矛盾和社会心理失衡,导致劳资冲突加剧、暴力犯罪和自杀现象频频发生,影响社会的和谐与稳定。

目前,收入分配问题已远不是部分民众的幸福指数的问题,伴随着收入差距的不断拉大,这个命题从一个社会问题、经济问题逐渐演变成政治难题,成为一系列社会矛盾与问题的根源,引起社会各层面的广泛关注。

但是对于收入差距的程度如何判断,即收入分配差距究竟多大程度是合适的,有没有一个标准,收入分配的终极原因是什么,收入分配差距未来的变动趋势是什么,是继续扩大还是在一定的条件下会出现拐点,收入分配是否有助于改善人类生活等问题,经济学者们的认识还不充分,观点表现出很大的差异。满足经济增长效率与均等分配的最优组合点的条件,也始终未能找到,这也给研究收入分配问题留下了极大的理论空间。

新古典的功能性收入分配理论认为,从不同生产要素分工贡献中所得到的报酬是客观决定而无可非议的。其实,报酬如何在不同的社会分工者之间

---

① http://view.news.qq.com/zt/2008/economistgap/。

② 如无特殊说明,相关数据均依据相应年份《中国统计年鉴》整理、计算得出。

划分的标准,人类至今尚未找到。所以,收入分配问题在初始层次上仍然没有从理论上得到解决(再分配政策仅仅是对初始分配的一种补充和完善)。

研究中国的收入分配问题必须有足够的理论和实证分析支撑,而且更重要的是充分结合考虑经济增长问题。在这样的逻辑起点上才可能有完整、正确的结论,这是一个必要条件。就我国情况来看,理论界较多的是对各类型差距的成因和具体对策的分散研究,大多数的研究重点实际上是讨论收入分配公平与不公平的问题,侧重于一般的静态分析,并未真正或很少基于市场经济的制度变迁,从分配与增长的互动关系角度来进行讨论。对收入分配问题进行的分析,尤其是制度变迁进程不断对收入分配产生新的影响的情况下,理论的研究总体上滞后于现实的差距变化。因此,结合我国实际,对收入分配问题进行系统的分析更显迫切和必要。

许多发展中国家的分配不均等有其深刻的制度背景,从制度角度研究发展中国家的收入分配问题,应该是一个很好的出发点。从我国双重转型和转型深化的现实背景和条件出发,从双向互动关系和动态角度分析分配与增长的关系,在动态分析中寻找和把握收入分配与经济增长之间相互促进式的良性循环机制,讨论有利于改善收入分配状况的经济增长模式与有利于促进经济高速增长的收入分配模式,并促使二者有机结合,有着重要意义。

二、几个说明

1. 经济增长的定义

现代经济学理论中,经济增长是指一个国家或地区在一定时期内,以国内生产总值(GDP)或国民生产总值(GNP)总量指标为特征的、包括产品和服务在内的产出的持续增加。一般表现为以物质财富和劳务为主要内容的经济规模在数量上的扩大,是由于就业人数和资金投入的增加以及知识技术的进步等因素所导致。经济增长既可以用规模指标来表示,即以国民生产总值或人均国民生产总值的增加等来表示,前者用来说明一国或地区总的生产能力的扩大,后者用来说明一国或地区扣除人口增长因素后生产水平的提高;也可以用速度的指标来度量,通常以 GDP 的增长率来表示。

因此,可以说,经济增长特指更多的产出,且是以更多的投入或更高的效率去获得更多的产出。其实质是一种描述投入增长与产出增长之间关系的生产函数。在微观层次上,生产函数是指企业资本或劳动等要素投入增加一定的数量,产量将增加多少。在一个国家或整个经济体的层次上,生产函数是指一个国家劳动力数量、资本存量和该国国民生产总值水平之间的关系。这些总体经济的关系,称为总量生产函数。因此,我们可以用总量生产函数来解释或说明一个国家或地区在资本存量、劳动力等投入增长一定数量的情况下,国民生产产出的增长情况。

2. 收入的定义及其衡量

根据欧文·费雪(Irving Fisher)对收入的定义,收入就是财产(资产、资源)或者人本身的能力,源源不断地提供的服务。而且他认为收入最重要的作用是带来享受,以此来解释人们的行为,即人们争取收入就是争取享受,所以应该把所有财富带来的服务性的东西都考虑进来。很多享受和货币工资无关,尤其是处于转型时期的社会当中,因而在说到收入时,不能只考虑货币工资,要把货币的、非货币的、实物的、合法的、非法的、灰色的统一起来,从整体考虑收入分配问题。①

收入是一个流量概念,目前国际学术界和统计部门普遍使用个人可支配收入来定义收入。居民的实际可支配收入归纳起来主要有四大类:劳动性收入、从政府得到的转移性收入、经营性收入及财产性收入。

对于收入分配问题的准确衡量,是一个国际性的难题,因为要涉及很多的制约因素。比如,不同居民的开支成本不同,因为城乡、地区之间物价指数不同。在国外许多国家,除少数从事"黑工"的人之外,一般居民一次获得超过50美元的收入时是很难得到现金的,通常是由雇主开出支票,由雇员去银行提出现金。而且雇主在开出支票的同时,根据雇员提供的纳税号(一个人只能有一个纳税号)按照相应税率代扣个人所得税,这样有利于政府部门及时掌握每个人的收入情况。在国外信用等个人信息比较完备的情况下获取个人收入的资料尚且困难,那么对于中国而言,这个问题的难度会更大。国外所遇到的难题是黑色收入以及少数非法打工人员的地下收入,我国就不仅是黑色

---

① 费雪著:《利息理论》,陈彪如译,上海人民出版社 2005 年版。

收入和地下收入问题,更主要的是灰色收入的统计问题。由于我国市场化程度还不高,许多经济活动并没有通过市场来进行,而且我国经济生活中现金交易量大,尤其是个人的交易更是如此,使得有关部门难以通过金融活动了解居民个人的收入情况。目前我国税收体制,特别是个人所得税制度还很不健全和完善,税务部门难以掌握个人的收入情况。而且受传统观念影响,我国居民大多有惧怕"露富"心理,即使亲朋好友之间,都难以了解彼此的实际收入。现实生活中,从人们的支出行为大体可以判断某人属于高收入阶层,某人属于低收入阶层,但要知道一个人的确切收入,的确非常困难。

我国统计部门公布的数据更是有不十分准确的地方。这是因为,一是我国对地方干部的考核往往过多地注重统计指标的增减,这导致相当程度的浮夸和虚报。二是我国的个体和私营经济、乡镇企业及农户的会计和税收制度不健全,存在相当程度的瞒报和不报。三是统计制度本身不健全导致某些漏统或错统现象。我国的统计数字在各级政府部门正式公布之前,都经过典型调查而进行了校正,即使这样校正后的数据也存在加总及定义不全等方面的问题。

3. 两种类型的收入分配

收入分配在英文中为 Distribution,也可以翻译为"收入分布",是社会在一定时期内创造出来的产品或价值按一定标准分配给消费者的活动的过程,是社会再生产的重要环节。

在现代发展经济学中,收入分配通常被分为功能性收入分配①与规模性收入分配两种类型。功能性收入分配也称为要素收入分配,就是以土地、资本和劳动等生产要素为主体,根据各生产要素在社会产品生产中发挥的作用或做出的贡献,对国民收入进行的分配。研究功能性收入分配主要在于分析各种要素对生产的贡献与其所得之间的关系是否合理。规模性收入分配也称为个人收入分配或家庭收入分配,就是单独以居民个人或家庭主体对国民收入所进行的分配。研究规模收入分配主要在于分析某一类阶层的人口或家庭的比重与其所得的收入份额之间的关系是否合理。

---

① 功能性收入分配也被称为"按生产要素份额分配的收入"。

　　功能性收入分配讨论的是各种生产要素与个人收入的关系,尤其是劳动、土地和资本与个人收入的关系。它强调收入的来源,有助于揭示要素所有者之间的分配关系。由于现实的原因,人们对功能性分配理论的关注远远超过对规模性收入分配。在早期的收入分配理论中,中西方经济学家讨论的重点是功能性收入分配,即使是对规模性收入分配的分析,也主要是通过功能性分配来研究。功能性收入分配在收入分配理论中长期占统治地位,其中早期的代表人物是威廉·配第,他提出了著名的"土地是财富之母,劳动是财富之父"的论断。另一个代表人物是法国经济学家萨伊,提出了以"三位一体公式"为核心的西方经济学的要素分配理论。他认为劳动、资本和土地这些生产要素共同创造了商品的价值,自然就都应该参与分配,分别获得工资、利润和地租。

　　规模性收入分配是以居民个人(或家庭)为主体对国民收入所进行的分配。例如,按人均收入水平的高低对所有家庭进行排序,分析不同收入家庭所占的比例。它只简单地涉及个人(或家庭)及其所获得的全部收入,而获得收入所通过的途径则不考虑。它关心的是个人收入的多少,而不管这些收入是否单一地来自职业还是同时有其他来源,诸如利润、利息、租金、馈赠或继承。探讨的问题是某一阶层人口或家庭的比重与其所得的收入份额之间的关系是否合理,什么因素决定个人或家庭的收入分配结构。这种分析思路源于帕累托。

　　一般而言,功能收入分配差距越大,规模收入分配差距也越大,任何强化功能分配的措施(如土地、资本集中)都会影响规模分配格局。功能性收入分配属于国民收入的初次分配,其分配根据是生产要素对产品生产所做的贡献大小,以体现效率原则。由于初次分配在前,再分配在后,因此功能收入分配对规模收入分配具有决定和影响作用。但是,由于经济制度的不同,功能收入分配在不同社会的表现形式不尽相同,使得功能收入分配越来越难以衡量。因为功能收入分配是在市场机制能够完全发挥作用时,依照边际学派的分配理论支付生产要素报酬。然而,在一个市场机制不能完全发挥作用的经济社会中,边际学派的理论是不适用的,分配未必能够按照各生产要素所发挥的功能来进行,非市场因素对生产要素价格所起的重要作用不容忽视。比如,雇主与工会之间的集体性讨价还价,垄断者和富有的地主从其个人利益出发对资本、土地和产品价格的操纵,都会使功能收入分配的理论产生很大的局限性。因此,实证地研究收入分配差距程度的任务在大多数情况下便由规模收入分配理论承担起来。况且,国民收入经功能收入分配后最终还是要归属于不同的个人。

收入分配通常被理解为个人收入分配问题,即收入是如何在个人之间分配的。绝大多数人的生活是以家庭为单位的,家庭之间的收入通常是根据户均收入规模,以收入的分布来度量的。规模收入分配还包括国民收入分配。国民收入分配有两个层次:初次分配和再分配。初次分配是国民收入在生产过程当事人之间的分配,通过初次分配,国民收入分解为劳动报酬,企业收入和政府收入(间接税)。再分配是初次分配基础上的再次分配,又称二次分配。再分配的基本途径有:(1)国家凭借行政手段进行的强制性再分配。主要手段是赋税制度(所得税,遗产税等)和财政转移支付。(2)自愿性的再分配,如捐助,赠与等。在本书的分析中,特别是涉及我国收入分配的实证分析时,由于体制和方针政策的原因,主要研究规模收入分配。

4. 收入分配差距

(1)定义

研究收入分配的均等程度(即收入分配差距)必须首先明确收入分配差距的含义。一般而言,本书讨论的收入分配差距是指经济发展中国民收入在居民个人之间或家庭之间的分配差距,属于规模收入分配差距,它指一定比例的人口与其在总收入中所占份额的相对比率。

本书当中,对收入差距与收入分配差距不做区别,将二者等同为具有同一内涵。收入差距可以分为收入分配相对差距和收入分配绝对差距。相对差距是以收入比重或收入相对份额表示的收入差距,如将总人口按人均收入高低等分为 10 个组,每个组的人口占总人口的 10%,若最低收入 10% 的人口获得总收入的 2%,最高收入 10% 的人口获得总收入的 25%,这种差距则为相对差距。绝对差距则是指以货币单位或其他实物指标表示的收入差距。本书所讨论的收入差距绝大部分时候是指相对差距,但有时也指绝对差距,视具体情况而定。

(2)收入差距的度量

理论界衡量收入分配差别的指标很多,可以用方差、标准差或变异系数等来衡量,也可以用其它一些测度方法来衡量,如洛伦兹曲线图、基尼系数或称基尼集中率、库兹涅茨比率、阿鲁瓦利亚指数等。其中基尼系数是国际经济学界所采用的最流行的指标,使用最为广泛。原因是基尼系数有很多优点,诸如基尼系数能以一个数值反映总体收入差距状况,容易得到,便于比较,基尼系数的计算方法较多,便于利用各种资料,利用基尼系数也便于进行分解分析等等。

用基尼系数或洛伦茨系数来衡量收入的不平等程度时,所指的收入是规模性收入,但是这种收入概念的作用仅在于描述收入分配的状况而不能说明状况形成的原因。功能性收入有助于说明收入分配状况形成的原因。但是围绕着这个概念的理论性著作大都将各种生产要素视作一个整体,然后比较其所得占国民收入的份额,而不是把个人看成独立的实体。不过,这并不妨碍我们利用这一概念进行个人收入的分析。

在衡量收入不均等程度时,最简单的方法是采用属于高收入组家庭或低收入组家庭收入占总收入百分比的办法。当然,高收入组所占的份额越高和低收入组所占的份额越低,不均等程度就越高。另一种办法是用高收入组收入份额对低收入组收入份额的比率,它等于最高收入组的平均收入与最低收入组平均收入的比率。这些简单的办法易于理解,又便于计算。然而,它们都有诸如只利用一部分仅同高收入组和低收入组有关的信息、划分收入组的任意性这样的一些缺点。在旨在克服这些缺点的多种办法中,使用最广泛的是基尼系数。基尼系数可以用来度量收入的不均等、消费的不均等、财富的不均等和任何其他事物分布的不均等状况。但用基尼系数度量收入的不均等最为普遍。在过去的80多年中,基尼系数成为经济学中度量经济不均等的主要指标,这个指标已为许多经济学家所通晓,并在实证研究和政策分析中得到广泛的应用。

中外一些学者认为,由于各国的国情不同,以及一国国内不同时期的不同情况,试图以一个精确数值来衡量收入差距具有较大的局限性。因此,可采用以上众多指标中的一个比如基尼系数,并且辅以若干具有通用性、可比性和可操作性的辅助指标,更加全面、深入地衡量收入差距。但是,本书为研究的方便,同时为便于比较,实证研究中主要采用基尼系数来反映收入差别。

5. 收入分配的公平与价值判断

在关于收入分配问题的探讨中,常常涉及到分配的公平与平等问题,因为收入分配差别与公平之间有着密切的联系。由于每个人所处的利益地位和对利益分配时的判定立场不同,对价值判断即公平观的选择在不同时期、不同地点,对于不同的人会有不同的标准,即使同一社会,判断的标准也不一致。

公平与平等有时会被混淆。所谓公平,就是不偏不倚,指的是人与人之间的利益关系及利益关系的原则、制度、做法、行为等都合乎社会发展的需要。公平是一种主观价值判断,对公平的判断本身属于人们的主观偏好和价值判断范畴。一个人的公平观受一个社会的历史文化、意识形态、宗教伦理、社会思潮、哲学理论所影响,但同时也与本人的社会经济地位有一定的关系。一个社会中,不同的收入阶层拥有不同的公平观,高收入者与低收入者的公平观是不完全一致的。拥有不同公平观的人,一般来说,其行为方式也会不同,进而会影响整个社会的经济效率。当一个社会采取不同的收入分配制度,如最低保障制度、税收制度,具有不同公平观念的人们会形成不同的公平感。一般说来,收入差距决定了低收入者希望较高的低保水平和较高的累进税率,而高收入者正好相反,希望税率越低越好。一个社会的经济效率主要是由高收入阶层的人所决定的,社会的稳定主要是由低收入阶层的人所决定的,整个社会的运行是否有效率是由两方面共同决定的,这就对政策的权衡兼顾提出的新的要求。

平等一般来说有两个方面的内涵,一方面是"权利的平等",即所有公民在信仰、表达自由(言论、出版等)、政治参与(投票选举)等方面的平等。这种平等实际上只是同等的标准,是以同一个标准去度量所有的人,即所谓的"一视同仁"。但由于现实中的人们是千差万别的,所以也就有了使用这些权利的事实上的差别。另一方面的平等是"状态的平等",或者"结果的平等",是以现实结果为度量依据的,更关注物,关注经济利益,关注使所有人得到均等的份额。这些份额是实际的,是现实可见的利益。

在收入分配问题上,平等更主要是一个统计概念,通常人们根据收入差距的大小来测度分配的公平与否。收入是否平等,是对一个可以客观地度量的事实性状态的客观判断,而一种收入平等的状态,是否被认为是公平的,则是一个主观的、依赖于人们观念的价值判断问题。收入绝对平等、平均主义,在中国的历史上曾一度被认为是公平的。但是现在看是不公平的,因为它否定了多劳多得,否定了不同的知识、能力、不同的工作态度在收入分配上所起的作用,也否定了节俭、风险、创新等等在收入分配上的作用,是对贡献较大的人或具有不同生产率的生产要素的一种不公平。这种价值判断标准的改变,源于人们的意识形态、价值体系发生了变化,因为观念的变化,使人们改变了对问题的看法,采取了新的判断标准,即市场经济所通行的"机会均等"的公平观。

评价收入分配是否公平应该从收入分配的全过程来进行分析。(1)分配的起点是否公平;(2)分配的过程是否公平;(3)分配的结果是否公平。只要分配的起点和过程是公平的,那么分配的结果就是公平的,但这并不能保证分配的结果是无差距的。收入分配不公会导致收入差距扩大,这部分扩大的收入差距是不合理的。合理的收入差距是市场经济规律作用的必然结果。因此,研究收入分配问题不仅仅要对最终的分配结果——收入差距进行评价,更重要的是要对造成这个结果的成因进行考察:要看起点是否公平,即制度是否有缺陷;过程是否公平,即规则是否公平。离开了原因来谈论结果就无法认识问题的实质。

分配不公不同于收入差距,但很容易混到一起。因为在测试收入分配公平与否时通常是以收入分配差距为依据的。收入分配差距是对收入分配状况的客观反映,不存在主观上的评估问题,它具有存在的客观必然性。而收入分配公平则涉及公平观的选择,是一个价值判断问题,具有主观性。分配不公是收入差距形成的一个成因,但是收入差距的形成还有其他多种原因,这在后文会有详细的论述。收入差距的程度也不能反映分配不公的程度。

收入分配绝对平等从来是不可能的,本书所指的收入分配不均等问题立足于统计意义上的不平等程度的高低。本研究的目的是分析经济增长与收入分配的相互影响机制,揭示经济发展中收入差距上升或下降的规律性以及对经济增长的影响。因此,在对这一影响规律作规范研究时,不涉及公平价值观的讨论,只以统计数据为特定背景研究。为了避免理解上的歧义,本书中用"收入分配差距"或"收入差距"和"均等"概念来表示收入在居民间分配的差异,均等与否主要是一个统计概念,不同于公平与否。

6. 收入差距、贫富差距与贫困

在许多讨论中，"贫富差距"与"收入差距"经常通用，但实际上二者有较大区别。贫富差距包含了收入差距，但不只是收入的差距。从家庭考察，贫富差距不只是体现在收入流量上，它包括三个指标：一是收入，二是财产，三是消费。从社会个体角度分析，贫富差距最终体现在财产这个指标上，财产不仅是居民家庭消费的基础，也是居民家庭收入的来源之一。在一般情况下，财产的多寡与居民财产性收入成正比，从而影响甚至决定家庭收入的状况。而从社会整体来分析，社会的贫富差距最终体现在消费这个指标上。无论是对一个生命个体而言，还是对于整个社会来说，消费一刻也不能停止。消费的状态从根本上反映出社会财富的占有和使用状况，社会的公平正义最终是通过居民消费水平、消费平等性和消费安全性来体现的，而收入、财产不过是手段而已。

通常意义上的贫困既包括相对贫困，也包括绝对贫困。相对贫困是个人或家庭之间收入和消费的差距和地区差距。我国绝对贫困问题早期主要指农村贫困，从20世纪90年代以来城市贫困问题也开始引起广泛的重视，从绝对贫困的特点来看，也可以从三个阶段来考察：第一个阶段是指改革以前，表现为全面的农村绝对贫困。第二个阶段是农村改革取得初步成效以后，农村绝对贫困人口逐渐趋于边际化，向边缘化的地区和人群集中。第三个阶段是冲击型贫困的出现，主要表现为因大规模的城市职工的下岗、失业和被迫退出劳动力市场而造成的城市贫困。

收入差距可以看成是相对贫困问题。相对贫困问题更具有普遍性，不仅在低收入的落后国家存在，在高收入的发达国家同样存在。从基尼系数来看，许多高收入国家的收入差距往往更大，相对贫困问题也更突出。由于超强的经济实力与完备的社会保障措施，使得这些国家的低收入群体也可以过上较高水平的生活，绝对贫困问题在这些国家并不真正存在。在我国，提到收入差距人们往往与贫困联系起来，本书当中的收入差距并不局限于对绝对人均收入水平的讨论，而是着眼于各种收入水平下的差距问题，是相对贫困问题。

三、转型期与转型期收入分配的特点

目前的中国社会是一个处于迅速发展中的转型社会，对中国收入分配问题的讨论是在这一特殊背景下产生的。转型社会特有的发展路径决定,收入分配差距的形成是在社会经济迅速发展和国民整体生活状况显著改善的基础上发生的,是转型的结果和转型过程中体制约束与制度障碍的折射。

1. 转型期经济及其体制特征

我国经济中存在着两种转型:一是经济制度的转型(如从计划经济向市场经济),一是经济增长方式与人的实践模式的转型。两种转型是局部与整体、个别与一般、微观与宏观的关系。[①]

转型经济是从原来的以计划手段作为配置经济资源主要方式的计划经济向以市场手段作为配置经济资源主要方式的市场经济过渡的经济。被纳入转型经济的主要国家有前苏联、中东欧诸国和中国等亚洲国家。根据转型经济是否伴随政治制度的突变以及采取大规模的私有化运动为标准,又可分为激进式的转型经济与渐进式的转型经济。中国经济的转型是在政治制度不变前提下实现资源配置方式转变的,是渐进式的转型,因而需要一个过程,这个过程就是转型期。

转型期的中国经济体制有两方面特征:一是还保留着计划经济的某些特征,另一方面其向市场经济转化的倾向十分明显。两方面的特征在相当长的一段时期并存,彼此间有着种种矛盾与冲突,我国许多经济与社会问题的扭曲都是在这种背景下产生的,是经济与社会转型的结果与表现。

2. 转型期经济增长的特点

我国目前处于从计划经济向市场经济转轨的进程中。由于市场结构并不完善,特别是资本市场和货币市场在相当大的程度上仍属管制市场,缺乏有效的市场传导机制,使宏观调控成为一种外生于市场条件的政府安排。我国经济渐进式转型的最显著特点就是政府在转型中发挥着重要和核心作用。从政府命令型经济到政府主导型市场经济,再到市场主导型市场经济的转型过程可以看作是中国经济转型的总过程。我国现在已基本上完成了从政府命令型

---

① 陈世清:《对称经济学》,中国时代经济出版社 2010 年版。陈世清:《经济领域的哥白尼革命》,中国时代经济出版社 2005 年版。

经济到政府主导型市场经济的转变过程,这一过程虽然初步解决了经济增长问题,但却没有解决经济增长方式的转变问题。而从政府主导型向市场主导型市场经济的转型过程才算是真正完成经济转型,当然这个阶段也会是中国经济增长方式的重要变革阶段。所以,从目前来看,以经济体制转型的深化来带动经济增长方式的转型是我国经济增长问题的关键。

中国经济增长的特点是其后发性,增长的总量规模、技术水平、结构状况等方面与发达国家存在着差距。同时,由于在城市化水平、产业结构特别是就业结构上面存在着非典型化特征,价格扭曲程度的彻底矫正需要假以时日,以及地区之间存在的巨大差别,给予中国经济增长很大的"趋同"空间。所以,改革以来我国经济的高速增长,主要来自于两个源泉,一是激励制度变革带来的技术效率的提高,二是由于矫正扭曲产业结构带来的资源配置效率的提高。两者都因起始点与常态增长模式之间的差距,可以获得"趋同效应",即不是从技术创新前沿上起步的,而是一种"趋同"类型的新古典经济增长(Barro,1997)。

3. 转型期收入分配的特点

目前我国居民收入差距的扩大,是计划经济向市场经济过渡、平均主义的分配模式向以市场为主导的分配模式转换的产物,是市场竞争加剧的必然结果。在经济体制改革的过程中,新旧体制共同起作用,经济生活中出现了许多无序现象,例如改革措施不配套、法律法规不够完备、国家财政能力的削弱、计划权力所造成的腐败无法消除等。

(1)收入分配非均衡

从中国双轨渐进转型的特点来看,原计划体制下遗留的政府配置要素机制和市场资源调配机制的双轨存在,是造成目前转型期要素市场的二元分割特点存在的主要缘由。从各种要素市场来看,土地市场、劳动力市场和资本市场在某种程度上都存在二元要素市场导致要素价格扭曲的问题。在转型期间,基尼系数扩大更多地表现为非均衡发展战略选择的直接结果,反映了转型过程中体制约束与制度的障碍,也使得基尼系数与转型和制度的直接因果联系更深刻于与收入分配的直接因果联系。

中国社会所选择的制度变迁模式——一部分地区先富起来的非均衡发展

模式,在扩大区域和城乡之间收入差距的同时,也从策略选择上扩大了基尼系数。因此,基尼系数的扩大不仅更多地表现为非均衡发展战略选择的直接结果,而且,非均衡发展本身又在客观上使基尼系数表现得比实际收入分配差距更大。

计划经济向市场经济的转型,培育了一批"先富"群体,也制造出一批作为制度变迁"牺牲品"的"转型贫困阶层"。但相对于传统体制下的普遍低收入和短缺经济,人们的生活状况得到了整体改善和普遍提升。

(2)权力介入市场参与分配,分配机制被扭曲

转型时期,由于市场体制尚不健全,使得几次重大改革为权力的拥有者提供了寻租机会。如价格双轨制、股份制的试点与推广、房地产制度改革等。每次改革措施的出台,自然产生制度内外的利益差额,而缺乏约束的权力必将介入,削弱了分配制度的市场化,极大地影响了收入分配。根据陈宗胜、周云波等的计算,非法非正常收入对居民收入差距的影响程度达到了17%。[①] 随着市场经济体制的不断深化,转型时期存在的"制度缺陷"所显示出来的不合法收入将对收入分配的差距继续产生作用。

在当前的收入分配领域,除了存在着竞争初始条件不均等问题外,由于渐进式改革过程中新旧体制的摩擦和冲突,特别是计划体制下对资源配置具有决定作用的计划权力因素与市场经济条件下迅速的利益分化交织在一起,形成了公共权力的异化,由此导致的部分官员腐败现象和内部人控制现象直接加剧了收入分配的不均等。

(3)制度存在缺陷,出现非法非正常收入

由于我国所进行的是经济体制的根本性的全面改革,在这个过程中,一些制度的缺位不可避免。目前,制度缺陷主要表现在新旧体制并存、体制缺位、体制错位、体制虚设、法律政策缺位、法律政策本身的规制力度不够、政策规定有不周延的空隙、法律法规贯彻落实不力或受到干扰等。正是这些体制和政策的缺陷为寻租活动设置了大量租金。

加上管理的疏漏和一些现行政策法规的不完善、不配套,非法收入与财产

---

① 陈宗胜、周云波:《非法非正常收入对居民收入差别的影响及其经济学解释》,《经济研究》2001年第4期。

转移、灰色收入与灰色财产转移由此大量出现,特别是权钱交易、以权谋私等严重腐败问题以及利用制假售假、走私贩私、偷税漏税、投机欺诈等各种非法手段获取高额收入的现象,造成居民收入差距迅速扩大。①

由于权力的异化,在我国转型期间出现了大量非法非正常收入。合法的正常收入包括两种:一种是利用其所拥有的要素而获得的收入(可简称为要素收入);二是各种转移性收入。而要素收入又包括劳动收入、金融资产收入、自有住房租金收入、属于个人的企业资产收入和其他资产收入,其中,劳动收入是我国现阶段大多数居民的主要收入来源。各种要素收入的多少取决于要素数量的大小和要素使用效率(报酬率)的高低。上述各种收入以外的个人收入均可视为非法非正常收入,包括直接获取的非法非正常收入和由非法非正常收入形成的资产所带来的收入,前者具体包括偷税漏税收入、官员腐败收入、集团消费转化成的个人收入、走私贩私收入、地下生产收入和其他各种非法收入。

本书只研究合法收入情况下的收入分配问题,一是因为居民收入的主体部分是合法收入,非法非正常收入会随着制度建设的完善而趋于减少;二是非法非正常收入在各国都不同程度存在,因而不会对一般性的理论分析与实证研究产生太大影响。非法非正常收入对收入差距的形成有一定影响,但是对这类收入的限制方法更多的不是从经济而是从政治或法律等方面来寻求。从数据资料来源看,正常收入实际指的就是经国家和各省市统计局公布的各种公开的统计资料,比如各种《统计年鉴》中公布的关于城镇和农村居民公开申报的各种收入的资料。这些数据一般来自官方组织的各种居民家计调查。从统计部门的调查问卷和调查方法看,家计调查得来的收入资料全部是正常的合法收入,不可能包含非法或非正常收入。

(4)二元结构对收入分配产生影响

就中国的具体问题而言,二元收入分配格局是一个“僵局”。对我国收入分配问题的一些研究表明,二元社会结构是造成收入分配差距过大的重要甚至是主要因素。计划体制下遗留的政府配置要素机制和市场资源调配机制的

---

① 国家发改委宏观经济研究院课题组:《全面建设小康社会的目标和任务》(下),《经济研究参考》2004 年第 30 期。

双轨存在,是造成目前转轨期要素市场二元分割特点存在的主要缘由。从各种要素市场来看,土地市场、劳动力市场和资本市场在某种程度上都存在二元要素市场导致要素价格扭曲的问题。由于这些扭曲的存在,要素不能从市场上获得合理的报酬,收入分配在初次分配过程就被扭曲。

改革早期的战略选择是,只提供部分利益群体的公共物品,采取的是"隔离"穷人和富人的发展模式,表现为城乡分割制度僵化。尤其值得注意的是,这种制度在没有受到强大挑战的情况下,政府没有积极性进行改变。但是,问题就容易出在城乡分割制度僵化方面,忽略了非常高昂的制度成本。20世纪90年代的改革未能及时改变上述模式,反而强化了这种模式。

四、本书的研究思路、主要工作及创新之处

1. 研究思路与主要观点

收入分配差距与经济增长是一个看似简单,实际上却非常复杂的问题,相关研究很多,但理论认识在很多方面都不清楚,意见分歧非常大甚至完全相左。经济学家在收入分配方面对公共政策的影响微乎其微,与其研究的程度完全不成正比。基于此,本书试图在此领域就有关问题进行一些尝试。

本书的总体思路是在对经济增长与收入分配相关理论进行分析与评价的基础上,结合中国的制度转型,对收入差距与经济增长的关系进行一般性描述,重点是探索收入分配差距对促进经济增长的作用机制,并尝试进行理论上的解释。同时通过探讨收入分配差距与经济增长"良性互动"的条件,建立收入分配差距的动态评价体系。并从制度与政策入手,给出对收入分配差距进行调节,构建有利于经济持续、稳定增长的收入分配体系,以改善收入分配状况,推动经济增长与收入分配走向相互促进型的"良性互动"轨道的政策建议。

经济增长会影响收入分配差距,但是收入分配差距的形成是多种因素共同作用的结果,经济增长只是其中之一;收入差距问题是一个制度问题,收入分配的一定差距可以促进经济增长,也可以制约经济增长,主要取决于不同经济主体的约束条件,包括分配的初始条件、经济增长方式、政府对经济的管制以及历史文化传统等等在内的各种因素相互作用而形成的制度安排;政府可

以通过一定的政策对收入差距进行调节,使经济保持平稳快速增长;改善过大收入差距的最重要机制是就业创造。这就是本书的主要观点与研究结论。

2. 主要工作及创新之处

收入分配是一个制度问题,增长本身是一个效率问题,效率和平等之间的关系在经济领域已经讨论了很多年,认为它们之间有一种相互作用的关系。在转型期的背景下,这种关系具体是怎样的,应该怎样对待与解决我国的收入分配问题,本书进行了具体的分析与探讨。

(1)主要工作

本书对我国当前收入分配与经济增长的现状进行了详细分析,论证了我国收入分配问题的特殊性。在此基础上探讨了导致经济增长与收入分配恶性互动的条件,也就是收入差距形成的原因,即一方面由于制度安排存在缺陷,或者增长方式和经济结构等不合理,导致经济增长过程中收入分配的不均等,加上再分配政策不健全等因素,收入分配差距拉大。另一方面,由于收入分配领域的差距日益扩大和社会成员的贫富分化,对经济增长造成各种深刻而持久的影响,导致资源的畸形配置,最终阻碍了经济的持续、稳定增长。收入差距的变化与否,取决于多种制约因素,更与一个国家的相关制度安排有关。因而在收入分配问题上,政府充分发挥其职能作用是重要的和必要的。

本书对收入分配与经济增长的相互作用关系进行了定性与定量分析,对经济增长与收入分配之间的相互作用关系进行了深入探讨,说明了经济增长与个人收入的变动,从而收入分配的变动关系的不确定性。由此决定,收入分配变动既有独立于经济增长的一面,也有与经济增长相关的一面;而后者又可以进一步分解为正相关的一面与负相关的一面。本书通过对收入分配差距的形成机理以及收入差距对经济增长影响作用机制的分析,探讨了二者具备正相关关系的条件与途径。

收入分配差距的存在是市场经济的常态,我国经济正处于转型过程,这种转型的进程不同于西方市场经济成熟的过程,收入分配差距的表现、诱因都有其特殊性。本书对收入差距的适度性与合理性、收入差距的未来变动趋势等问题进行了探讨。建立了收入差距适度性的动态评判标准。

本研究认为,市场机制并不会自动地实现收入的公平分配,需要政府通过合理的制度安排,来使收入差距控制在经济增长能够承受的合理范围之内,从而促进经济的增长。

(2)创新之处

本书对收入分配从经济增长角度进行了认识,认为在经济快速增长的同时实现收入的公平分配在理论上是可能的。对收入分配差距的合理与适度问题进行了探索,提出了收入分配适度性的动态评判标准,这是本研究的最大创新之处。将中国收入分配的现实状况及与经济增长之间的作用关系归结为制度的因素,并从制度供给入手探讨解决问题的方法,也是一个新的角度。

3. 研究方法

本书的研究方法是一般均衡方法,主要从动态角度来分析问题,从一般均衡的角度来看待收入分配。均衡并不意味着绝对均等,相反,在收入分配不均等程度比较高的时候,也可能处于均衡状态。

同时,本研究在致力于规范分析的同时,坚持与实证分析相结合。收入分配直接关系着社会成员的利益状况,反映了一定的自然或社会环境下人或集团的利益冲突和权力、地位的变迁,因而更受到价值判断的制约,研究收入分配差距所带来的利益分配关系及其调整则避免不了使用规范分析的方法。但仅仅用这一分析方法解决不了问题,正如诺贝尔经济学奖得主阿瑟·刘易斯所说:收入分配的变化是发展进程中最具有政治意义的方面,也是最容易诱发妒忌心理和混乱动荡的方面。没有很好地理解为什么会有这些变化,以及它会起到怎样的作用,就不可能制定出切实可行的政策。[1] 为此,要从收入分配出现的问题及与经济增长的相互作用方面来探讨对收入差距的制度性调整,将规范分析与实证分析结合起来。

此外,在研究中还运用了定性与定量相结合,分析问题与对策研究相结合的研究方法,注重理论与实践、逻辑与历史的统一。

---

[1]　[美]阿瑟·刘易斯:《发展计划》,何宝玉译,北京经济学院出版社1989年版。

第一章　理论综述

一、国内外相关理论的形成与发展历程

（一）西方传统收入分配与经济增长的主要理论

经济增长和收入分配是经济学家永恒的研究主题。纵观经济思想发展历程，对收入分配问题的研究存在两条线索：一条起源于李嘉图，即论述国民收入在各生产要素之间的分配，称之为功能收入分配；一条来自于帕累托，论述国民收入在单个家庭之间的分配，即规模收入分配。古典经济学家和新古典经济学家们主要关心功能收入分配，重点在于论述要素价格的形成和各种生产要素的收入在国民收入中所占的比重，目的在于如何确定要素收入份额以使生产效率达到最高。发展经济学家综合了这两种研究线索的特点，但主要关心规模收入分配，目的在于论述国民收入如何在社会成员之间进行分配才能体现社会公平。

李嘉图在其著作《政治经济学及赋税原理》（1817）中明确把收入分配作为政治经济学的研究主题。他在这本书的序言中指出，国民收入以工资、利润和地租的名义在劳工、资本家和地主之间进行分配，而分配的比例在上述不同社会阶级中是极不相同的。李嘉图把国民收入划分为三类，即作为劳动报酬的工资，资本报酬的利润和土地报酬的地租。他的分析集中在国民收入是如何通过三种要素的功能性分配而在社会中的三个主要阶级，劳工、资本家和地主之间分配的。他通过分析预见到，只要食品供给依赖于国内生产，富有的地主将得到越来越大的收入份额，所以在以现代工业资本积累为基础的经济增长过程中，不平等将越来越大。

李嘉图和半个世纪后的马克思以所有土地和资本分别由地主和资本家拥

有,而劳动者除了自己的劳动力外没有任何生产资料为假设,在分析功能性分配的基础上,讨论了社会各阶级之间的收入分配问题。在他们所处的时代这个假设也许是一个很不错的近似。然而,在当今很多国家,雇员不仅拥有有形资产,而且拥有通过人力资本而积累的诸如知识和技能这样的无形资产。因此,经济发展过程中收入分配的变化仅以功能性分配的分析是不可能做出适宜的判断的,应该通过直接观察家庭间收入规模分配来分析社会平等的变化。但直到20世纪70年代之前,对此问题的理论研究很少,经济学者主要关注的是经济发展问题,并没有认识到收入分配的重要性及其与经济增长的关系,因此没有人更多地关注这一方面。

此后的凯恩斯主义认为,经济增长取决于国民收入的分配。经济增长的水平首先由国民收入水平的高低决定,而不是取决于市场机制的调节作用。根据新古典学派的观点,市场价格、特别是市场利率,可以自动地调节收入在消费和储蓄间的分配,并调节储蓄与投资的均衡,从而实现经济增长。凯恩斯对此进行了批判,他认为,储蓄受收入和边际消费倾向制约,投资则受资本边际效率和流动偏好制约,因此储蓄并非必然转化为投资,对投资与储蓄之间的均衡起作用的,主要不是利息率水平,而是收入或产量水平。

凯恩斯经济学认识到了有效需求不足的问题,但并没有直接从收入分配的角度建立他的理论体系。以萨缪尔森为代表的新古典综合派采取了折衷主义的态度,以至于完全忽略收入分配。所幸的是,新剑桥学派罗宾逊夫人、卡尔多等人认为,应该从收入分配出发来研究经济学,只是后人大都不予以理睬。

20世纪50—60年代,由于经济增长理论获得了空前的发展,为研究收入分配问题提供了工具,于是掀起了研究增长与收入分配的热潮。很多经济学家把视线投向了对收入分配问题的研究,但经济增长仍然是他们的研究主线,所以,这一时期经济学者关注的焦点集中在收入的功能分配与经济增长之间的关系上,大部分研究文献主要集中在讨论收入分配对消费和储蓄的影响,或者说研究经济增长过程中收入分配扮演的角色。认为收入分配不均等既是经济增长的原因,又是经济增长早期的必然结果。这段研究是由新剑桥学派和两位发展经济学家库兹涅茨和刘易斯所带动的。

首先是以新古典经济学为首掀起了探索和讨论收入分配与经济增长关系

的热潮。其中最突出的是以卡尔多(1956)为代表的新剑桥学派创立了著名的新剑桥模型,第一次把收入分配引入到增长模型中,并主张通过调整工资与利润之间的分配关系来实现经济稳定均衡增长的目标。卡尔多模型的结论认为:在一定条件下,利润率和利润占总收入的份额与资本无关,影响利润率的主要因素是资本家阶级的总储蓄率,并且这一储蓄率是外生的。换言之,工人阶级的储蓄行为不会影响利润率和利润份额。要实现经济均衡稳定增长,必须调整利润和工资收入的分配关系,实行均等化的分配政策。① 这是第一个现代意义上的收入分配与经济增长理论的模型。同时,这一理论也因其严格的前提假设而受到了来自各方的批评。但是,这一争论随着一些主要研究者年龄的增长,以及一些新成长起来的年轻学者的兴趣的转移而逐渐远离了学术热点。

以卡尔多为代表的新剑桥学派建立的与经济增长紧密联系的收入分配理论,虽然建立在具有"刀锋"性质的哈罗德—多马经济增长模型基础上而缺乏足够说服力,但毕竟开创了将经济增长与收入分配联系起来的新局面,引发了这一时期对于收入分配理论研究的高潮。

在这一时期,在发展经济学中,对经济增长和收入分配研究产生重大影响的两个理论分别由两位诺贝尔经济学奖的获得者提出:库兹涅茨的收入分配"倒 U 型假说"和刘易斯的二元经济理论。库兹涅茨所发表的《经济增长和收入不平等》(1955)一文可以说是研究收入分配与经济增长关系的奠基性文章。在本书中库兹涅茨对经济发展过程中收入分配的长期变动趋势进行了理论描述,即"在前工业文明向工业文明过渡的经济增长早期阶段迅速扩大,尔后是短暂的稳定,然后在增长的后期阶段逐渐缩小。"②库兹涅茨提出"倒 U 型假说",实证统计所运用的是美、英、德等少数几个发达国家的零散资料,后来的研究表明这一假说并没有获得充分的经验支持,特别是在发展中国家没有获得支持,因此许多研究对于这一理论是否具有普遍性和必然性产生了怀疑。但对于经济增长早期阶段收入分配不平等迅速加剧并恶化的趋势,库兹

---

①　Kaldor N. Alternative Theories of Distribution [J]. Review of Economic Studies. 1956, 23: 83-100.

②　Kuznets S. Economic Growth and Income Inequality[J]. A-merican Economic Review. 1955, 45: 1-28.

涅茨认为,这是"一个不需要证明的事实"。在提出收入分配伴随经济增长呈现倒 U 型曲线变化的同时,库兹涅茨也认为,收入差距并不会无条件地随经济发展先上升后下降,即倒 U 型曲线并不必然发生,这是很多研究理解库兹涅茨曲线时忽略的地方。库兹涅茨认为,收入差距变化是一系列政治、经济、社会和人口条件造成的,发展中国家在面对如何解决收入分配不公问题时,需要对不同经济体历史和现实的条件进行深入的研究,不能像许多发达国家那样听任收入差距的扩大,完全相信"自由市场"对于缩小收入差距的作用。

库兹涅茨的工作引起了经济学界对这一问题的兴趣,有大量文章试图将库兹涅茨假说进行模型化,实证检验库兹涅茨倒 U 型假说的文章也非常多。刘易斯(Lewis,1954)等人从劳动、资本供求和两部门转换的角度在理论上较好地解释了倒 U 型曲线的变化规律。阿瑟·刘易斯建立了一个只存在传统的自给农业经济和现代资本工业经济的两部门模型,并假设经济增长是资本积累的函数。刘易斯认为在二元经济结构发展模式下,要保证国民收入分配能够向利润倾斜,通过收入相对集中于少数人手中来加快资本积累,进而推动二元经济增长和二元结构的转变,因此收入不均等成为启动和加速二元经济增长的必要条件,同时收入分配不公也是经济开始增长的必然结果。刘易斯指出,要素供求失衡引起的要素收入分配不均是收入分配不均等的基本原因,而且库兹涅茨曲线的转折时间和劳动供求的平衡时间正好重合,也就是说,在劳动过剩的工业化早期阶段,收入差距将持续扩大,而当劳动成为稀缺的生产要素时,收入分配差距将逐步缩小。[①] 因此,任何以均等为目的的收入再分配政策都会过早地窒息经济增长,任何试图提高工资的政策,都会减少利润、降低储蓄,进而阻碍经济增长。收入差距缩小和经济增长的目标不可能同时实现,前者是经济增长的自然结果,经济的高增长会通过一套扩散机制,最终会使低收入群体的收入水平逐步提高,但低收入群体的收入状况在得到改善之前必然要恶化。刘易斯的二元经济模型对于经济增长中收入差距变化趋势的描述与库兹涅茨假说的内容基本一致,只不过刘易斯更笃信收入分配不均等在经济发展早期的重要作用。

---

① ［美］阿瑟·刘易斯:《二元经济论》,施炜等译,经济学院出版社 1989 年版。

这一时期的研究几乎都是以古典经济增长模型为基础,而古典经济增长模型又是建立在"经济增长是资本积累的函数"逻辑基础上,随着经济发展理论的演进,古典经济增长模型的局限性已被证实。因此,不管是新剑桥模型,还是库兹涅茨的"倒 U 型假说"抑或刘易斯的二元经济结构模型,其理论有必要重新进行审视。

从 20 世纪 60 年代直至 80 年代中期以前,经济增长理论几乎没有什么进展,收入分配理论研究也因此而受到影响。因为如果单纯考虑收入分配而不考虑经济增长,只能是一种静态的思维模式,经济增长在不同国家或地区之间的收敛或发散本身就直接意味着收入在不同人群之间的分配变化。

从西方传统收入分配理论的主要论点可以看出,各流派在对国民收入分配的方式问题上存在较大差异,但是其争论核心还是来源于对价值的不同判断。边际生产力分配理论认为边际贡献是衡量要素价值的标准,而与之对立的分配理论则认为资本的边际贡献不能用于衡量资本的价值。对价值的判断历来是一个争论不休的课题,收入分配理论本身又无法回避,正因为如此,才会陷入谁也说服不了谁的境地。因此,后来的研究更多地集中在对经济发展过程中收入分配结果,以及变化趋势的探讨。诚然,这其中也会涉及对价值的判断,但与传统收入分配理论相比,这已不再是争论的焦点了。

(二)我国的相关研究

应该说,收入分配现在在我国是一个热点,国内对收入分配的研究和相关的文献都非常多,这是由我国收入分配问题的现实状况决定的。

总体来看,我国学者对经济增长与收入分配的研究经历了几个不同阶段,每个阶段的研究重点都不相同,但涉及到的范围都非常广泛。主要集中于几个方面:

一是关于差距程度。这方面的研究结果具有高度一致性,即都认为近年来我国收入差距在不断扩大,基尼系数已达到很高的水平。但对于我国基尼系数的具体数值,不同研究的结论差异很大,提出的估计值介于 0.39 ~ 0.55 之间。陈宗胜、向书坚计算出 1995 年全国总体基尼系数分别为 0.365 和 0.3515。陈宗胜还计算出 1999 年我国居民正常收入的基尼系数为 0.413(如考虑到非正常收入,基尼系数则达到 0.480)。以李实牵头的中国社会科学院

"居民收入分配研究课题组"在过去 20 多年间进行了 4 次关于基尼指数的大型调查和测算,在将城镇住户的实物收入和住房补贴以及农户自有住房的归算租金纳入到个人可支配收入后,计算出的全国基尼系数结果分别为:1988 年 0.382,1995 年 0.455,2002 年 0.454,2007 年 0.48。这也是目前比较权威的数据。中国国家统计局自从 2000 年公布中国基尼系数为 0.412 之后,就再也没有对这项统计公布过具体数字。

据此,多数学者认为,我国的收入分配差距的确在扩大,而且未来的一段时间内还将会继续扩大。研究同时认为,城乡差距、地区差距与行业差距是造成居民收入差距的主要原因。

二是我国收入差距不断扩大的原因。对于为什么需要研究这个问题,李实(1999)给出了他的看法,并得到国内大多数研究者的认同,即"主流经济学家更多地从发展的角度考察发展中国家的收入分配,假定了制度或经济体制是不变的或不重要的。这样一种研究方式显然无法全部说明中国收入分配的'来龙去脉'。"[①]

三是从经济增长与收入分配相互联系的角度展开研究。随着 20 世纪末、21 世纪初西方实证研究的方法逐渐引入我国并被普遍接受,国内学者对收入分配和经济增长关系的实证研究逐渐多了起来,出现了一些质量较高的研究成果且日趋成熟,代表性的如中国社会科学院经济研究所收入分配课题组、国家计委收入分配课题组、国家统计局收入分配课题组以及陈宗胜、赵人伟、李实、林毅夫等的研究。

王小鲁、樊纲(2005)利用 1996—2002 年中国 30 个省、直辖市、自治区的年度数据,通过面板数据模型方法,对中国的收入差距走势进行了实证检验。结果表明经济发展并不必然带来收入差距下降的后果,如果其他条件不变,收入差距在今后长时期内还将继续上升,而下降还遥遥无期且不能确认,从而对社会公正和稳定提出极大的挑战。[②]

国内对收入分配差距与经济增长关系进行定量分析的如周文兴(2002),他运用非经典时间序列方法,使用了李实(2000)建立的 1978～1995 年城镇

---

①　李实:《中国农村劳动力流动与收入增长和分配》,《中国社会科学》1999 年第 2 期。

②　王小鲁、樊纲:《中国收入差距的走势和影响因素分析》,《经济研究》2005 年第 12 期。

基尼系数数据集,①分析了城镇居民收入分配与经济增长之间的关系,发现存在协整现象,收入分配差距与经济增长之间存在同方向的长期均衡关系。②林毅夫、刘明兴(2003)以1978—1999年28个省份的数据为基础,分析了影响经济增长的主要因素,又以1978—1999年28个省份的数据为基础,分析了城乡之间人均收入差距扩大的原因,他们认为,发展战略是解释中国经济增长和收入分配的关键。③

对于倒U曲线,不少研究结果都难以发现这个模式的存在,有的经济似乎只呈现半段的情形。几十年来,经济学家至少在统计上并没有发现一个能完整地展现这个关系的经验规律。在包括我国在内的大多数发展中国家,收入概念的模糊性,以及如何更准确地衡量收入分配的差距和动态变化,都是非常困难且亟待解决的问题。

王小鲁、樊纲(2005)从检验库兹涅茨曲线在中国是否存在问题,运用面板模型方法,得出结论为:城镇和乡村基尼系数的变动趋势在数学意义上具有库兹涅茨曲线的特征,但城乡收入差距变动曲线只近似具有其上升段的特征,而且从现实角度考虑,他们的下降阶段都不能确证,这说明中国的收入差距并不必然随着经济发展水平上升而无条件下降。同时,他们在研究中发现一系列包括经济增长、收入再分配、社会保障、公共产品和基础设施及制度等方面的因素对收入差距存在影响。

陆铭等(2005)结合联立方程模型和分布滞后模型研究了收入差距、投资、教育和经济增长的相互影响,研究发现,从累积效应看,收入差距对于经济增长始终呈现出负的影响。陈安平(2009)利用面板协整技术研究我国收入差距和经济增长之间的关系,研究结果表明,从长期看,收入差距的拉大对经济增长有害,因此,要保持经济的持续增长,必须着力解决日益恶化的收入差距问题。

还有学者引入一些变量来解释收入分配。受教育程度和金融发展程度是

---

① 李实、[加]史泰丽、别雍·古斯塔夫森:《中国居民收入分配研究Ⅲ》,北京师范大学出版社2008年版。

② 周文兴:《中国城镇居民收入分配与经济增长关系实证研究》,《经济科学》2002年第1期。

③ 林毅夫、刘明兴:《中国的经济增长收敛与收入分配》,《世界经济》2003年第8期。

两个最重要的因素。还有初始的国民收入水平、一般老百姓的自由程度等,其他宏观经济变量对它们的影响不大。这四个因素能够比较好地解释收入分配和财富分配。财富分配的基尼系数越大,收入分配的不均等就会加剧。老百姓的自由程度越高、受教育程度越高,收入分配越均等。

在对我国经济增长的研究中,国内学者主要从三个方面来进行:一是从制度变迁的角度,分析制度和政府行为变动对经济增长的影响;二是从经济增长理论角度分析劳动力、人力资本和技术进步对经济增长的影响;三是从其他角度强调外资和货币等对经济增长的作用。

舒元、徐现祥利用 Jones(1995)实证检验新增长理论的方法,分析了从1952—1998 年间我国经济增长的典型事实,结果发现这些典型事实明显拒绝了新古典增长理论和 R&D 类型增长理论,相对而言,比较支持 AK 类型增长理论,认为经济增长是由物质资本和人力资本所推动的。

国内的研究绝大多数都是一些实证分析,许多经济学者通常以评判收入分配或地区差距作为提出问题的方式,忽视经济增长与收入分配的关系,将两者孤立起来。从这方面看,理论研究是不足的,也是不全面的。

(三)相关评论

面对我国日益突出的收入差距扩大问题,我国经济学者结合自己的理解对收入分配和经济增长问题开展了广泛的理论分析和实证研究。研究的早期,我国学者比较关注收入差距的发展趋势、差距程度的测算及收入差距不断扩大的原因,后来的研究工作逐渐与国外的研究动向接轨,很多学者开始对我国收入差距与经济增长的关系展开研究,同国外研究类似,其中多数属于实证研究,而与国外同类研究相比,研究水平还需要提高。

而且目前大多数的收入分配理论并不成熟,有不少分歧和矛盾之处,离解决现实问题还有较长一段距离。经济分析要强调微观基础,在收入分配领域也同样如此。而微观基础是动态的和不断变化的,所以,要按照动态的眼光看待收入分配和经济增长问题。而目前的大多数理论在这方面考虑不够,且理论的前提条件过于严格,从而使其适用性方面存在不足。

主流发展经济学更多地从发展的角度考察发展中国家的收入分配,假定了制度或经济体制是不变的或不重要的。这样一种研究方式显然无法全面说明中国收入分配的"来龙去脉"。在中国居民收入分配的研究方面,对制度变迁因素无论给予多高的重视应该说都是不过分的。

二、收入分配与经济增长相关性问题研究综述

经济增长与收入分配是密切联系在一起的,二者之间是一种动态的相互作用和相互影响的关系,离开经济增长而单一研究收入分配或者只考虑促进经济增长不考虑收入分配问题,在研究方法上都是有一定片面性的。特别是判断一种收入分配差距究竟是否太大,分配差距是否合理,主要依据之一就是看是否有利于经济增长。

(一)相关研究发展进程

经济增长和收入分配的关系,是发展经济学的研究主题。迄今为止,西方经济学界对收入差距与经济增长的关系已经进行了 50 多年的深入研究。国内外学术界的研究主要围绕着两个方面展开:一是研究经济增长或经济发展过程中收入分配的长期变动趋势;二是研究收入分配的变动对经济发展和经济增长的影响。前者主要是围绕所谓库兹涅茨倒 U 曲线能否成立而展开,后者主要讨论了收入分配的不均等是否有利于经济增长以及何种收入分配方式更利于经济增长。许多学者也已经认识到,经济增长与收入分配之间实际上是相互影响的双向关系,而非单向关系。从现有研究来看,收入分配与经济增长关系的研究集中在收入差距大小与经济增长相关性上面,许多学者并不加以区别,本书的研究也不例外。

早在古典经济学时期,学者们就注意到收入分配与经济增长之间的关系。李嘉图在对收入分配问题的研究过程中发现,工资和利润、利润和地租是相互对立的。因此他认为有必要找到一个关于社会产品在各阶级之间分配的正确规律,从而确定最有利于资本主义生产发展的条件。可见,李嘉图认识到了收入分配与经济增长之间的密切关系,不过他更强调收入分配对经济增长的影响。

20 世纪 50 年代,纳克斯和纳尔逊就提出发展中国家贫困落后的根源,是人均收入水平过低导致储蓄与投资不足,而储蓄与投资不足又使经济增长难

以为继,反过来导致收入水平难以提高。因此,发展中国家极容易陷入贫困的恶性循环"或低水平的均衡陷阱"之中。那么,如何才能解决这个问题呢?刘易斯的答案是:解决发展中国家(无限劳动力供给下)的经济增长,只有使收入分配发生有利于现代产业部门发展的变化,或者说,在经济发展的初期阶段,必须牺牲均等分配来促进经济增长。恰恰在此时,库兹涅茨(Kuznets,1955)提出了著名的倒 U 型假说。

但事实上,随着经济增长,不仅发展中国家和经济转型国家的收入不均等现象有普遍和持续扩大的特征,就是美国甚至是欧盟的主要国家的不均等程度也没有明显收敛,自上世纪 90 年代以来还呈现出进一步扩大的趋势。收入差距问题不仅仅是一个经济问题,而且是具有广泛社会影响的政治问题。近些年大量家庭统计数据的出现,增强了收入差距问题研究的检验基础,使对此问题的研究领域得以不断深入。最近 10 年,关于不均等对经济增长的影响更是存在广泛争论,多数研究成果认为不平等对经济增长具有负面影响,但也有相当数量的研究得出了不平等对经济增长有正面影响的结论。两种鲜明对立的研究结论使得这一经典论题对研究者有持续的吸引力。

在 20 世纪 80 年代中期以前,有关经济增长与收入分配关系的研究大都围绕倒 U 假设展开,经济发展(增长)作为起因,收入分配的格局是结果,而收入分配对经济增长的影响的研究则相对较少。古典经济学和新古典经济学从微观角度对收入分配进行分析,同时也研究了经济增长问题,但没有将两者联系起来考虑收入分配对经济增长的影响。新古典宏观经济学主要从宏观经济发展角度对收入分配的决定,以及收入分配对宏观经济运行的影响进行了探讨,研究了利息工资的决定和解决收入分配不公平问题,但同样未就收入分配对经济增长作系统的分析。

早期有关收入差距与经济增长的关系研究都是建立在古典或者新古典增长理论的基础之上,受增长理论本身存在问题的困惑,收入差距对经济增长影响的研究没能吸引更多的学者去参与,直到 20 世纪 80 年代中期新增长理论出现,对该问题的讨论才重新活跃起来。不过,由于这一时期在世界范围内出现了大规模的收入分配不平等现象,所以这一阶段的文章大多数是考察个人收入分配与经济增长的关系,考证二者是一种正相关还是负相关的关系。

20 世纪 80 年代以后,人们除了继续围绕库兹涅茨倒 U 型理论进行争论之外,内生经济增长理论得以应用到经济增长问题上来。Alesina(1994)用内生经济增长理论将收入分配作为影响经济增长的主要变量,讨论了收入分配不均等对随后的经济增长的影响。其模型是:把政府生产性的服务作为衡量收入分配的一个指标,加入到内生经济增长模型中,利用中间投票者原则,证明了收入分配不平等与经济增长之间具有相关关系,认为初始的收入不平等将对随后的经济增长有负面影响。而且他们还从实证的角度对社会安定模型进行了检验。认为收入过度不平等增加了政变、革命、大众暴力的可能性。也就是说,收入分配过度不平等增加了政策的不确定性,威胁到产权安全和国家安全,从而影响到投资,而投资又是经济增长的重要因素,所以对经济增长产生负面影响。对这一结论,他们用模型进行了检验。采用的是 OECD 等发达国家的数据和一部分发展中国家的数据,其估计方程的因变量是 1960～1985 年的平均经济增长率,自变量有收入的基尼系数和土地分配的基尼系数,以及初始的人均收入水平和初等教育入学率等,使用了 OLS 估计方法看其收敛性和人力资本对经济增长的作用。

1999 年,Barro 利用跨国的平行数据考察了收入不平等与经济增长率和投资率的关系,发现高的收入不平等在贫穷的国家(人均 GDP 低于 2000 美元左右)会阻碍经济增长,而在富裕的国家(人均 GDP 高于 2000 美元)会促进经济增长。所以在较穷的国家实行收入均等化政策是有利于增长的,而在富裕国家收入均等和经济增长之间存在权衡关系。

国内的学者根据我国的具体情况,利用计量方法对我国经济增长和收入分配间的关系进行实证。陆铭、陈钊等利用联立方程和分布滞后模型,研究收入差距、投资、教育和经济增长的相互影响。[1] 他们发现收入差距在即期对投资有非常强的负面影响,之后影响为正,再逐渐下降微弱。从长期来看,收入差距对投资的积累影响始终为负,对教育的影响较弱,其累积影响始终为正。

刘霖、秦宛顺通过计量对中国的收入差距与经济增长之间的因果关系进行了实证研究,主要结论为:自改革开放以来,收入差距与经济增长之间存在双向的因果关系,两者相互促进。一方面,经济的快速增长推动了收入分配差距的扩大;另一方面,收入分配差距的扩大对经济增长也有一定的促进作用。

---

① 　陆铭:《因患寡,而患不均》,《经济研究》2005 年第 12 期。

后一结论与国外部分学者对其他国家的研究结论是一致的。[①]

总结来看,以上研究有的支持了倒 U 假说(Adelman and Morris,1973 和 Paukert,1973),有的发现经济增长与收入分配不平等存在负的相关关系(Ravallion and Chen,1997),还有的研究发现二者的关系并不完全确定。如世界银行也对 88 个国家经济增长与收入分配相互关系问题进行了系统研究,并得出以下结论:经济增长与收入不平等之间没有必然联系。在被研究的 88 个国家中,有 44 个国家二者呈正相关关系,而另外 44 个国家则呈负相关关系。

总之,在 20 世纪的 90 年代,无论是规范的研究模型还是实证分析的模型,其讨论都集中在收入分配对经济增长的影响中。大多数人的共识是,收入分配的不均等不是直接对经济增长产生影响,而是间接地通过影响经济增长的直接因素——资本、劳动力和技术而对经济增长起作用,或可以说是通过影响投资和需求来影响最终的经济增长。

(二)经济增长影响收入分配的研究综述

当代研究收入分配的文献,大多数研究的是经济增长如何影响收入分配,从经济发展中的经济结构变化、技术变化和宏观经济波动出发,分析经济增长影响物质资本和人力资本积累,从而影响收入分配差异的形成。

1. 不同观点

经济学家们大多认同经济增长对收入分配的决定作用,但也有部分学者认为收入分配变动是多种因素作用的结果,其中有代表性的是阿德尔曼和莫里斯(Adelman and Morris,1973)。他们的研究表明,人均 GNP 只是 6 个能够较好解释收入分配变动的重要因素之一,并且不是最重要的因素。[②] 对此,费景汉、兰尼斯解释道,虽然收入分配变动是多种因素相互作用的结果,然而这

[①] 刘霖、秦宛顺:《收入分配差距与经济增长之因果关系研究》,《福建论坛·人文社会科学版》2005 年第 7 期。

[②] 他们构造了 35 个反映经济、社会、政治影响的指标体系,分析的研究结果表明,平均来看最贫穷的 60% 的人口的收入份额的变动与社会经济的二元化程度负相关,与社会经济的现代化程度和中高等教育规模正相关;人口中最富裕的 5% 的收入份额与资源丰裕程度正相关,与政府的干预、公共部门比重、政府投资的比重负相关;处于中等水平的 20% 的人口的收入同经济发展水平存在着有规则的联系,但也并非线性相关。参见陈宗胜:《改革、发展与收入分配》,复旦大学出版社 1999 年版,第 419 页。

些因素与经济增长都有着密切的联系,钱纳里等人关于发展模式的研究部分地支持了他们的认识。①

世界银行近年来的研究报告指出,经济增长在减少贫困方面发挥着决定性的影响,但其效果在不同的国家有很大的差别。同时,经济增长在减少收入差距方面没有表现出明显的作用。相反,过大的收入差距的确会导致频繁的社会冲突,直接影响经济增长。因此,对于消除贫困和减小过大的收入差距来说,经济增长是必要的,但仅有经济增长是不够的(World Bank,2001,2003,2004)。

Bourguignon(2003)认为,贫困、增长和收入分配之间构成了一个互相影响的三角关系。经济增长能够减少绝对贫困,但其本身未必能改变收入分配。同时,经济增长还改变着人们的社会关系,导致或推迟制度及政策变化,从而影响收入分配。通过政府政策的改变则有可能既减少绝对贫困,又减少收入分配差距。他指出,经济增长以及与之相伴的分工、价格变化,以及要素回报率的相对变化,并不总是导致倒 U 型收入差距曲线。这说明每个国家不同的特征影响着收入分配,各国采取的不同政策对收入分配也有着重要影响。

Acemoglu 和 Robinson(2002)指出,发展带来的不平等引起政治不稳定和社会冲突,进一步将导致民主化的政治改革,并带来收入再分配,这是使收入分配不平等减少的原因。他们还指出,有两类国家可能不通过这种发展路径,因而也不发生收入分配先升后降的"库兹涅茨"现象:一类象某些东亚国家,始终保持低收入差距和高经济增长;另一类像某些非洲国家和菲律宾,在低的社会流动性的条件下,长期保持高收入差距和低经济增长,甚至收入差距持续扩大,但长期不进行政治改革。

2. 库兹涅茨倒 U 型曲线理论

应该说在有关经济增长影响收入分配差距形成的理论中,影响最大的莫过于美国的统计学家西蒙·库兹涅茨的倒 U 型曲线理论。库兹涅茨倒 U 型曲线理论从实证分析的角度集中讨论了工业化进程中收入分配呈现倒 U 型趋势变化的规律和特征,从而将分配与增长关系理论的研究再次推向了一个

---

① 他们的研究表明,诸如储蓄率、政府收入、教育支出、产业结构等都随人均收入水平的提高发生有规律的变化。参见陈宗胜:《改革、发展与收入分配》,复旦大学出版社 1999 年版,第 422 页。

高潮。

库兹涅茨在1955年发表的《经济增长和收入不平等》一文中,对经济发展过程中收入分配差别的长期变动趋势进行了形象的描述。库兹涅茨认为发达国家收入分配的不平等从20世纪20年代开始下降(库兹涅茨,1966),特别是第二次世界大战以前的那段时期有很大的下降。此外,在缺少可靠资料的情况下,他认为在较早阶段不平等可能是上升的,然后不平等下降。这种收入分配的变动从"先恶化到再改善"大约要经历50年至100年左右的时间,其中这一过程在英国经历了大约100年左右,在美国和德国大约经历了60年至70年左右。这一规律即为后人所熟知的著名的"库兹涅茨假说",即:在经济增长的早期阶段,持久收入结构的不均等会不断扩大,当一个社会从前工业文明向工业文明转变的时候这种不均等的扩大更为迅速,而后是短暂的稳定,然后在增长的后期阶段逐渐缩小。并认为发展中国家在经济增长早期阶段的收入分配,比发达国家具有更高的不均等程度。

库兹涅茨还非常强调市场机制的力量在经济增长和收入分配变动过程中的重要作用,他认为在一个自由的经济增长体中,即使没有政府的干预,经济也会因为其他动态因素的存在而使得收入分配差距缩小,如人口结构的变化、经济结构的变化、财产收入的变化等。

但是通过对新成长起来的国家和地区的经验研究表明,库兹涅茨理论假说的一般性意义值得推敲。Fei、Ranis和Kuo(Fei,etal,1979)对台湾地区经济发展经验的实证研究发现,台湾地区在经济发展起飞阶段的20世纪50年代到70年代,不仅保持了高速经济增长,而且基尼系数也由20世纪50年代的0.53下降到70年代的0.33。还有Fields和Jakubson(1994)就库兹涅茨倒U型曲线对35个国家进行的实证研究工作也认为,在经济发展过程中,至少在20世纪的发展进程中,不平等程度是下降的。所以这些研究认为库兹涅茨的倒U型假说缺乏经验支持。

3. 刘易斯的二元经济结构模型

刘易斯等人认为在二元经济结构发展模式下,要保证国民收入的分配能够向利润倾斜,通过收入相对集中于少数人手中来加快资本积累,进而推动二元经济增长和二元结构的转变,因此收入不均等成为启动和加速二元经济增长的必要条件,同时收入分配不公也是经济开始增长的必然结果。

这一模型的结论是：劳动和资本等要素供求失衡引起的要素收入分配的不均等，是个人收入分配不均等的基本原因，且倒 U 型曲线的转折点（不平等的转折点）与劳动供求的平衡点（商业转折点）在时间上正好重合。即在劳动过剩的情况下，收入分配差别将持续扩大；而当劳动成为稀缺的要素时，收入分配开始缩小。其寓意还是说在工业化的早期阶段伴随经济增长而发生的收入差距的不断加大是会随着经济的运行而缩小并最终得以消失的。

可见，在刘易斯模式中，随着二元经济的转变，收入分配的差距首先扩大，然后缩小。刘易斯二元结构模式的理论分析的结论同库滋涅茨实证分析的推论完全一致，而且前者比后者更为极端。在二元结构模式中，收入不均等不仅为增长作出了贡献，而且以均等为目的的收入再分配措施会过早地窒息经济增长。任何提高工资的政策，都会减少利润、降低储蓄、阻碍经济增长。收入差距缩小和经济的增长的目标是不能同时达成的，低收入群体的收入状况在得到改善之前，必然要恶化。另外，收入分配差距缩小是经济增长的自然结果，如果经济增长能沿着这条道路进行，每一个人都会最终从经济增长中受益。

刘易斯模式的核心实际上有两点：一是把资本积累作为收入分配的中心，通过工资的挤压把收入集中在资本家手中，确保一个较高的积累率，而较高的积累率则通过哈罗德—多马模式所描述的过程使经济增长成为可能。这一点反映了古典学派特别是李嘉图的经济增长思路。二是相信经济的高增长会通过一套扩散机制，最终会使低收入人群体的收入水平逐步提高，表现了新古典学派关于经济发展中，增长的利益会逐步分润于全体社会的观点。

刘易斯模式中所包含的二元经济是经济增长对收入差距的作用关系中，包括了两个环节：第一，收入分配通过资本积累影响经济增长，推动现代工业部门的扩张。第二，工业部门的增长与扩张，通过就业机会的创造和对剩余劳动的吸纳，扩散经济增长的利益，从而影响收入分配。战后一些拉美国家和一些发展中的计划经济国家，在较长一段时间内都采用与此相类似的发展模式。

但在实际发展过程中，这一模式并没有获得普遍的成功。这些拉美国家与计划经济国家在采用低工资的战略之后，经济增长没有获得预期中的高速度，同时收入分配差距并没有随着经济增长而有所缩小。对于拉美国家，未获成功的原因主要在于利润的漏出和技术选择与发展战略上，收入分配的严重两极分化反过来影响到了经济的增长,原因主要在于计划经济国家缺乏一个有效运用资本和配置资源的经济体制。计划经济具有很强的调动储蓄能力,但是它缺少有效的经济激励机制和促进资源配置的手段。

4.解释与评价

刘易斯的二元经济结构模式的理论寓含的政策含义是,在工业化的初期阶段,可以容忍收入分配差距不断拉大的经济增长,经济体系的运行会自发缩小人们之间的收入分配差距,政府不必为追求公平目标而损失经济增长的效率。

实际上,库兹涅茨本人并不认为收入差距会无条件地随经济发展而先上升后下降。相反,他认为这种收入差距变化是当时一系列经济、政治、社会和人口条件造成的。他批评了两种观点:一种是认为后来的发展中国家一定会在收入差距及影响条件方面重复发达国家走过的道路;另一种认为当代发展中国家面临的是全新的问题,与发达国家经历过的历史过程毫无关系。他认为这两种观点都是不可取的,需要对不同经济体历史和现实的条件进行深入的研究。他并不认为发展中国家应当像早期资本主义国家那样听任收入差距的扩大,他特别批评了只要"完全的自由市场"的观点(Kuznets,1955,29)。

二元经济模式的发展是需要一定前提条件的:第一,在经济增长过程中,工业部门的工资保持一个稳定水平,以保证利润向工业部门的积累。第二,利润和高收入者的收入能够用于国内资本积累和有效率的生产性投资。如果资本积累不能用于实业性投资,而是转向一些奢靡消费或转向国外,则对经济的增长产生很大的负面影响。第三,工业部门的资本积累和经济增长要能不断创造出新的就业机会。第四,农村存在剩余劳动力,而城市失业者少。只有在这种情况下,城市工业部门对劳动力需求的增加才有可能吸纳农业部门的剩余劳动力。但是许多国家经济运行的结果却证明,经济体系并不一定会自发缩小收入分配差距,决定个人收入分配的各种因素都会因为一个国家的体制、经济发展的历史背景和初始条件、发展战略——政策的不同而对收入分配产生不同的影响。所以这种理论的政策结论并不适合所有国家。

经济增长通常起到普遍增加收入、增加就业、减少贫困的作用,但这些因素的作用方向是不确定的。经济增长对缩小收入差距的作用是不确定的,换言之,经济增长不是收入差距变化的一个必然因素。

国外学者研究收入分配影响的因素,一般基于比较成熟的市场经济,而我国是一个由不完善的市场经济向成熟的市场经济转化、由农业经济向工业化经济转化的转型期国家,影响收入分配的因素与成熟市场经济条件下的影响因素相比,有其自身的特征。

(三)收入分配影响经济增长的研究综述

1.西方经济学的研究

收入分配影响经济增长的研究,现有的文献中,主要沿着两条线索进行:一是收入分配从需求方面影响经济增长;二是收入分配从供给方面影响经济增长。凯恩斯的有效需求不足理论说明收入分配影响消费需求,从而影响经济增长。

着眼于收入分配对经济增长的影响的探讨起源于新剑桥学派的研究。新剑桥学派收入分配理论的最大特点是对分配关系进行动态分析,把收入分配理论与经济增长理论结合起来,并且着重从收入分配对资本形成的影响、收入分配与经济增长的关系进行分析,使收入分配摆脱了单纯的定价与收入分配就是产品划分的范畴。

在经济学发展史上,站在不同的角度研究收入分配对经济增长的影响可以得出截然不同的结论。传统的主流经济学从总供给的角度研究分配与增长的关系时认为,劳动剩余和资本不足是发展中国家经济成长过程中普遍存在的问题,收入分配不公,社会财富向少数人手里集中,有利于储蓄增加和投资增长,能促进经济增长。以西斯蒙第为代表的另一派经济学家从总需求的角度研究分配与增长的关系时则认为,收入不均等程度扩大将降低消费和投资倾向,不利于消费需求和有效需求增加从而会阻碍经济增长。

在李嘉图之后的经济研究中,有关收入不平等对经济增长的影响更是存在广泛争论,多数经济学家认为收入不平等对经济增长具有正面影响,但也有相当数量的经济学家提出了收入不平等对经济增长有负面影响的理论。

20世纪80年代以前的计量研究一般认为不平等有利于经济增长,而此后又出现了不平等显著损害经济增长的结论。从世界各国发展的现实来看,出现了各种不同的情况。

库兹涅茨(Kuznets,1955)、卡尔多(Kaldor,1956)、萨鲍特(Sabot,1996)、基米(kim,1997)的研究认为,收入不平等在理论上会导致更高的经济增长速度。收入分配差距会导致较高的总储蓄和投资率,激励低收入者多工作,有利于总体经济增长。他们所做的数据检验和敏感性分析支持这一假设,而且在大多数时候两者为非常显著的正相关。Lewis(1954)、Kaldor(1957)、Pasinetti(1962)研究了收入分配通过储蓄—投资渠道影响经济增长的机制。他们认为,由于富人的储蓄率比其他阶层高,储蓄和投资主要来源于富裕阶层,因此收入分配不平等有助于提高储蓄和投资率,从而促进经济增长。Li&Zou(1998)、Forbes(2000)和Castello(2004)利用面板数据的固定效应模型和动态广义矩估计方法证明收入分配不平等对经济增长产生正面的影响。福布斯(Forbes,2000)研究结果显示,从中短期来说,一个国家收入不平等水平的增加对其后续的经济增长有着显著的正面影响。

阿特基森(Atkinson,1998)、福尔密和泽威穆勒(Foellmi & Zweimuller,2003)对比分析了美国与欧盟国家收入不平等与经济增长的关系后发现,尽管欧盟国家最近几年的收入不平等有显著增加,但美国的收入不平等程度仍显著高于所有的欧盟国家,美国的经济增长也快于欧盟国家。由此他们认为,尽管不平等不为大家所喜欢,但是它可能是促进经济增长的一个必不可少的先决条件。[1] 他们反对任何旨在缩小收入差距的政策措施,政府试图人为地将业已分配给每个人的收入进行再分配的努力,只会窒息市场机制的激励功能,最终阻碍经济增长。要实现发展中国家(无限劳动力供给下)的经济增长,只有使收入分配发生有利于现代工业部门的变化。也就是说,在一国经济发展的初期阶段,只有牺牲均等分配才能促进经济增长。

与上述结论相反,佩尔森和塔布里尼(Persson & Tabellini,1994)建立了一个理论模型,提出了一国收入越不平等会造成社会中较多低收入者,因而主张政府采取高税收的穷人就越多,税率就会越高,经济增长就会越慢的假设。并使用历史成组数据(panel data)和战后的跨国数据,验证了收入不平等与经济增长存在显著负相关关系的结论,不过他们认为这一负相关关系仅出现在发

---

[1] Foellmi,Reto and Zweimuller,Josef. Inequality and Growth:European versus U. S Experiences[D]. Working paper,University of Zurich,2003(6).34—48.

达国家。[1]

阿尔钦纳和罗德瑞克（Alesina & Rodrik,1994）的研究得出了收入不平等与后续的经济增长负相关的检验结论。[2] 克拉克（Clarke,1995）进一步研究得出如下结论,收入不平等与经济增长之间呈显著的负相关关系,其结论不会因采用不同的不平等测量方法,或使用不同的经济增长回归模型以及对发达国家和发展中国家的划分而改变。[3] 换言之,他认为收入不平等与经济增长之间显著的负相关关系,是一个普遍适用的结论。

阿尔钦纳和佩罗托（Alesina & Prottio,1996）对71个国家所作的实证研究发现,过高的收入差距会造成一种充满不安定气氛的国内经济、政治环境,从而影响投资者进行长期投资的计划,最终对经济增长产生抑制作用。罗德瑞克（Rodrik,1999）、巴罗（Barro,2000）分析发现,收入不平等与经济增长之间的关系可以很清晰地进行地区或国别划分,当一些地区或国家的收入不平等与经济增长为正相关关系时,另一些地区或国家的收入不平等与经济增长却为负相关关系。由此引申出的结论是,收入不平等与经济增长之间的关系呈多样性,而这种多样性可能来源于不同地区或国家的社会经济条件和政治制度的差别。

政治经济渠道派从供给方面分析收入分配对经济增长的影响,认为收入分配通过政府财政支出和税收渠道对经济增长产生影响。信贷市场不完善和人力资本投资派认为,初始收入分配越平等,更多的个人将能够进行人力资本投资,因而经济增长也越高。在模型中引入信贷市场不完善的假定,通过研究再分配对增长的激励,从而得到不平等不利于经济增长的结论。[4]

2. 国内研究

在国内,探讨经济增长与收入分配问题的文章不少,但真正的实证分析性论文并不多。周文兴（2002）以1978—1995年的数据为基础,分析了城镇居

---

① Persson,T and Tabellini,G. Is Inequality Harmful for Growth? Theory and Evidence[J]. American Economic Review,1994,84(3):600—621.

② Alesina,Alberto and Rodrik,Dani. Distributive Politics and Economic Growth[J]. Quarterly Journal of Economics,May 1994,77(4):465—490.

③ Clarke,R. More Evidence on Income Distribution and Growth[J]. Journal of Development Economics,1995,47(2):403—427.

④ Aghion p,Howitt p. Growth and Gycies through Greative Destuction,1988. MIT Mineo.

民收入分配与经济增长之间的关系,发现存在协整现象,收入分配差距与经济增长之间存在同方向的长期均衡关系。[①] 林毅夫、刘明兴(2003)以 1978—1999 年 28 个省份的数据为基础,分析了影响经济增长的主要因素和城乡之间人均收入差距扩大的原因。他们认为,发展战略是解释中国经济增长和收入分配的关键。[②]

杨俊、张宗益(2002)综述了收入分配对经济增长影响的理论研究文献,结果表明,建立在古典和新古典经济增长理论基础之上的研究往往支持不平等有利于经济增长的结论,而以新增长理论为基础的研究大多支持不平等不利于增长的结论。以新增长理论为基础的研究表明收入分配主要通过影响政府的再分配政策、社会政治稳定和政体的选择以及人力资本投资,从而影响经济增长。作用机制为,第一,收入差距过大要求政府通过再分配政策来调节居民的收入差距,而这势必通过增加政府的税收收入来实现,高税率将抑制投资,进而对经济增长产生负面影响。第二,收入分配不平等很可能导致社会不稳定和政体的重新选择,这在短期内将破坏社会生产力,对经济增长产生负面影响。第三,当居民收入差距较大时,影响低收入者对于人力资本的投资,从而影响经济的发展。[③]

有关经济增长与收入分配的众多模型都体现出,发展中国家如果在劳动力供给相对丰富的阶段进行资本向利润的倾斜,保证和促进高资本密集的大型工业,会扩大劳动生产率和工资率的差异。但一些东亚和南亚国家发展的事实又使得我们相信还是能够找到一条均衡的发展的道路,从而使经济增长和收入分配协调发展的。所以我们在改革发展到今天这样一个供给相对过剩的阶段,实施抑制资本份额上升的政策已提上历史日程,而且对协调收入差距将会是十分有效的。

3. 评析

经济起飞的时候收入分配差距会扩大,这是肯定的。但是这是一个相对

---

① 周文兴:《中国城镇居民收入分配与经济增长关系实证研究》,《经济科学》2002 年第 1 期。

② 林毅夫、刘明兴:《中国的经济增长收敛与收入分配》,《世界经济》2003 年第 8 期。

③ 杨俊、张宗益:《收入分配与经济增长——近代西方理论与实证考察》,《重庆大学学报》2002 年第 10 期。

比较短的状况,经济增长和收入分配之间是否有自变量和因变量之间的关系,不是特别明显。已有研究对经济增长挖掘得比较多,包括对经济增长的解释,比如人力资本、实物资本、土地,或者结构变动、制度变迁等等,但是把收入分配纳入解释变量的并不多。用人力资本等因素来直接解释经济增长是可以理解的,但是这些因素和收入分配之间的关系不是很清楚。

可以说,关于收入差距对经济增长关系问题的研究仍没有一致的结论,这是因为收入差距对经济增长的影响非常复杂,远不是有利或者不利那么简单。对收入差距进行深入的研究和对其产生影响的前提条件进行分析是必要的。不同的收入差距或收入差距的不同表现形式对经济增长的影响可能会有较大的差别,不同国家和经济的人文社会环境、所处的经济发展水平、收入差距的初始状况、再分配等政府政策的力度等等,都会影响到收入分配不均等状况与经济增长之间的关系。

(四)对有关研究的评价

总结来看,关于居民收入差距与经济增长之间关系的现有研究成果(特别是经验性质的研究成果)多半不是因果分析,亦即并不是分析居民收入差距的大小及其变化对经济增长的影响,而主要是对居民收入差距与经济增长的关系的现象的描述。

从 20 世纪 80 年代特别是近年来,"不公平经济增长"理论逐渐受到批评。相反,"在公平分配中实现经济增长"的呼声越来越高。在 1994 年 1 月召开的美国经济学年会上,人们所听到的大部分声音是收入差距扩大不仅不是经济增长的结果,更不是经济增长的条件。发展中国家的发展战略也从以经济增长为中心转向在公平分配中实现经济增长。美洲开发银行副行长南希·伯索尔女士和威廉斯大学教授理查德·萨伯特甚至直截了当地提出了"公平经济学"的思想。他们在《再论贫富不均和经济增长之间的关系》的调查报告中指出:经济增长加快同收入平等这两者并不矛盾。如果政策得当,就能既缩小贫富差距,又提高经济增长率。政府缩小收入差距的努力有利于经济增长。

从实证的角度去研究经济增长与收入分配之间的关系,得出的结论都是建立在一定的假设前提之下的,例如,库兹涅茨提出的倒 U 型曲线就是建立在工业化过程中,以私有化、市场化和工业化作为基本假设。而且,从历史经验中归纳出来的规律未必具有放之四海而皆准的效果,即使处于同样工业化进程中的国家,也会因不同的国情和发展环境而有不同的表现。如处于同样工业化过程中的拉美国家、东亚国家和地区就呈现不同的结局。拉美的收入不平等在经济增长过程中急剧扩大,而东亚国家和地区则呈现出较为平衡的发展态势,经济增长较为迅速,但收入的不平等并没有如人们预料的那样迅速扩大。

佩尔松和塔伯里尼(1994)等人的观点是经济增长将受到冲击,从而收入分配不均等对经济增长不利,这种观点也有局限性,未认识到公共物品的外部性有助于经济增长。李宏毅和邹恒甫(1998)等的观点是公众对公共物品的满足程度高,税率不需要提高,收入分配不均等对经济增长无害。这种观点虽认识到公共物品给大众带来满足程度有利于经济增长,但忽略了一个重要方面:在二元经济结构或者二元收入分配格局下,要提供全社会一致的公共物品将面临极大的困难,几乎是不可能的。

有关收入分配对经济增长影响的定量分析主要集中在利用跨国数据来研究世界各国的普遍规律上,如 Perotti(1996)、Barro(2000)、Forbes(2000)等,对国别个案的研究相对较少,而对中国的研究更为鲜见。有关中国收入分配对经济增长影响的研究主要是定性的分析。

发展中国家在发展初期很可能要面对的不均等的主要力量是资本收入份额的提高(这意味着劳动收入份额的下降)。在这方面存在的总趋势是,一个国家开始工业化的时间越晚,借用技术的资本利用和劳动节约的程度就越高(速水佑次郎,1995)。因此,当今发展中国家资本份额的上升,可能比发达国家历史上更快。为了改善我们的收入分配现状或减缓我们在经济增长中收入分配不均等的上升速度,我们需要从西方发达国家或经济转型成功国家吸取经验教训。

三、收入分配影响经济增长内在机制的研究综述

(一)理论解释

在收入分配与经济增长的互动关系中,收入分配对于经济增长的影响最

为核心,研究成果也最为丰富。对收入分配影响经济增长机制的解释主要从以下几个方面来进行:一是要素投入角度。要素投入包括资本投入(可用储蓄近似)、劳动投入和土地投入。要素投入的增加是发展中国家经济增长的主要源泉,也是分配不均等影响经济增长的重要渠道。从这一角度研究分配不均等与经济增长关系的文献最多,结论的分歧也最大。二是需求角度。由于发展中经济具有结构性特点,收入不均等程度将影响需求结构,从而影响工业化进程和经济增长。三是制度角度。经济制度不但影响经济增长速度,而且影响经济发展状况。随着新制度经济学的发展,越来越多的文献开始关注分配不均等通过影响经济制度变化,从而影响经济增长和经济发展的问题。这方面的模型求解较为复杂,很多结论之间的关系还有待于进一步研究。四是政治和社会角度。伴随着新古典政治经济学的复兴,发展经济学家更加重视从政治和社会角度分析分配不均等对经济增长的影响。发展经济学从发展中国家的实际情况出发,认为收入不均等主要通过引起冲突、寻租和破坏产权,从而阻碍经济增长,而"中间投票人原理"并不适合于大多数发展中国家。

一项最近的研究表明,无论是在短期还是在长期,中国的收入差距对于经济增长的影响都是负的(陆铭等,2005)。既有文献发现,收入差距扩大可能通过四个机制来降低经济增长的速度:第一,由于存在信贷市场的不完善性,收入差距的扩大将使得更多的穷人面临信贷约束,从而降低其物质资本和人力资本投资(例如 Fishman and Simhon,2002)。第二,在民主社会中,更大的收入差距会使得更多的人支持用增加税收来促进再分配,而更高的税收会对经济增长造成负面的激励作用。第三,收入差距的扩大会引起社会和政治的动荡,恶化社会投资环境,并且使更多的资源用于保护产权,从而降低具有生产性的物质资本积累(例如 Benhabib and Rustichini,1996)。第四,由于低收入家庭的生育率更高而人力资本投资更少,当收入差距扩大时,会增加低收入家庭的比例,从而降低全社会的受教育程度和经济增长速度(De la Croix and Doepke,2004)。总的来说,大多数文献都认为收入差距扩大将通过降低物质资本和人力资本的积累对经济增长产生不利影响。

还有一些研究注意到,收入差距的扩大对于提高健康水平、增进信任的社会资本形成具有负面的影响。已有研究发现收入差距对健康的影响呈现"倒U"型,在高收入差距地区,收入差距的扩大不利于医疗公共品的提供,而且收入差距的扩大对低收入人群的健康更为不利(余央央、封进,2006)。收入差距还不利于形成增进信任的社会资本,而社会资本作为一种非市场力量,对于贫困的减少和经济的增长有积极的作用。最近的一项研究考察了平等与社会信任的关系,此项研究中的平等包括经济平等和机会平等两个维度。结果发现,不平等的国家或地区往往会陷入这样一个恶性循环:不平等引起社会信任程度降低,低水平的社会信任又使得改进分配、促进平等的政策难以实施,从而导致分配不均的进一步恶化(Rothstein and Uslaner,2005)。此外,收入差距的扩大对于环境资源产生的影响也是经济学家关注的问题。Boyce(1994)和Heerink et al(2001)的研究已经发现,收入差距对于保护环境资源不利。

1. 收入分配初始条件的影响

初始的收入分配会影响政治过程,即投票者的偏好,从而影响收入再分配政策,最终影响到经济增长。

Alesina 和 Rodrik(1994)的模型,是将政府生产性的服务作为衡量收入分配的一个指标,加入到内生经济增长模型中,利用中间投票者原则,证明了收入分配不均等与经济增长之间具有负相关关系。

H. Li 和 H. Zou(1998)构建了一个类似的模型,不过在他们的模型中,政府的服务不是生产性的而是消费性的,公共支出没有像 Alesina 和 Rodrik(1994)模型一样进入生产函数而是进入到个人的消费函数,从而得到相反的结论,即收入分配的不平等程度会有利于经济的增长。所以他们认为在现实中,政府的税收既有消费性支出也有生产性的投资,收入分配对经济增长的影响将是不明确的,会因各个国家的具体情况而变化。

Persson 和 Tabellini(1994)的模型分析了再分配政策的影响,他们的模型是以 OLG 和新经济增长理论为基础的,个人进行工作并进行人力资本投资。政府较高的税收将会降低人力资本投资和经济增长率。但由于穷人比富人支付相对比较少的税收而得到比较高的转移支付。所以如果中间投票者的收入水平与平均的收入水平之比越小,即收入越不平等,社会将偏好越高的税率,从而降低了投资率和经济增长率,这与 Alesina 和 Rodrik 得到的结论相似。

这类模型考虑的是事前的收入分配不均等会影响到政府的收入再分配政策,而收入再分配政策会对未来的投资和经济增长产生影响。这与第一类模型有很大的不同,第一类模型基本上是考虑事前的分配不均等会对投资和经济增长产生什么样的影响。

2. 资本形成的影响

由于信贷市场的不完美、收入分配的不均等会通过这一因素影响到投资和资本积累,从而影响到经济增长。在这些模型中,借款的有限责任意味着不同人的投资回报率是不同的。信贷市场不完美主要反映在不对称信息及法律的限制上。由于信贷的限制,在某种程度上,投资机会是与个人的资产和收入水平相关的。穷人通常会受到约束从而放弃回报率比较高的人力资本投资。在这种情况下,一种没有扭曲的收入再分配可以提高平均的资本生产率。通过这种机制,不均等的减少可以提高经济增长率。

Galor 和 Zeira(1993)是在资本市场不完美和人力资本投资不可分的假设下,得到多重均衡存在的,收入分配会影响到短期和长期的产出水平。收入再分配政策在他们的模型中是有作用的,如果对富人进行征税使其初始财富仍然较高,而对财富水平低的人进行补贴,那么富人仍然会进行人力资本投资,而穷人由于得到政府补贴也可以进行人力资本投资,长期来看这个经济会达到更高的产出水平。在他们的模型中,如果考虑到劳动生产率或工资水平的增长,会得到收入分配不均等也会影响长期经济增长率的结果。如果政策征税的成本比个人借款成本低,那么收入再分配政策将可以提高经济增长率。

Banerjee 和 Newman(1993)是在资本市场不完美的假设下,分析了收入分配如何通过影响职业选择而对经济增长产生影响作用的。他观察到各国的职业结构非常不同,有些国家有大量的农民、手工艺人和小企业主,而另外一些国家却有大量的企业家和产业工人。两个国家在一些宏观经济指标方面非常相似,但他们的发展路径完全不同,职业结构和经济增长也显著不同。

他们的模型结构也非常简单:因为存在资本市场不完美,个人的借款数额会受到限制。所以,那些需要高投资的职业,穷人就很难得到资本。这与Galor 和 Zeria(1993)的模型相似,所以这些比较贫穷的人将会为那些富有的人工作而成为工人,富有的人成为企业家。显然收入分配成为职业选择的决定因素,而职业结构又决定了人们的储蓄行为和承担风险的能力,进一步对收入分配产生影响。他们的结论是:一个经济的繁荣或停滞取决于这个经济中财富的初始分配情况。如果一个经济中收入不均等程度过高,长期的均衡便是大量失业和低工资水平。相反,如果初始的穷人较少,经济将会"起飞",长期均衡会在高工资高就业的水平上实现。

Aghion,Caroli 和 García-Penalosa(1999)将资本市场不完美和道德风险等变量引入模型,证明了收入分配越是不均等,经济增长率就会越低。他们的内在逻辑是:在资本市场不完美的情况下,收入分配不均等降低了投资机会,特别是穷人的投资机会,也降低了贷款者努力的激励,产生了道德风险,两者都降低了经济增长率。

这方面的文章还有很多,但基本机理都是类似的,即因为资本市场不完美,收入分配影响了个人对人力资本或物质资本的投资水平,从而影响到经济增长。

3.人力资本的影响

Saint-Paul 和 Verdier(1993)提出,在不平等的社会,中间投票人会选择较高的税率来支持公共教育,这将有利于增加人力资本并促进经济增长。Benabou(1996)认为,如果人力资本之间的互补性在国内比国际上更强,至少在短期内分配不均等水平高的国家会有较高的经济增长。Galor 和 Tsiddon(1997a,1997b)提出了两个假说:一是家庭环境的外部性决定了人力资本水平,如果这种外部性足够强大,在一个欠发达的经济体中,较高比例的不均等可能是经济"起飞"的必要条件;二是重大的技术冲击会提高流动性,有利于促进高素质的人口向技术先进产业集中,经济增长会加快。Sylwester(2002)研究发现,那些将占 GDP 较大比例的资源投入公共教育的国家在随后都会有较低的收入不均等水平,这一结论意味着,支持教育对经济增长有利不仅仅是因为提高人力资本可以促进经济增长。

4.需求结构的影响

这类模型是从凯恩斯需求管理的角度来分析分配不均等对经济增长影响的,因为需求是推动经济增长的主要因素,而收入分配的不均等程度直接影响到需求水平,从而影响经济增长。这方面最重要的文献是 Murphy,Shleifer 和 Vishny(1989)的文章。

需求的结构会影响到工业化的进程,而需求结构又受制于收入结构,即收入分配。国内需求的扩大,特别是工业品需求的扩大,需要有一个中间阶层来支撑。这是因为富裕的人所需求的商品一般是一些高级工艺品或进口奢侈品,而不是国内的一般工业品。即使收入增加了,如果只是集中在少部分富人手中,不能形成国内的有效需求,也不能带来经济发展。

比如19世纪上半叶的美国和英国。由于当时英国大量生产高质量的工艺品,而工艺品的需求是狭小的;相反美国生产了大量中间阶层所需求的工业品,这样国内的工业品市场比较大,工业企业可以获得利润,从而支持了工业化的大发展。再如19世纪下半叶的哥伦比亚,16世纪50—60年代,哥伦比亚的烟草出口大量增加,但是国内经济并没有因此而得到拉动作用。1880—1995年间,哥伦比亚的咖啡出口大量增加,促进了哥伦比亚的发展。这是因为烟草一般是由大的种植园种植的,烟草出口增加的收入当然集中在这些大种植主手中,但他们的需求并不是国内的工业品,所以并没有带来国内工业化的发展。相反咖啡是由大量的家庭小农场来进行种植的,所以咖啡出口的增长直接增加了大量小农场主的收入,他们的需求是在国内,直接扩大了国内工业品的市场,促进了国内经济的发展。所以收入结构或收入分配直接决定了国内的需求结构,从而影响到工业化进程和经济增长。

(二)实证研究

实证方面对收入分配与经济增长关系的考察也很多,得到的结果与理论的预测并不完全一致。有的研究发现收入分配不均等与经济增长存在负的相关关系,而有的研究发现两者存在正的相关关系,还有的研究认为两者的关系并不完全确定,对于发达国家两者之间有正的相关关系,而对于发展中国家两者是负的相关关系。

Alesina和Rodrik(1994)用经验数据对他们的模型进行了检验,得到了支持模型的结论。他们使用了两种数据,一是高质量数据,包括OECD等发达国家和部分发展中国家的数据,另外还有一更大样本的数据。估计方程的因变量是1960—1985年的年均经济增长率,自变量有反映初始收入不均等程度的变量——收入的基尼系数和土地分配的基尼系数,还有初始的人均收入水平和初等教育入学率,以反映收敛性和人力资本对经济增长的作用。估计方法是OLS,几乎所有的估计结果即收入和财富(土地)的基尼系数都是负的和显著的。所以初始的收入不均等将对随后的经济增长有负面影响,这也验证了他们模型的结论。Persson和Tabellini(1994)也使用了基本相似的方法检验了他们的结论。Clarke(1995)使用不同的测量收入不均等的指标对收入不均等与经济增长的关系进行了检验。他使用了基尼系数、锡尔指数（Theil index）、方差系数、最富的 20% 与最穷的 40% 的收入比率来测量收入不均等程度。他将这些变量分别引入 Barro（1989）的增长方程，得到收入不均等系数总是负的且是显著的，支持了 Alesina 和 Rodrik（1994）模型以及 Persson 和 Tabellini（1994）模型的结论。另外，对于民主国家和非民主国家两者关系没有显著差异。

阿莱辛娜（Alesina）和佩罗蒂（Perotti 1996）从实证角度对社会不安定模型进行了检验。他们构造了反映社会政治不稳定的指数 SPI，是由政治暗杀案数量、大众暴力人口死亡率、成功和不成功的政变数量和反映国家民主程度的虚变量通过主成分分析得到的指数。SPI 越大，说明社会政治越不稳定。他们采用双变量同期回归模型，使用两阶段 OLS，把投资占 GDP 的份额（INV）和社会政治不稳定指数（SPI）作为内生变量。第一个回归模型中的解释变量为：社会政治不稳定指数（SPI）；初始的人均 GDP60；[①]购买力平价相对指数（PPPI）；购买力平价绝对指数（PPPIDE）。第二个回归模型中的解释变量为：投资占 GDP 的份额（INV）；小学生初始入学率（PRIM）；均等指数（MIDCLASS），即第三、四收入组的收入份额。[②]

然后使用 71 个国家 1960—1985 年的数据进行估计，得到了显著的结果，即收入不均等对社会不稳定有正的影响，而社会不稳定将阻碍投资的增长，从而收入分配通过社会政治这一内在机制影响到经济增长。计量回归模型结果如下：

$$INV = 27.36 + 0.07 GDP60 - 0.50 SPI - 0.14 PPPI + 0.04 PPPIDE$$

$$(9.34)(1.09) \quad (-2.39) \ (-2.39) \quad (0.62)$$

$$SPI = 37.43 - 0.23 PRIM - 1.01 MIDCLASS + 0.72 INV$$

$$(4.54)(-2.45) \quad (-3.42) \quad (1.30)$$

可以看到，平等指数（MIDCLASS）的系数符号与理论预期一致，且统计上是显性的。

佩罗蒂的实证研究与上面的计量模型有所不同。他选择经济增长率（GROWTH）和社会政治不稳定指数（SPI）作为内生变量。第一个回归模型中

---

① 作者的数据从 1960 年开始。

② 每组分别为人口的 20%，由低向高排列。第三、第四收入组的收入份额越高，则整个社会收入差距越小。

的解释变量有:社会政治不稳定指数(SPI);初始的人均 GDP60;购买力平价相对指数(PPPI);男性受到中等教育的平均年限(MSE);女性受到中等教育的平均年限(FSE)。第二个回归模型中的解释变量为:男性受到中等教育的平均年限(MSE);女性受到中等教育的平均年限(FSE);平等指数(MIDDLE)——第三收入组得到的税前收入份额。计量回归模型结果如下:

$$GROWTH = 0.034 - 0.004 GDP60 + 0.028 MSE - 0.025 FSE - 0.014 PPPI - 1.495 SPI$$
$$(3.46)(-1.81) \quad (2.63) \quad (-2.05) \quad (-1.32) \quad (-2.27)$$

$$SPI = 0.021 + 0.006 MSE - 0.009 FSE - 0.090 MIDDLE$$
$$(3.26)(1.20) \quad (-1.20) \quad (-2.11)$$

可以看出,平等指数(MIDDLE)和系数符号与理论预期一致,且统计上是显性的。

Partridge(1997)认为,Persson 和 Tabellini(1994)的估计存在问题,一是从统计显著性上并不很令人信服。另外,他们采用数据的 56 个国家发展水平不同、体制和文化也有很大差异,所以结论并不具有说服力。鉴于此,Partridge利用美国各州 1960—1990 年的数据,使用 Persson 和 Tabellini(1994)的检验方法进行了估计。得出的基本结论是:中间 20% 的收入份额与经济增长率之间有正向关系,这与 PT 的中间投票者模型是一致的;基尼系数和中间 20% 的收入份额与经济增长都有显著的正向关系,(由基尼系数所反映的)总的收入不平等与经济增长之间的正向关系是与 PT 的模型不一致的;收入分配不平等通过影响到收入再分配政策从而对经济增长产生影响的结论在模型估计中反映并不显著;政府的政策变量对经济增长的影响并不显著;所以收入分配可能独立于政府政策而对经济增长产生影响。

Forbes(2000)基于以前实证研究的缺陷,使用了 Deininger 和 Squire 整理的收入不均等的高质量数据,用新的方法对收入不均等与经济增长的关系进行了估计,得到了与众不同的结论,即收入不均等与经济增长不是负相关关系,而是正相关关系。他的增长方程和以前的研究很相似,因变量是经济增长率,自变量包括初始的不均等指数、收入水平、男性和女性的人力资本量、市场扭曲程度及国家和时期虚变量等。作者使用面板(平行)数据(panel data),通过四种估计方法(固定影响、随机影响、Chamberlain 式 π 矩阵技术和 GMM 估计方法),并运用 Hausman 检验,得到 GMM 估计是最有效的。通过各种灵敏度分析,作者发现使用高质量的收入不均等数据和各种估计方法,收入不均等变量的系数总是正的,并且在5%的置信水平下显著,这与以前的很多实证研究不一致。

Panizza(2002)在前人估计的基础上,利用美国48个州1940—1980年的平行数据,使用混合的OLS方法、固定影响模型和GMM方法对收入分配不均等与经济增长之间的关系进行了估计。他的估计表明收入不均等与经济增长之间的正向关系并不存在。以美国各州的截面数据进行估计,收入不均等和经济增长之间并没有清晰的和严格的关系,并且,收入不均等的计量方法或计量方程设定形式的微小改变都会产生完全不同的结果。当使用固定影响模型进行估计时,得到了收入不均等和经济增长之间的负相关关系,但结果并不牢靠。他使用的数据与Partridge(1997)相似,方法与Forbes(2000)相似。与Forbes(2000)不同,作者的估计并没有得到收入不均等与经济增长之间的正相关关系;与Partridge(1997)不同,也没有得到基尼系数和Q3与经济增长之间的正相关关系。相反,作者在文章中发现了收入不均等与经济增长之间有一定的负相关关系,但这种关系并不是很稳健的。

(三)初步评价

综合分析各种收入不均等理论的假设前提和相应结论后本书认为,关于收入不均等对经济增长影响研究的分歧,主要来自于理论假设分歧和采用的检验模型的差别。在理论假设上,有些研究侧重分析财富不均等的影响,而有些则主要是从收入不均等的角度来考虑的。例如,试图证明收入不均等对经济增长的影响为负的研究,多采用政治经济模型、资本市场不完善模型、非中间投票人模型、社会—政治不稳定模型、生育—教育模型、市场规模模型等;关于正面影响的研究,多采用储蓄—资本积累模型、人力资本模型等。

收入不均等通过内生财政政策联结增长的机制中,"中间选民"扮演了非常重要的角色,但这只适合中间选民的个人偏好直接形成公共决策的情况。"除少数例外情况,公共部门的几乎所有决策都是由选举出的代表或社会公仆作出的,选民的投票偶尔会对代表的行动施加直接的约束。"①这时,中间选

---

① 参见[英]安东尼·B.阿特金森等:《公共经济学》,蔡江南译,上海三联书店1994年版,第385页。

民的个人偏好便不能直接形成公共决策,收入不均等也不能通过"中间选民"联结经济增长。因而,"不平等不利于经济增长"这一论题便不能从财政途径中得到支持。而这样的国情显然在中国并不具备。

研究财政政策对增长的影响是宏观经济理论中的重要内容之一,也有较多的相关成果。但通过财政途径研究收入不均等对增长的影响却是一个崭新的课题,Alesina(1994)、Persson 和 Tabellini(1994)、Perotti(1993)在这方面作出了开创性的工作。其建立的理论模型,不但在研究收入分配对增长的影响方面建立了一个严密的分析框架,对财政政策的研究也提供了一个内生增长的分析方法。同时,他们的"不均等不利于经济增长"的结论,一直引导后来者不断深入的探讨。

无论是从理论模型还是实证检验方面来看,收入分配不均等与经济增长的关系还都并不是完全确定的,收入不均等是否阻碍了经济增长仍需要新的证据。尽管越来越多的模型倾向于得到收入不均等有害经济增长的结论,但这并不意味着实际经济中确实如此。

对于我国的经济发展情况来说,由于正处于工业化和城市化的阶段,经济已经由原来的短缺经济转化为目前的过剩经济,出现了有效需求不足的局面。受资源环境等的约束,我国经济结构和产业结构都面临着调整和转型升级,经济转型和扩大内需是我国现阶段经济政策的重点。经济转型会对收入分配产生相当程度的影响,而需求的扩大又依赖于收入水平的提高和收入结构的变化,即收入分配格局的调整。同时,资本市场的情况则显得较为复杂,且由于政策的调整而处在不断地变化当中。所以,在中国收入差距拉大的情况下,如何调整收入结构可能是扩大内需的重要内容,也是促进我国经济进一步增长的关键因素。

第二章　我国收入分配和经济
　　　增长的现状与特征

从经济整体的角度,也就是宏观经济的角度看,经济增长是由各种生产要素通过社会的专业化和劳动分工体系,或经济制度组合在一起,生产出社会的总产出。在一定的生产资源条件下,经济增长主要是由生产要素的产出效率决定的,要素产出效率的高低决定了要素在市场上的收入分配,而要素的产出效率又取决于资源配置方式。所以,市场经济条件下,劳动者的收入分配与资源配置方式密切相关。要素在市场中占有的份额和比例的多少,就是要素的价格。物质资本和人力资本的所有者,各自收入的份额取决于生产前要素在市场中的价格,以及生产过程中各要素贡献的大小。不同的制度背景、不同的市场经济环境、不同的发展阶段,决定了不同的经济发展方式与资源配置方式,收入分配会表现出不同的特征。

一、中国国民总体收入分配状况与收入分配的扭曲

改革开放以后,随着国民经济的发展,我国居民收入分配差距逐渐拉大。其缘由除历史文化因素之外,改革开放以后新生成的各种因素更是起着至关重要的作用,包括制度性的和非制度性的。上世纪 70 年代末以来,在邓小平"让一部分人先富起来"的思想指导下,中国经济已经取得了令人注目的成绩。这种思想正是一种收入分配思想,或者说是对中国这样的大国构筑的一种原始的收入分配理论。然而,这个尚不完整的收入分配理论遗留给我们的则是沉重的担子。经济增长了,但经济发展还远不同步,经济发展滞后甚至各种扭曲所引致的问题有可能将改革开放的成果大量消弭,同时不断制造出更

多新的扭曲。

（一）居民可支配收入的界定及收入差距形式

西方国家对个人收入的统计,依据于按照西方经济理论建立起来的国民经济体系(SNA)。如美国对居民个人收入的统计,包括了工资和薪金所得、其他劳动收入、业主收入、租金、利息、红利、企业和政府对个人的转移支付以及个人对社会保险分摊额。我国长期以来对收入的统计,依据于国民经济平衡表体系(MPS),一直把个人收入定义在劳动报酬的范畴之内。但在实践中,早已突破了个人收入只包含劳动报酬收入的概念。在1980年9月颁布的《中华人民共和国个人所得税法》中,明确规定的纳税范围有:工资、薪金、劳务报酬、特许权使用费、利息、股息、红利、财产租赁收入和财政部规定的其他收入。

1.居民可支配收入的构成

居民可支配收入是现在统计中常使用的概念,根据收入来源或性质的不同,居民可支配收入大体上可分为四类:一是工资和福利收入,即劳动报酬收入,也包括奖金、津贴、实物、住房方面的福利(含福利分房及住房补助)、交通补助(含单位配车及车辆补贴)和通讯补助等,它属于居民个人的固定收入。对于大多数人而言,大约占其全部收入的60%至85%左右。二是经营性收入,是指通过经常性的生产经营活动而取得的收益,即企业在销售货物、提供劳务以及让渡资产使用权等日常活动中所产生的收入,此类收入差异较大,通常占居民个人收入的20%至30%左右。三是财产性收入,包括资本性经营收入(股息、红利、利息)、房屋、车辆租赁所得等。收入不稳定,不同阶层收入差别较大,但近年来在居民收入中所占比重越来越大。四是转移性收入,包括离退休金、价格补贴、赡养收入、赠送收入、记账补贴、出售财物收入等。其中,离退休金是居民转移性收入中的主要组成部分,从若干年份的中国统计年鉴来看,占转移性收入的份额在60%~70%之间。前两项属政府转移性支付的部分,后面的基本上是发生在居民家庭内部的收入转移。

此外,在我国还存在相当数量的灰色收入和黑色收入。但是我国目前对于灰色收入的界定并不清晰,具体规模也不明确。据王小鲁的调研结果,2006年中国居民收入当中的灰色收入规模约在4万多亿元,2008年灰色收入大约在5.4万亿元。以2008年中国国内生产总值(GDP)为31.4万亿元数据推算,灰色收入要占到 GDP 的 17.2%,这是一个非常惊人的数字。灰色收入的特点有两个:一是普遍性,"灰色收入"已经渗透到了社会各行各业,返点、好处费、感谢费、劳务费、礼金等名目繁多;二是权力特色,绝大部分灰色收入与权力相结合,灰色收入的"趋权性"非常明显。但由于概念不清,要对如此巨额的灰色收入进行结构性分析难度很大。

黑色收入是指通过贪污、受贿等非法手段取得的收入,这是法律禁止的收入。此两类收入都不在本书的研究范围之内。

2. 收入差距形式

构成我国居民收入差距的主要因素有以下两种:

一是劳动报酬收入差距。这部分差别目前构成了我国收入差距的主体。市场经济条件下,劳动力本身存在差异,这种差异对收入差距的形成起到了决定性作用。而且劳动差别越大,收入差距就越大,图示如下(图2-1)。

当前中国的工资差距过大,一是与历史比较差距扩大速度较快,二是与市场经济国家比较,行业、地区间的差距偏大。我国工资收入差距主要体现在四个方面,即行业企业间差距、城乡间差距、地区差距、高管和普通职工差距,这四方面的工资收入差距近年来都在不断扩大。四大差距中,行业、企业之间差距遥遥领先,成了收入差距扩大的最大祸首,其次城乡差距超过国际平均水准。

众多研究表明,教育、培训等人力资本投资是劳动力形成差异的主要原因。陈宗胜在研究公有经济收入差别的时候,指出劳动力的差异是由不同发展阶段中产业构成及专业化分工等因素的变化引起的。[①] 经验研究发现,在劳动力素质相差无几的情况下,也会形成一定程度的收入差距。这种收入差距很大程度上源于制度因素,当前我国人力资源市场及生产要素市场还不成熟,工资正常增长机制还没有建立,国企工资管理体制还不完善,非国有企业工资协商、劳动者民主参与机制还没有构建,这些成为造成我国工资拉大的制度性原因。

二是财产性收入差距。"财产性收入"一般是指居民家庭利用所拥有的动产(如银行存款、有价证券等)、不动产(如房屋、车辆、土地、收藏品等)所获

---

① 参见陈宗胜:《改革、发展与收入分配》,复旦大学出版社 1999 年版,第 375—376 页。

收入差距

S′
S

O　　　　L　　　　　L′

劳动差别

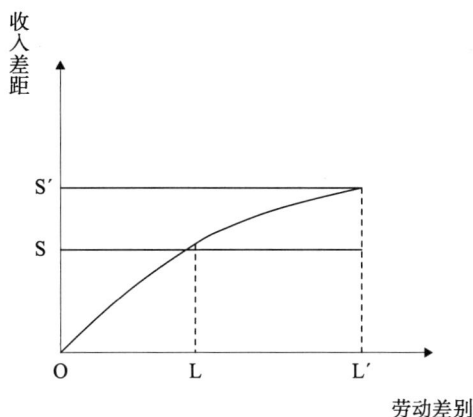

图 2-1　收入差距与劳动差别的关系

得的收入。它包括出让财产使用权所获得的利息、租金、专利收入等;财产营运所获得的红利收入、财产增值收益等。财产性收入是人均可支配收入的一部分。

　　随着经济的快速发展,我国经济结构与收入结构都发生很大变化。居民收入不断增长,长期积累下来财产会随之而增加。财产的积累过程会对收入分配产生很大影响,目前和将来短期内,造成收入差距的主要因素,也将由过去的劳动性收入差距变为资本收入等财产性收入差距。

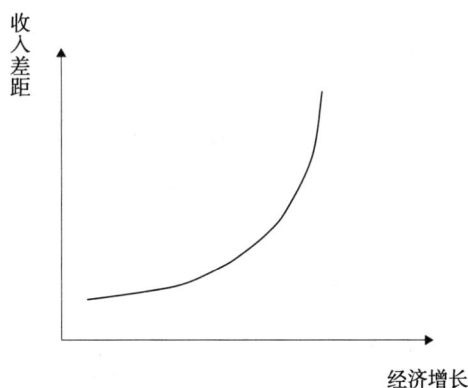

收入差距

经济增长

图 2-2　财产积累的"马太效应"

　　我国在改革的起点,无论是高收入者还是低收入者,所持有的财产数量都是极为有限的。但在转型与发展过程中,居民的财产积累速度在加快,财产规模在不断扩大,居民收入来源趋于多元化,我国居民家庭的财产呈高速积累之势。同时,我国居民的财产分布却极度不均衡。无论是财产中的金融资产还是总资产净值、无论是人均资产水平还是资产积累速度,不同居民之间都存在着巨大的差异性,以农村居民为主的低收入群体的这两项资产存量水平及增长速度都要大大低于以城镇居民为主的高收入群体。因而,以财产取得的财产性收入的分布也非常不均等,绝大部分的财产性收入流向了高收入者手中。

一般说来,同一经济体中,财产分布的基尼系数往往高于收入分布的基尼系数,特别是在金融财产、房产等的分布方面存在着比收入差距大得多的差距。如美国多年来居民总财产净值的基尼系数一般都维持在 0.8 左右,金融资产的基尼系数在 0.9 左右。日本、瑞典和韩国 20 世纪 80 年代中期以来,居民总财产基尼系数也在 0.5 以上,都要比收入的基尼系数高出许多。[①]

财产性收入占国民可支配收入的比例,是衡量一个国家公民富裕程度的重要尺度。在发达国家美国,财产性收入占总体收入的 40%,拥有股票、基金等有价证券的公民达 90% 以上。与之形成对照的是,在 2007 年,我国居民股票投资开户数达到高峰,也仅为 1.2 亿户,基金投资账户为 9000 万户,总量约 1.3 亿户,只占全国总人口的 10%。近两年来,我国股市表现低迷,大量股民又从股市中退出。当以股市、楼市为代表的资产价格较高、增长较快时,居民财产性收入总额也在迅速膨胀。但是,与财产性收入增长相伴的一个事实是,以证券投资和房产收益收入为主的财产性收入主要流向了拥有资产较多的中高收入阶层手里。

尽管财产分布差距是收入差距逐年累积形成的,但财产积累具有一种"马太效应",即个人收入能通过财产积累或资本的形成转化为新的收入来源,而新的收入在不断积累、不断投入、又不断地收入的循环惯性中形成更大的收入差距。这就是财产性收入对于收入差距的"马太效应",这种效应使得穷者越来越穷,富者越来越富(如图 2-2)。财产性收入差距也因此成为目前和将来一段时间居民收入差距拉大的主要因素。

---

① 国家统计局城市社会经济调查总队编:《财富:小康社会的坚实基础》,山西经济出版社 2003 年版,第 30—100 页。

(二)工资性收入是我国居民收入的主要来源

我国目前在"人均可支配收入"中以"工资性收入"为主,大约占到70%左右。财产性收入尽管增长很快,但占比位置较小。这表明我国还只是一个发展中家,居民的整体收入水平比较低。

国家发改委官方网站公布的《我国工资分配的基本情况和主要问题》系列收入分配报告①显示,1990～2005年,城乡居民的工资性收入总额从1167.8亿元增加到8755.2亿元,在居民总收入中所占比重从45.3%逐步提高到63.2%。城镇居民的工资性收入总额从3471.1亿元增加到43831.3亿元,但占城镇居民总收入的比重从77.0%下降到74.3%。也就在这一时期,平均货币工资收入最高最低行业之比由1.76∶1扩大为4.88∶1。从国家统计局的数据来看,在1992年到2008年期间,劳动报酬在GDP中的比例差不多下降了12个百分点。

在农村,农民收入的增加、甚至许多地方农民收入的主要来源是工资性收入,即农民进城务工收入。中国社会科学院发布的2011年《社会蓝皮书》指出,近年来农村居民收入结构一直发生变化,家庭经营收入比重持续下降,工资性收入、转移性收入、财产性收入的比例均不同程度得到提高。1990年农村居民家庭经营收入比重高达75.8%,2002年降低到60%,2009年首次占49%。家庭经营收入在农村居民收入中的主体地位下降的同时,工资性收入已成为农民增加收入的重要来源。2000—2008年,工资性收入比重从31.2%上升到38.9%,2009年这一比重又上升到一个新的水平,达到40.0%。另外,2009年转移性收入在收入结构中的比重变化也比较大,从2008年的6.8%上升到7.7%。

表2-1　国民收入与劳动报酬收入对比　　（单位:万亿元;%）

年份	国民总收入		劳动报酬收入		
	总量	增速	总量	增速	占国民总收入比重
2001	10.97	8.3	5.57	7.34	50.8
2002	12.03	9.1	6.03	8.15	50.1

---

①　http://www.sdpc.gov.cn。

续表

年份	国民总收入		劳动报酬收入		
	总量	增速	总量	增速	占国民总收入比重
2003	13.58	10	6.74	11.76	49.6
2004	15.99	10.1	7.47	10.86	46.7
2005	18.31	10.2	7.58	1.51	41.4
2006	20.94	10.7	8.5	12.15	40.6
2007	25.73	13	10.96	28.94	42.6
2008	31.53	9.6	12.92	17.88	41.9
2009	34.14	9.2	14.88	15.17	43.5
2010	40.12	10.4	16.85	13.17	42

资料来源:历年《中国统计年鉴》有关数据计算。①

2011 年,我国农村居民人均纯收入 6977 元,比上年增加 1058 元,增长 17.9%。剔除价格因素影响,实际增长 11.4%,增速同比提高 0.5 个百分点,是 1985 年以来增速最快的一年,增幅再次超过城镇居民,实现了连续 8 年较快增长。增收的部分主要来源于工资性收入,人均工资性收入 2963 元,同比增加 532 元,增长 21.9%。工资性收入对全年农村居民增收的贡献率达 50.3%。工资性收入占农村居民纯收入的比重达 42.5%,同比提高 1.4 个百分点。工资性收入快速增长主要是由于农民工工资水平上涨较多。除农民经营性收入外,包括财产性收入在内的其他收入的贡献则微乎其微。在以农业为农民主要就业领域的农村,农民却要依靠农业以外的临时性就业来取得收入,这也充分说明了我国农村与农业问题的严峻性。

蓝皮书指出,城乡居民收入在保持增长的同时,收入构成发生了变化。从 2009 年来看,工资性收入所占比重继续降低,转移性收入所占比重提高。2009 年工资性收入占全部收入的比重为 65.7%,比 2008 年下降 0.5 个百分点;转移性收入比重为 23.9%,比 2008 年提高 0.9 个百分点;经营净收入比重近年来持续增长,从 21 世纪初的 4% 左右持续上升到 2008 年的 8.5%,但 2009 年下降为 8.1%;财产性收入比重已经连续三年为 2.3%。

---

① 因 2008 和 2009 年数据缺失,取 2007 年与 2010 年中间值进行估算。

城市居民工资性收入的下降则说明我国按生产要素贡献分配格局的基本形成。在城市中,除劳动要素外,资本要素和技术管理要素等也在发挥重要作用。尽管工资性收入在不断增加,但城乡居民之间的差距仍然过大。国家发改委公布的《中国居民收入分配年度报告(2010)》显示,城乡居民收入分配差距近几年一直保持在3.2倍左右。

(三)财产性收入的增加拉大了收入分配差距

从总体上看,我国的经济增长一直具有外延式扩大再生产的特征。由于剩余劳动力的存在,这种生产模式主要推动了物质资本价格的上升。在物质资本初始分配不平等的条件下,财富效应的作用进一步扩大了物质资本分配的不平等程度。2009年,包含财产性收入的城镇内部收入不均和农村内部收入不均比不包含财产性收入时扩大了5.47%和6.22%,分别是2002年的6倍多和2倍多。2000—2009年的10年间,财产性收入对于城镇和农村内部收入差距的贡献扩大了3倍左右。[①]

国内研究收入分配问题的学者很多,但研究财产分布状况的相对较少,就目前所掌握的材料来看,只有李实等人对我国居民财产分布的整体状况作了较为翔实的分析。到2009年,人均财产性收入为290元,[②]是1995年的5.3倍,以当年价格计算,年均增长12.7%。但需要注意的是,财产性收入的增加是在居民收入快速增长的背景下产生的,以财产性收入占居民收入的比重来看,2009年财产性收入占城镇居民总收入的比重为2.29%,占农村居民纯收入的比例为3.24%。财产性收入占总收入的比重仍然过小,特别是与发达国家相比,更是相形见绌。

收入差距的扩大逐年累积起来就形成了财产差距的不断扩大。从财产拥有总量来看,有关统计研究显示,城镇中收入最高的10%家庭财产总额占城镇居民全部财产的比重将接近50%,收入最低的10%家庭财产总额占城镇居民全部财产的比重仅维持在1%上下,80%中等收入的家庭仅占有财产总额的一半。在人均财产构成方面,份额最大的三项财产是净房产、金融资产和耐

---

① 马明德,陈广汉:《中国居民收入不均等:基于财产性收入的分析》,《云南财经大学学报》2011年第6期。

② 以城乡人口加权计算得到。

用消费品价值。在农村居民财产构成中,土地和房产仍是最大的两项,约占74%,而人均土地价值7年间下降34%。

在城镇居民财产中,金融资产会出现更加严重的向高收入家庭集中的趋势,15%户均金融资产最多的家庭将拥有超过城镇居民家庭总值23%的金融资产,而户均金融资产最低的15%城镇家庭的拥有比例下降到1%左右。从基尼系数来看,当前我国城市居民家庭财产的基尼系数为0.51,远远高于城市居民收入0.32的基尼系数。

从居民财产增长速度来看,高低收入群体之间也存在着比较大的差距。住户调查数据显示,近10年来,我国家庭总财产的基尼系数有明显的扩大,近年来估计已在0.45左右。城镇居民人均总财产净值在这一期间的实际增长率高于全国平均水平7.4个百分点,达18.9%。显然,农村居民人均总财产净值的增长速度低于全国平均水平。金融资产方面,城镇居民年均增长速度达17.6%,农村居民每年增长仅为5个百分点,差距也非常明显。

表2-2 2001—2011年城乡人均收入与财产性收入差距及其扩张速度

项目 年份	人均可支配收入		人均总收入中的财产性收入	
	城乡差距(倍)	差距扩张速度(%)	城乡差距(倍)	差距扩张速度(%)
2001	2.9	4.01	2.87	0.55
2002	3.11	7.34	2.01	-29.7
2003	3.23	3.84	2.05	1.88
2004	3.21	-0.69	2.1	2.46
2005	3.22	0.47	2.18	3.68
2006	3.28	1.69	2.43	11.32
2007	3.33	1.52	2.73	12.35
2008	3.33	0	2.61	-4.39
2009	3.33	0	2.59	-0.77
2010	3.23	-3	2.57	-0.77
2011	3.13	-3.09	2.83	10.12

资料来源:历年《中国统计年鉴》有关数据计算。

而且,如同生理素质可以遗传一样,财产造成的收入差距也可以世代相

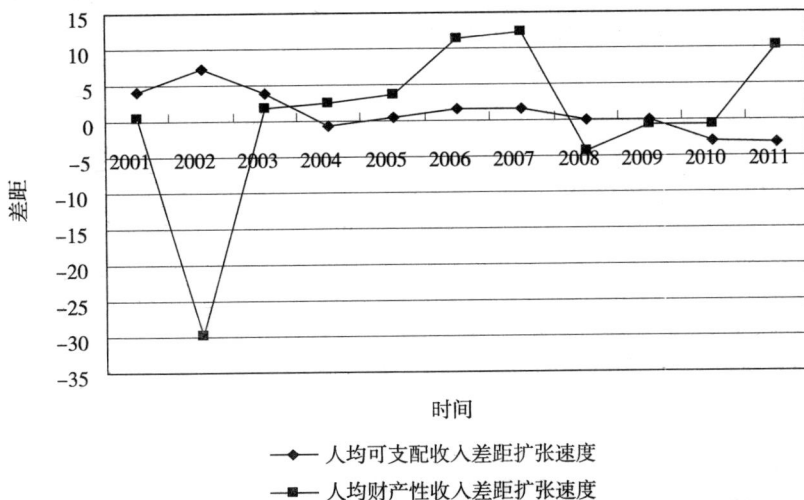

图 2-3 2001—2011 年城乡人均收入与财产性收入差距扩张速度对比

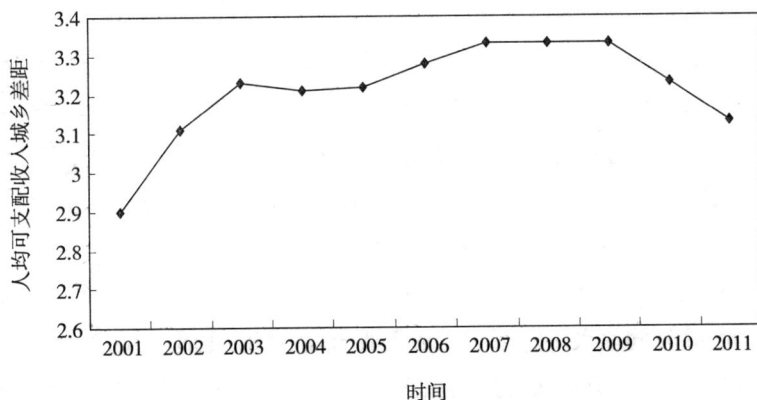

图 2-4 2001—2011 年城乡人均收入差距变动趋势

传。差距一旦存在,就会持续存在和逐渐积累。因此,随着经济增长,一定时期内财产占有差距会进一步加剧收入差距的扩大趋势,成为新的导致收入分配差距的基础性原因。

从收入分配结构来看,20 世纪 90 年代以来,财产性收入和经营性收入不断增加,工资性收入在总收入中的比重不断下降。各种收入来源中,年均增长最快的是经营性收入,其次是财产性收入,工资性收入的平均增长速度最慢。

由于财产性收入和经营性收入是富裕阶层的主要收入来源,而工资性收入是普通阶层收入的主要来源,可以预见,这种变化将导致收入分配差距的进一步加大。

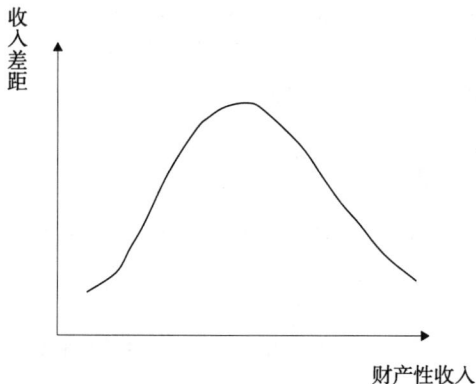

图 2-5　财产性收入与收入差距的作用关系

当前全国人均财产性收入增长速度已经是劳动收入(城镇工薪收入和农村经营性收入)增长速度的两倍。2011 年全国城镇居民人均总收入 23979元,人均工资性收入 15412 元,增长 12.4%。而人均财产性收入 649 元,同比增长 24.7%,由于城镇居民人均出租房屋收入增长较快,增长的部分主要来自于出租房房租涨幅。当大多数居民还在努力出卖劳动力换取报酬时,另一部分人已经可以坐享财产带来的收益了。

目前来看,随着中国经济的快速发展,居民财产性收入及财产分布的差距不断扩大,并且同收入差距形成一种恶性互动,如果处理不当,势必影响改革、发展和稳定大局。但是从更远的长期来看,财产性收入的增加将会扩大中等收入者比重,中等收入者比重的增加是一个社会总体收入差距缩小的标志。本书在此提出一个猜想:财产性收入对收入差距的作用是一种"倒 U 型曲线"关系,即在初期财产性收入的增加会拉大收入差距,随着经济增长,居民财产性收入不断增加,又会对收入差距起着缩小作用(如图 2-4)。这是从我国的实证出发做出的猜想,当然还需要从理论上进一步证明。

(四)我国宏观国民收入分配结构失衡

一国的国民收入分配主要由三个部分构成:财政收入、劳动者报酬收入和企业利润收入,国民收入在居民、企业、政府三个部门间分配的比例关系构成一国总体的收入分配格局。总体来看,20 世纪 90 年代以来,我国国民收入分配状况表现出两大特点:一是宏观层面上,国民收入分配向政府和企业倾斜,居民收入占国民收入比重过小,增长速度过慢。二是微观层面上,居民收入分配向高收入者倾斜以及个体间收入差距在不断扩大。

1. 居民收入所占份额持续下降

中国居民可支配收入占国民收入比重偏低,并且比重持续下降。企业与政府部门对居民收入的挤占较为明显:在初次分配阶段,中国居民收入占比一直最高,但呈明显下降趋势;企业部门占比居中,政府部门占比最低,但趋势都呈现为上升,并且自 2002 年开始,企业部门在初次分配中的比重快速上升。从 1998 年到 2009 年 12 年间,居民收入在分配中的占比下降了近 12%,而政府部门与企业部门占比分别提高了 6.4% 和 5.7%。

进入再分配阶段,居民部门收入占比仍为明显下滑;由于政府取得的收入税、社保净付款的比重上升,而支付的社保补助又有所减少,故经过再分配后,政府部门收入占比已超过企业部门,且政府部门收入占比在 1999 年后上升幅度较快。

表 2-3 1998—2009 年各部门可支配总收入在国民总收入中所占比重 (%)

年份	非金融企业	金融机构	政府	居民	合计
1998	13.7	0.6	17.5	68.1	100
1999	13.8	0.6	18.6	67.1	100
2000	14.3	0.5	19.9	65.5	100
2001	14.8	0.3	21.1	63.8	100
2002	13.3	1.0	20.5	65.2	100
2003	13.3	2.2	21.8	62.7	100
2004	20.9	0.9	20.4	57.8	100
2005	19.4	0.7	20.5	59.4	100
2006	17.6	0.9	22.8	58.7	100
2007	17.4	1.1	24.1	57.5	100
2008	18.8	1.1	23.7	56.4	100
2009	18.9	1.1	23.9	56.1	100

从 1999 年到 2009 年的 11 年间,中国的工资总额在 GDP 中所占的比重由 17.28% 下降到 12.16%,而发达国家的这一比重一般在 54%—65% 之间。

表 2-4　2000—2007 年住户部门可支配收入的使用去向　　（单位:%）

	2000	2002	2003	2004	2005	2006	2007
1. 可支配总收入	100	100	100	100	100	100	100
2. 减去:居民最终消费	73.5	71.4	71.1	68.4	64.4	63.6	62.1
3. 等于:总储蓄	26.5	28.6	28.9	31.6	35.6	36.4	37.9
4. 减去:资本形成总额	8.7	9.0	10.4	14.5	15.7	13.2	12.8
5. 等于:净金融投资和其他	17.75	19.6	18.5	17.1	19.9	25.0	25.2

资料来源:部分数据转引自刘伟,蔡志洲:《国内总需求结构矛盾与国民收入分配失衡》经济学动态,2010(7)。

2. 财政收入占比过大,增长过快

我国国民经济已经保持了多年的高速发展,但是 20 世纪 90 年代以来,居民劳动报酬收入占国民收入的比重一直呈逐步下降趋势。2005 年后的几年虽有所回升,但还是与高速发展的经济水平不相适应。与此同时,财政收入与企业利润所占比重却一直呈上升态势。

权威数据显示,从 2002 年到 2010 年,我国政府财政收入比重提升了 5 个百分点,居民收入所占比重则下降了 4.6 个百分点。劳动者报酬占比从 1995 年的 52.8% 下降到 2010 年的 42%,下降近 22%,而政府收入占比却从 1995 年的 10.3% 升至 2010 年的 20.7%,增长了一倍多。

与此同时,劳动报酬所占比重并没有随着经济增长同步提高,反而呈现不断下降的趋势。1978 年至 2008 年的 30 年中,我国财政收入年均增长接近15%,而职工年均实际工资增长率仅为 7.7%,特别是 2000 年以后,我国财政收入每年都大幅度增长,而职工工资总额和职工平均工资则增长缓慢。同时,在居民收入中,工资性收入所占比重偏低。2000 年以来,我国城镇职工工资收入占居民可支配收入的比重一直维持在 35% 左右,这就意味着职工的非工资收入大约占 65%,显然以工资收入为主的普通劳动者的收入状况堪忧,也表明我国企业内部分配向非劳动要素倾斜,而劳动要素报酬比较低。

表 2-5 2001—2010 年我国宏观分配格局

（总量单位:万亿元 增速与比重:%）

年份	国民总收入		财政收入		
	总量	增速	总量	增速	占总收入比重
2001	10.97	8.3	1.64	22.3	14.95
2002	12.03	9.1	1.89	15.4	15.71
2003	13.58	10.0	2.17	14.9	15.97
2004	15.99	10.1	2.64	21.6	16.51
2005	18.31	10.2	3.16	19.9	17.26
2006	20.94	10.7	3.94	24.4	18.82
2007	25.73	13.0	5.13	32.4	19.94
2008	31.53	9.6	6.13	19.5	19.44
2009	34.14	9.2	6.85	11.7	20.06
2010	40.12	10.4	6.31	21.3	20.71

资料来源:部分数据引自原哲:《中国统计》,2007 年 12 月,其他数据为历年《中国统计年鉴》计算而成。①

增长速度对比如下图:

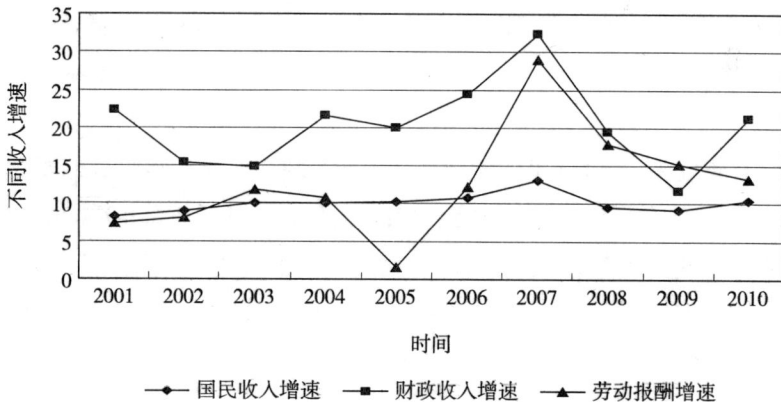

图 2-6 2001—2010 年相关收入增速对比

---

① 企业利润收入因没有找到相应的数据没有列出。

多年来,我国地方政府过于注重 GDP 的增长速度,把过多的资源用于投资拉动经济增长,不但影响了其提供公共服务的能力,而且制造了财政饥渴,还迫使地方政府想方设法增加财政收入,直接影响到居民收入的增长,使得居民收入增长赶不上 GDP、更赶不上财政收入的迅猛增长。数据显示,在"十一五"期间,我国 GDP 增速超过 10%,而财政收入年均增长在 20% 左右,远远高于同期居民收入增速。

3. 储蓄过多,消费不足

从宏观角度看,国民可支配收入与总消费之差为国民储蓄。其中总消费分为居民消费和政府消费。国民可支配收入等于国内生产总值与来自国外的净经常转移之和,当按居民、政府、非金融企业、金融企业进行部门划分时,居民的可支配收入与其消费之差为居民的储蓄;政府的可支配收入与其消费之差为政府的储蓄;非金融企业和金融企业的可支配收入分别为各自的储蓄,国民储蓄等于上述四项储蓄之和。

我国经济发展过程中的一个重要特征是经济中的储蓄率较高。我国目前已是世界上国民储蓄率最高的国家之一,自 1992 年以来的多数年份里一直保持在 40% 以上,至 2008 年年底我国储蓄率更是高达 51.3%,当年,美国的储蓄率为 12%。而非洲、南美等发展中国家的平均储蓄率仅为 17%—20%。

从储蓄结构来看,国民储蓄包括企业储蓄、政府储蓄和居民储蓄。国民储蓄率之所以保持在高水平,并不是由人们通常所认为的居民储蓄率过高造成的,主要是企业和政府增加储蓄的结果。

2000 年以来,我国国民储蓄率大幅攀升,2000—2009 年国民储蓄率上升了 13.5 个百分点。这一时期,居民储蓄占总储蓄的比重下降 10.4 个百分点,而政府储蓄和企业储蓄占总储蓄的比重则分别上升了 2 个和 8.4 个百分点。近年来,我国增加的国民储蓄中有近 75% 来自于政府部门,政府储蓄的上升构成国民储蓄率提高的主要因素。

表 2-6　政府部门可支配收入使用结构　　　　　　　　(%)

年份	2000	2002	2003	2004	2005	2006	2007
1. 可支配总收入	100	100	100	100	100	100	100
2. 减去:政府最终消费	66.6	64.7	57.3	70.5	69.6	61.4	55.8

年份	2000	2002	2003	2004	2005	2006	2007
3. 等于:总储蓄	33.5	35.3	42.7	29.5	30.4	38.6	44.2
4. 减去:资本净转移	27.2	26.2	21.2	11.6	5.7	3.4	3.6
5. 减去:资本形成总额	18.4	20.1	26.2	25.0	24.8	21.9	18.4
6. 等于:净金融投资和其他	-12.2	-10.9	-4.8	-7.0	-0.1	13.3	22.2

一直以来,我国居民消费相对不足,从消费率来看,2008年中国只有50.8%,世界各国大多数在70%~80%左右。其原因并不是因为居民储蓄得更多了,而是其收入相对下降了。我国居民的储蓄倾向趋于增加,但居民储蓄率的变化不大。因为国民收入分配偏向企业和政府,居民收入在国民收入分配中的比例逐年降低。因此,我国国民储蓄率上升的主要原因在于政府和企业储蓄的增加,其中政府储蓄增加是由于政府可支配收入占国民总收入比例的上升,而企业储蓄增加则是由于企业的未分配利润大幅增加。根据国民经济核算原理,储蓄是可支配收入中扣除消费的部分。因此,较高的储蓄率与消费需求不足是相对应的。我国目前的分配关系和消费率严重制约了居民的消费和内需的扩大。

当前我国政府储蓄率高居不下且快速增长的原因有两个:一是财政收入快速增长,近年来我国财政收入一直在以远高于GDP增速的速度增长,反映出宏观层面的分配向政府发生倾斜;二是政府的公共支出占比一直较低。由于体制和制度等多种原因,我国财政一贯在公共支出方面较为谨慎,再加上较为僵硬的财政平衡理念,目前我国政府用于公共支出的消费很低。我国目前提出要扩大国内消费,但事实上其中应当主要扩大的是政府消费。

4. 企业收入占比过多

在国民收入分配结构中,我国企业部门(包括金融和非金融)收入在国民收入分配中的比重总体呈明显上升趋势,特别是金融企业的收入,在GDP中的比重加大,垄断企业尤为突出。1992至2008年企业部门在初次分配中的占比由17%上升到25%,再分配中的比重从12%上升到22%。2006年,我国企业部门在再分配中的比重为19%,是同期经合组织成员国(OECD)平均水平(7%)的2.5倍。

表2-7 1998—2009年各机构部门可支配总收入及年均增长率（亿元,%）

年份	非金融企业部门	金融机构部门	政府部门	住户部门	合计
1998	11423	500	14591	56781	83379
1999	12267	533	16533	59644	88888
2000	14089	493	19606	64532	98522
2001	16098	326	22951	69396	108771
2002	15983	1202	24635	78352	120171
2003	18172	3006	29786	85669	136634
2004	33750	1453	32943	93337	161483
2005	36117	1303	38165	110584	186169
2006	37921	1939	49125	126475	215460
2007	45512	2786	63084	150816	262199
2008	60442	3418	76236	181154	321251
2009	65023	3679	81925	192710	343336
年均增长率（%）	19.89	16.98	11.75	13.73	17.13

资料来源:《中国统计年鉴》有关资料计算。

与资本回报的比重不断上升相对应的是职工收入比重偏低。1990—2010年,我国劳动者报酬占GDP的比例从53.4%降低到不到42%,15年降低了13个百分点,而且这一下降趋势并没有停止的迹象。而在一些发达国家,劳动者工资总额占GDP的比重大多在55%以上,甚至达到了65%,如美国为58%。工资一般会占企业运营成本50%左右,而在中国则不到10%。我国劳动者报酬占GDP比例不断下降的事实,反映出国民收入分配向资本所有者倾斜的趋势,也表明企业利润的大幅增加在相当程度上是以职工的低收入为代价的,"利润侵蚀工资"现象突出。[1]

多年来特别是进入21世纪后,我国国民收入分配中的政府偏向更加严重,每年政府部门通过再分配所占份额提高的幅度几乎都超过了3个百分点,而居民通过再分配获得的份额仅略有增加,此后多年甚至出现了下降。

---

[1] 中国社会科学院工业经济研究所编:《中国企业竞争力报告(2007)——盈利能力与竞争力》(2007年企业蓝皮书),社会科学文献出版社2007年版。

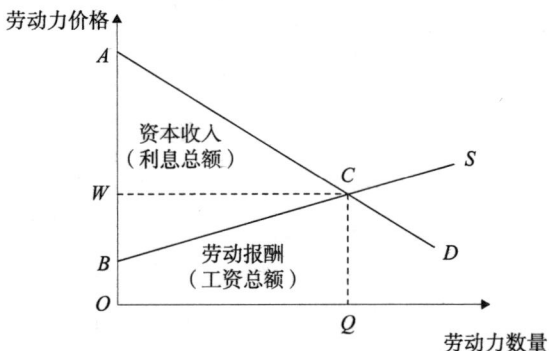

图 2-7　新古典主义经济学中的劳资分配

　　因此,我国国民储蓄率的上升从而消费不足的主要原因是政府和企业储蓄的增加,其中政府储蓄增加是由于政府储蓄率和政府可支配收入双双上升,而企业储蓄增加则是由于企业的未分配利润大幅攀升。由于垄断及价格因素的变化,我国国企盈利增长很快。但由于体制的原因,这部分收入并没有进入消费。

　　中国经济近些年来的高速发展就得益于廉价的劳动力,但这种劳动力优势仅在经济增长初期比较明显,随着经济增长由出口转向内需,普通大众的低收入必然对经济发展形成掣肘,并可能使社会矛盾进一步激化,从而影响到中国未来的可持续健康发展。

5. 我国宏观收入分配失衡的影响及体制背景

　　据测算,目前我国城市的边际消费倾向大概在 0.72%,农村是 0.85%。换句话说,每增加一块钱,城市人花掉 0.72 元,农村人花掉 0.85 元。而目前我国农村居民的收入水平大约只有城市居民的 1/3,这就使得全国居民的平均边际消费倾向难以得到提高。同时,消费升级的速度也会受制于居民低下的收入水平。从消费商品的种类来看,我国处于明显的劣势。据统计,目前世界商品市场上有 140 万至 150 万种商品,而国内市场中商品种类仅约有 40 万种。再以服务性消费为例,目前我国的服务性消费比例还不到 30%,比发达国家要低 20 ~ 30 个百分点。

　　在目前的储蓄格局下,要想控制投资就无法下手。统计显示,2007 年 4 月,我国投资资金来源的 55.6% 是"自筹资金",这显然归因于企业和政府储蓄率上升。在这种格局下,通过金融信贷手段来控制投资,就很难有明显效果,因为政府和很多企业的投资并不依赖贷款。

我国宏观收入分配失衡背后则有着复杂的原因。我国国民收入分配的原则,一是国家、企业和个人三者利益统一的原则,二是投资与消费相协调的原则。一国经济增长最理想的状态是居民收入与 GDP 一同增长,如果财政收入大幅度增长,远高于国民收入的增长速度,就会产生一系列不利于经济发展的问题。我国经济面临的最大和最长期的问题是内需不足,靠内需拉动的增长不足 35%,而且其中还有一大部分是社会集团消费。内需不足的根本原因是劳动力在分配中所占的比例过低,劳动力价值长期被低估,工资低于正常水平。且个人所得税起征点过低,是限制需求的两个根本原因。[①] 随着"提高劳动在初次分配中的比例"这一目标的提出和实施,劳动力价格也面临着重新估值的问题。

提高居民收入在国民收入分配中所占份额已经成为学界的共识和政府的目标,但是,经济增长目标与提高居民收入份额目标之间的矛盾,使我国的国民收入分配格局调整面临制约。要提高居民的收入份额,短期内要付出经济增长的代价以及由于经济增长速度减缓带来的一系列问题。矛盾的出现与我国经济增长模式密切相关。长期以来,我国形成了主要靠投资和出口推动经济增长的格局,要维持经济的快速增长,就必须保持高投资、高出口的局面,高投资、高出口又要求低工资制度与之配合,低工资制度与现实的经济增长模式之间形成了相互依存的关系。只要经济增长模式不改变,矛盾就难以化解,提高居民收入份额的目标就无法实现。

近些年来,我国对经济进行宏观调控的基本手段更多地是以货币政策为主导的需求管理,投资和消费是经济发展的重要条件。需求管理的特征是短期的总量管理,管理者往往更加重视经济短期的增长效应,而对长期的结构调整和升级关注不足。这样,在保持了一个比较长时期的快速增长后,经济活动中的失衡不断积累,当结构性矛盾到达一定程度,就可能反过来影响我国的经济增长和经济发展。从地方政府或者是行业发展上看,政策也是向资本倾斜的。我国几乎所有地区的超常规发展,靠的都是投资拉动。地方政府所制订

---

① 《中国青年报》2007 年 1 月 4 日。

的经济发展政策,首先是向着鼓励外部投资、吸引人才、提高效率方面倾斜的。地方的可支配总收入,自然向企业倾斜,企业获得的收入越多,其进一步投资的能力也就越强,对地方经济发展的带动作用也越大。从要素市场上看,我国的商品市场化程度已经相当高,但是我国要素市场,特别是劳动力市场、资本市场、土地市场发展仍然很不完善。一方面,由于中国人口众多,劳动力市场存在着长期的供过于求,在政府干预不足的情况下,一般或简单劳动力价格的提升,滞后于社会发展的要求;另一方面,资本和土地市场的扭曲,导致部分利益集团不断从这一市场上获得更多利润,收入分配的失衡更加严重。

改善我国当前失衡的国民收入分配格局不仅仅是公平问题,即随着我国经济发展水平的提高,全社会都要求更加公平地分享改革开放和经济增长的成果;同时也是一个效率问题,即如何通过收入分配的改善,形成更加强劲的国内消费需求,并由此消化和支持不断成长的投资需求。从短期看,这种改善可能会影响一部分企业的即期收益,但是从长期看,却是促进企业改善管理和技术进步、实现经济增长方式转变的重要途径。

二、我国的分配方式与现实经济特征

根据新古典主义的基本理念,经济发展是一个以边际调整来实现的和谐的、累积的过程,均衡状态是稳定的,价格机制是一切调节的原动力,从而也是经济发展的重要机制。经济发展所产生的利益一般会通过纵向的"涓滴效应"和横向的"扩散效应"自动地、逐步地分润到社会所有阶层、所有人群,自然而然地形成帕累托最优状态。在经济增长过程中,收入分配的不平等即使在某个时期有加大的趋势也是暂时的,随着经济增长过程的深入,收入差距总是会缩小的,收入分配最终将与每种生产要素对生产的贡献相一致。然而,对于发展中国家特别是处于转型期的国家来说,由于经济增长与收入分配所面临的经济与社会环境有很大不同,发展中国家经济增长与收入分配差距扩大并存现象,仅仅用人类经济运行的某些共性特征来解释是不够的,而更应该深入分析发展中国家经济不同于发达国家的特殊性,探求一些发展中国家的经济增长没有产生"向下涓滴"效应的深层原因。

（一）我国分配方式的转变

迄今为止,对收入分配相关问题的很多方面达不成共识的一个重要原因,就是还没有一个所有人都接受的分配理论及其方式。一个根本性的问题就是如何衡量投入的产出,以使人们能够判明各种生产要素在各个阶段的作用。在投入方面,对如何衡量单个投入的贡献没有一致的意见。另外,对于各种生产要素应该支付多少报酬,也存在着争议。

1. 按劳分配及其所需要的条件

我国社会主义市场经济是建立在人口多、非劳动资源相对稀缺的要素分布格局,以及公有制为主体、多种所有制经济共同发展的经济制度格局之上的。

从已有的分配方式看,按劳分配可能是一种接近按贡献大小进行分配的功能性收入分配方式。但社会主义的实践表明,按劳分配所需要的条件很苛刻,尤其是不能有效解决搭便车问题,这就在实践中演化为平均主义。

根据马克思的设想,按劳分配要有一些前提条件,这些经济社会条件包括:

第一,在全社会范围内实现生产资料公有制。这种所有制既保证每一个社会成员对生产资料所有权的均等性,也保证占有财产的均量性,从而消除了由生产资料私有制决定的按生产要素分配的经济基础,也消除了剩余价值分配的必要性,只剩下"消费资料在各个生产者中间的分配"。消费资料的分配是生产条件本身分配的结果,只有实行全社会范围的生产资料公有制,才有可能使全体劳动者能够平等地占有和使用生产资料,才能够消除由于生产条件占有的不同造成的劳动者在分配上的差别,使劳动成为消费品分配的唯一因素。

第二,经济社会条件要能够保证劳动者各尽所能,这些条件包括足够的生产资料可供投入生产,不仅保证人人就业,而且为劳动者选择职业提供充分的自由。全体社会成员都得到自由全面的发展,不再为旧式社会分工所束缚,而且有学识的劳动者的培养费用都由社会来承担,因此分配时不必考虑简单劳动和复杂劳动的差别,决定各个劳动者生活资料分配多少的唯一根据就是各个生产者劳动量的大小,唯一尺度就是劳动时间的多少。

第三,商品经济已经消亡。每一个生产者之间不再交换自己的产品,即

"按照商定的计划,把他们许多个人劳动力当作一个社会劳动力来使用。"①在没有商品货币关系的条件下,每一个人的劳动,无论其特殊用途是如何的不同,从一开始就成为直接的社会劳动。

第四,社会可以统一对社会总产品做各项扣除。劳动者除了可供个人消费的消费资料之外,没有任何东西可以成为个人的财产。

对照马克思所设想的实行按劳分配的条件,显然,我国当前的经济社会条件都发生了深刻变化,我们不仅没有在全社会范围内建立起生产资料公有制和实行计划经济,而且没有消除商品生产和商品交换,劳动者的培养费用也主要是由劳动者家庭和个人来承担。

社会主义市场经济的按劳分配不同于传统的按劳分配。由于按劳分配市场化使劳动由参与分配的唯一要素变为参与分配的要素之一,因此按劳分配的"功能"在减弱,按资本、技术、自然资源分配的"功能"在增强。按劳分配方式虽然成了多种分配方式之一,但它又不是多种分配方式中一般的分配方式,而是作为既受市场因素导向又受非市场因素调节的特殊分配方式。这就意味着按劳分配方式是多种分配方式之中的主体方式,或者说按劳分配方式相对于其他生产要素分配方式来说具有更大的权数。总之,市场化的按劳分配内涵已经不同于传统的按劳分配,它是与按生产要素分配的多种分配方式概念相联系的。

因此,在以公有制为主体、多种所有制经济共同发展的社会主义初级阶段的基本经济制度下,面对劳动、资本、技术、管理等一切生产要素都通过市场化配置并参与分配的经济现实,无论是从所有制结构来看,还是从通过市场化配置的各种生产要素的具体内容来看,传统意义上的按劳分配既不足以解释现实社会主义中的分配事实,也无力实现共同富裕的社会主义本质。因此,在现实的社会主义中国,要使按劳分配的社会主义原则能够保持自己的生命力,必须结合当代中国的具体经济条件与社会劳动新的时代特征赋予其新的理论内涵。

2. 按要素分配

按要素分配是市场经济国家进行分配可接受的方式。按照古典经济增长

---

① 《马克思恩格斯全集》第 49 卷,人民出版社 1982 年版,第 194 页。

理论,生产要素分为劳动、资本、土地和技术,每种要素各自在量或质上的差别,以及各要素之间边际生产率的差别是收入分配格局形成的内在原因。但按要素分配是一种事先分配而不是按贡献分配,这种分配理论和方式与生产要素的价格制定密切相关,生产要素的价格是由其所产生的效益以及国家收入分配政策对其应得份额的确定决定的,而不是由其在生产中的作用决定的。

发展经济学家们认为生产要素的分配跟国民收入的增长与分配有密切关系,他们不同意新古典学说关于生产要素价格取决于其边际生产率的论点,因为边际生产率理论关于完全竞争和收益不变的假设,在现实中是不存在的。发展中国家的市场竞争很不完全,因而生产要素价格不等于其边际生产率。同时,一些企业进行大规模生产,降低成本,获取巨额利润,收益是在变化的而不是不变。

在我国转型期二元经济与社会结构的条件下,生产要素市场存在事实上的分割性和不规范性,同样的生产要素在不同行业、地区、企业由于其所处的市场环境不同,往往会产生不同的经济效益,其所获得的报酬也不相同。在我国人口众多、资本形成不足、技术进步缓慢、自然资源有限成为生产力发展的约束因素时,按生产要素分配,可以全面启动市场化激励机制,实现资源优化配置和经济效益的提高。但会使近期劳动收入呈相对下降趋势,从而会导致社会贫富收入差距进一步扩大。

我国目前的按要素分配具有如下一些特征:

第一,我国生产要素参与收入分配的实践还不充分。长期以来,我们一直以为只有劳动才是财富的创造者,也只有劳动才有资格参与收入的分配。实际上,劳动只是参与财富创造的生产要素之一,虽然它是非常重要的要素,此外还有土地、资本、信息、企业家才能等。进入 20 世纪中期以来,科技、信息、人力资本等要素在生产和经济发展中的重要性日显。比如,经济学家丹尼森对美国的研究表明,教育对于实际国民收入增长率的贡献百分比,从 1929—1948 年间的 19.7% 上升到了 1973—1982 年间的 49.2%。[①]

我国长期不承认劳动以外的其他要素收入,特别是资本收入的合法性,但

---

① Denison, E. F. (1985), "Trends in American economic growth, 1929—1982", Washington DC: Brookings Institution.

这并不意味着这些要素就没有取得收入。实际上,它们还是或多或少地获得了收入:存款取得利息,出租房屋取得房租,债券取得债息,股份分得红利,投资取得利润,专利取得转让费,等等。

第二,经济制度对生产要素参与分配起着制约作用。要素收入会转化为个人收入,但其转化的途径和程度会因产权结构的制度安排而异。在成熟的市场经济国家,国民收入按照市场机制形成的价格分到各要素所有者手里,即劳动—工资,资本—利润、土地—地租。我国正处于转型过程中,所有制结构和产权结构都在经历着大的调整,各生产要素价格的形成受制度因素的制约,存在不同程度的扭曲。

第三,我国生产要素收入份额大小的确定并没有完全经由市场。要素贡献的确定可经由计划,也可经由市场,但按生产要素分配的原则所暗含的机制是市场,只有市场才能有效地配置资源,也只有市场才能快捷而准确地评估出各要素的贡献。但目前我国市场经济体制还不完善,很多关系没有理顺,政府仍然掌控着大量资源,对经济发展和收入分配的干预作用仍然很大,这使得一部人可以借由垄断、户籍等制度内因素而获得更多收益,成为体制改革的既得利益者。

但是,保证按要素分配既公平又有效率至少应该具备以下两个重要前提:一是市场的非垄断性或者说市场要保持着充分的竞争;二是收入分配差距对公平与效率不产生任何负面影响。在我国转型期的背景下,这两个条件并不完全具备,这是因为:

第一,市场上存在着形形色色的垄断与不完全竞争因素。如要素市场上企业对要素需求的垄断、人为分割和地区、行业封锁(要素自由流动受阻,特别是劳动要素因为户籍制度的存在而不能自由地参与岗位竞争)、产品市场上企业对产品供给的垄断等等。这些垄断因素的存在,导致了产品分配或要素价格决定中要素的价格和要素的边际产出价值之间发生了一定的偏离,按要素贡献分配国民收入的原则自然也就难以得到完全的落实,进而出现了企业对劳动要素的利益侵占(即所谓的"剥削"现象)、要素所有者面临着竞争的机会和过程不平等等问题。

第二,因为要素所有者所拥有的要素数量与质量上的差异性(初始产权配置不均),完全地按要素贡献分配收入,必然会造成社会成员的收入差距拉大,对经济增长造成影响。

现阶段,我国不仅存在着与发达国家相类似但更严重的市场失灵问题,而且,市场机制下收入分配的均等化还会遇到其特有的障碍:其一,市场的不完善、结构刚性,使得相同的生产要素投入在不同部门、不同地区取得的收入存在相当大的差别;其二,占社会人口相当大比例的贫困人群所拥有的生产要素是贫乏的,从而在功能性收入分配中居于不利地位;其三,贫困人群在市场机制引导下的流动中存在着"向上刚性";其四,我国并不存在保障社会中每个成员公平地支配生产要素获取利益的制度环境,权利与机会远非平等。

如何解决或能否有效地解决上述问题成为按要素分配原则得以顺利实施的关键。本书认为,解决这一问题,就要在以市场作为资源配置基本手段的基础上,充分发挥政府这只"看得见的手"弥补市场缺陷的功能和作用。这一点,本书后面还要进行详细讨论。

(二)我国现实的制度特征

制度是人们在社会政治、经济和思想文化生活中所遵循的规则和习惯的总和。其作用在于可以确立生产与分配的框架,明确个人的收益与风险安排,降低经济生活不确定性,从而能给微观主体以合理预期,降低交易成本,提高经济效率。因此,制度存在的意义在于它能够通过强制人们遵守履行共同的准则,以简化交换和谈判的过程,节省交易费用。[1]

1. 我国转型期背景

在我国,转型主要是指由计划经济向市场经济的转变过程,这一过程所经历的时期就是转型期。改革开放至今,我国始终处于一个经济和社会转型期,这种转型,既包括经济体制由过去的单一公有制和计划经济向多种经济成分并存的市场经济转轨,也包括工业化带来的由落后的二元经济向现代经济转型,还包括与上述两个转型同时发生的意识形态和上层建筑的转型。这种剧烈深刻的社会转型,必然导致在新旧体制衔接方面出现漏洞和暂时无法界定的领域,从而使得我国具有不同于其他国家的一些具体特征。

在目前经济全球一体化、金融国际化和信息革命不断深化的背景下,作为

---

① [法]勒帕日:《美国新自由主义经济学》,李燕生译,北京大学出版社1985年版。

转型国家,我国在不断推进和深化转型进程,促进经济和社会领域的变革。1996 年世界银行发展报告《从计划到市场》认为经济转型完成的标志是:市场调节的比重基本达到主要市场经济国家的水平,一般为 70% 左右;计划经济体制遗留的问题得到基本清理和转化,主要表现为现有国有企业的改组以及国有商业银行债务重组的基本完成;保证市场经济稳定有序运行的社会基本条件得以形成,包括市场本身的条件、法律法规、管理系统的完善以及社会主义民主的基本发展。① 转型是为了获得效率改进、财富增长以及福利改善,因此,如何设计转型政策,包括短期和长期政策,对中国市场经济体制的完善和政策选择具有重要意义。

综合考察我国的经济发展过程,从我国具体而特殊的国情及社会历史背景和转型实践来看,我国经济的发展实质就是在"双重转型"背景下的发展。所谓"双重转型"有两层涵义:一是发展的转型。我国作为一个发展中国家,经济发展中最基本的工业化和产业结构转换的任务尚未完成,从发展角度看转向较为发达工业国的任务依然非常艰巨,因此我国的转型首先是发展转型。二是经济体制的转型。基于传统的计划经济体制对经济增长的严重制约作用,我国的经济发展必须尽快完成从计划经济体制向开放的市场经济体制转型,尽快步入全球经济一体化与市场化的过程,从这种意义上来说,我国的经济转型又是经济体制的转型。因此,我国转型期的任务包含两方面内容:一是要实现经济体制的转变,即由计划经济转向市场经济。二是要加快实现由二元经济结构向现代结构的转变、工业由传统工业化向新型工业化的转型、经济增长方式由粗放向集约的转型。制度变迁与经济的转型统一为一个完整的过程,表现出了转型增长的特征,形成了"双重演进",这种双重演进的特征延长了改革的实践过程,增加了制度变迁的成本。因此,依据转型经济学的理论,中国的经济发展不是一般的发展,而是转型发展,需要从双重转型背景下来研究中国的经济问题。

转型期的背景对收入分配及收入分配与经济增长的关系有着直接而深入的影响。转型过程通过改变原有个人收入的决定机制来对收入分配产生影

---

① 　任保平、林建华:《西方转型经济学的理论演化及其述评》,《河北经贸大学学报》2005 年第 5 期。

响,市场机制的出现使个人收入不再单一地表现为工资形式,还表现为资本收入和经营风险收入。这两种收入的出现拉大了"有产者"和"无产者"之间的收入差距。

工业化过程对收入分配的影响,在农村内部更加显著。农业劳动力向非农产业的转移对于提高农民收入起到积极作用,但由于转移速度和程度上的差别,非农收入在不同地区和不同农户之间的分配差异是极为明显的。同时,工业化伴随着产业的升级,新兴产业大多是资本密集型的,对拥有现代技能和知识的职工有较多需求,对非技术工人的需求则相对有限。这种由于产业结构变动引起的对劳动力需求的变动,使得拥有不同技能的工人工资收入产生较大差距。[1]

由于起点、基础及条件与其他东欧国家不同,中国的转型有自身的特殊性。从起点来看,我国的工业化水平很低,市场化程度则更低。从转型的路径来看,我国是渐进式的改革,计划体制的依赖性较强,传统体制强有力地长久对抗新体制,新旧体制并存的时间较长,空间较大,两种体制的摩擦较严重。

国际上,众多学者在研究各国收入差距的情况时,发现大多数处于经济转型过程中的国家往往伴随着较大的基尼系数。这说明一国在经济转型过程中,可能出现导致收入差距形成和扩大的决定性因素。

前苏联和大多数东欧国家在转型之前分配相对均等,但转型期间的收入分配格局发生了很大变化,呈现出收入水平下降与不均等程度扩大的现象,不仅居民收入差距拉大,而且地区收入差距也拉大。体制转轨与收入分配变化趋势之间存在着内在的作用机制和关系。

表2-8　转型期间东欧各国分配不均等的变化程度基尼系数(人均收入计算)

时间 国家	1987—1988 年	1993—1995 年
保加利亚	0.23[1]	0.34
罗马尼亚	0.23[1]	0.29[2]
波兰	0.26	0.28[3]

---

[1]　李实、赵人伟、张平:《中国经济转型与收入分配变动》,《经济研究》,1998 年第 4 期。

续表

国 家＼时 间	1987—1988 年	1993—1995 年
捷克共和国	0.19	0.27②
斯洛文尼亚	0.22	0.25
匈 牙 利	0.21	0.23
斯洛伐克	0.20	0.19

资料来源:转引自权衡著《"收入分配——经济增长"的现代分析:转型期中国经验与理论》,上海社会科学院出版社,2004 年 9 月,第 138 页。其中①1989 年数据;②以每月人均收入计算;③以每半年人均收入计算。

我国转型时期一个突出的特征是市场体系和市场规则不完善。市场发育程度低、不平衡,部门与地区的市场封锁与分割长期存在,市场主体、市场运行和调节的规则与制度很不完善,法规体系不健全,市场秩序混乱等,从而导致价格体系不合理、竞争机制不能完全贯彻,收入出现不合理差距。①

转型时期市场制度的不完善和经济增长的不平衡决定了多种体制与方式并存,经济增长与收入分配都呈现出非规范性的特征,决定了收入分配制度不可能完全依照按劳分配,也不可能实行纯粹的按要素分配,而应当从实践的要求出发,将两者机结合并随着经济形势的变化不断予以调整。

2. 制度特征

从不同国家的历史实践来看,现实制度安排并不一定总是对经济增长与收入分配起积极作用,不利于二者良性互动的无效制度是客观存在的。而且,由于制度具有自我强化机制,即使一个社会采用了非有效制度,也很难从中摆脱出来,这被称为诺斯路径依赖Ⅱ。路径依赖的特性可能会导致低效率制度均衡的长期存在。因为即使均衡是低效甚至是无效的,但放弃它的成本却非常高,从而使得低效制度均衡长期存留许多发展中国家,而无法产生帕累托最优的制度变迁。②

转型时期,我国的经济是政府与市场相结合的混合型经济,而且政府的作

---

① 黄泰岩、王检贵:《如何看待居民收入差距的扩大》,中国财政经济出版社 2001 年版,第57—59 页。

② [美]道格拉斯·C.诺思:《西方世界的兴起》,张炳久译,学苑出版社 1988 年版。

用越来越大,这也是世界范围内的普遍现象。"政府以行政手段推进市场化进程",这是我国经济转型的初始条件和逻辑起点。在体制转轨初期,政府权力主导处于效率递增阶段,由于政府权力的运作会与民众权利和要求实现激励兼容,从而更多地表现出政府的积极作用。在改革的深化阶段,政府权力主导作用的效率在递减,加之政府的迟滞、缺位或强制行为会损害基于民众利益上的个人权利,从而在经济运行层面更为明显地体现出政府作用的负面影响。

政府的作用是通过制度安排与战略选择体现出来的。按照新制度经济学的观点,制度是影响一国经济绩效的最重要变量,诺思甚至认为"制度是第一生产力"。[①] 我国经济改革的实践也已经充分证明,成功的制度变革将大大解放生产力、推动生产力、创造生产力。制度安排则是最重要、最直接的约束条件。可以说,有什么样的制度,就有什么样的行为,因而就有什么样的结果。

在新制度经济学家看来,资本的积累和技术的进步都是经济增长本身,而不是经济增长的原因,经济增长的真正原因是制度的变迁,宏观经济总量的增长与失衡的原因应该从影响这个变量的制度集合中去寻找。制度选择与供给的主体是政府,特别是在我国,可以说是政府决定着制度的形成及其变迁的轨迹。

新制度经济学家认为,经济增长的快慢、质量的高低,收入分配结果的合理与否等,在很大程度上取决于现存经济制度。任何一种收入分配关系和经济增长绩效从根本上说都取决于一定时期的体制与背景因素,是与其相适应的某种经济制度和背景的产物和结果。因此,在经济体制中,所有制结构及由此造成的经济增长方式决定收入分配方式,讨论收入分配与经济增长的关系,不能离开经济制度环境和条件孤立地分析。

作为一个理性经济人,政府会选择某种有效率的制度安排,然而任何制度或政策的改变都是有成本的,因此,就政府自身的行为和现实选择来说,会容忍某种无效率的制度长期存在。特别是在转型时期,制度变迁的过程是对原有利益格局重新分配的过程,因而会受到很多的制约。

制度通过影响资本的获得性、技术进步结果、人力资本投资等等而影响经

---

① 参见[美]道格拉斯·C.诺斯:《经济史中的结构与变迁》,陈郁等译,上海三联书店1987年版。

济增长与收入分配,同时造成了二元经济与社会结构,导致人口迁移的收益差异、优越工作的进入障碍等。我国传统的计划经济体制下实行的按劳分配被异化为平均主义分配方式,使得经济增长缺乏强有力的激励机制,出现增长效率的低下,收入分配与经济增长发生严重冲突。市场经济体制承认了不同要素对经济增长的不同贡献,"让一部分人先富起来"的原始分配思想也使收入分配不均等程度的扩大成为必然。

制度与政策条件全面决定或影响着利益分配的具体途径、形式及其基本格局的方方面面,包括:影响经济持续、稳定、协调增长的生产资料所有制(财产所有权)制度;影响经济效率和资源配置的经济体制和运行机制;影响经济效益、经济增长与就业增长结合的经济增长方式;影响地区经济协调发展、城乡互相促进、互相推动的经济增长战略等等。

3. 发展战略选择及其对收入分配的影响

一个国家或地区的社会经济兴衰,固然与所处时代的制度、地理位置、自然资源禀赋和人文社会等条件有诸多联系,但是一个适宜的发展战略对该国或该地区的发展也起着或加快或延缓的作用,而且战略影响是长期的、深远的和全局性的,特别是对于经济增长与收入分配的影响。

对于中国这样的发展中国家来说,在经济发展的初级阶段和资源稀缺的情况下,大多选择非均衡发展战略,即在战略构想中单独强调某个战略要素方面的重要性,并不强调经济相关要素保持适当比例的战略。这种发展战略根据本国自身的实际情况,选择优先发展的产业和地域,集中有限的资金、技术和资源优势进行重点发展,或因地制宜地发展本国核心竞争要素,通过重点产业和核心地区以及核心竞争要素的发展带动其他地区、产业乃至整个国民经济的发展。

对于经济刚刚起步的国家来说,受自身资源、技术水平以及工业基础等方面的限制,很难做到同时使所有产业部门的发展齐头并进;集中资源发展有相对优势的地区和产业,通过核心区的发展带动边缘区,以"终端产业"的发展带动中间产品产业和初级产品产业的发展,对于工业基础差,科技水平低,资本投资能力差的国家无疑具有重要实践意义。

新中国成立以来,我国一直采用非均衡战略,这种战略又是一种赶超式战略。中国经济非均衡发展的原因除了非均衡的社会历史基础的原因之外,还有经济体制改革的影响。因为,市场经济体制是按效率的原则配置经济资源,由于发展环境、条件和基础不同会出现效率高低与发展快慢的不同,产生不平衡发展,不同个人、地区和行业之间都会出现收入差距。同时,我国的渐进式改革方式,也使得不同地区、不同部门发展和分配的差距拉大。从这些原因和内在作用机制来看,在转型期间,经济增长的非均衡是一种规律,也是必然趋势。

我国的非均衡发展战略总的说来是成功的。然而,非均衡发展战略范式的弱点在经济高速增长之后开始显示出来。环境污染日益严重,能源与资源短缺开始加剧,多数企业缺乏核心竞争力,食品安全问题层出不穷,贫富差距拉大等日益突出。在非均衡战略指引下的出口导向型发展和复制型技术引进,帮助中国确立了"世界加工厂"的地位,而国家亟待培育的产业核心竞争力和技术创新能力则显得极不相称。

在我国经济转型时期,由于体制、制度与政策本身的弊端及不完善而对收入分配产生了深远影响,具体体现为:

第一,市场体制不完善。由于制度原因和体制因素导致的垄断是我国收入差距形成的主要因素,如一些部门和行业垄断了资源开发权,造成资源行业、垄断行业与其他竞争性行业之间较大的收入差距;由现行体制、制度中已实际形成而不被追究、或暂时不被追究的"潜规则"而形成的收入差距,即所谓的"灰色收入",如公职人员相当大一部分工资外收入、一些国有企业通过"打擦边球"而形成的职工收入分配差距;由体制原因造成的利用公权谋私利,即腐败问题及非法收入问题,此类"黑色收入"往往数额巨大。

第二,非均衡发展战略与城乡二元经济社会制度。改革开放以来,在城乡、区域发展的过程中,由于区域优势差异、政策倾斜等原因,发展不平衡状况愈加明显。近年来,我国政府实施了许多重大战略,如西部大开发、振兴东北老工业基地、城市支持农村、工业反哺农业,推动了区域与城乡协调发展并取得明显成效。但是由于我国中西部地区和农村发展基础薄弱,差距依然较大。二元经济社会结构造成我国城乡经济发展存在巨大不平衡,二元户籍管理制度又限制了农民在城乡之间的自由流动。而且社会福利、社会保障以及医疗、教育、公共服务等形式形成的转移性收入,城乡居民之间差距较大。

第三,公共政策的缺失。从中央政府到地方政府在保护低收入阶层、促进低收入阶层增加收入、保障低收入阶层的教育、基本医疗服务等方面的公共政策不够健全,存在缺失,使一些特别需要照顾、扶持和关注的低收入群体得不到应有的保障。

(三)我国的经济发展方式与结构特征

我国是一个发展中国家,具有发展中国家人均收入低、资本稀缺、技术落后等经济特征与发展制约,长期处于因技术刚性、制度刚性、结构刚性而形成的失衡状态中。在对收入分配起决定作用的两类因素中:第一类因素涉及经济的基本方面(如生产函数、资源禀赋、需求模式等),对第一轮收入分配[①]起决定性作用;第二类因素(如制度等)则对第一轮收入分配施加影响,使之适应那些在政治上有影响力的社会集团的目的。其中,第二类因素的收入分配效应非常突出,在许多发展中国家,它们甚至足以抵消第一类因素的分配效应(Adelman & Robinson,1978)。

就经济增长与收入分配互动所要求的经济条件而言,主要包括经济发展方式、产业结构、地区结构、技术结构和劳动力结构等。合理的产业结构、地区结构、劳动力结构和技术结构能保证经济增长既符合经济发展过程中结构演化、升级的要求,又能使经济增长为相对公平的收入分配奠定坚实的物质基础。另一方面,公平、合理的收入分配结构既有利于促进要素效率的提高,优化要素资源配置,又有利于产业结构、地区结构、技术结构和劳动力结构的优化和高级化,从而有利于推动经济持续、稳定、协调增长。

1.经济发展方式

经济发展方式是生产要素的组合及其利用的方式,或者经济增长过程中生产要素投入与要素生产率提高的结构方式。研究经济发展方式,就是要考察一定生产要素的投入和组合、使用与配置方式,及如何获得最大化收益的过程。

长期以来,我国的经济发展方式是粗放式的。我国在工业化过程中实行的是赶超型的经济发展战略,即在资源要素价格扭曲的支持下,用持续不断地增加硬要素投入使重工业获得优先发展。这一粗放型经济增长模式延续到现

---

① 即初次收入分配。初次分配是指直接与生产要素相联系的分配。

在,形成了内向经济以政府固定资产投资的超速增长来拉动,外向经济以低价、低附加值、低利润率的产品出口来拉动的经济增长模式。

无论新兴产业还是传统产业、无论是沿海还是内地,我国经济增长方式均为高投入、低产出的粗放型增长。与此相联系的企业竞争战略也相同,均为低价竞争。支撑这种低价格的主要因素是廉价土地和廉价劳动力。这种发展方式受资源环境约束,注定不能过快,而且不可持续。目前我国的经济条件已经发生改变,多种物质生产要素正在从丰裕走向稀缺。支撑粗放型增长的多种要素要么已经不廉价、要么是得不到,经济发展方式的转变势在必行。

转变经济发展方式是指从主要依靠增加生产要素投入数量来实现经济增长,逐步转变到主要依靠提高生产要素的使用效率来实现经济增长。发展方式问题,本质上是一个通常所说的体制、机制和政策问题,因而经济增长模式转变的主体是政府。

2008 年国际金融危机以后,国内国际经济环境发生了深刻变化。中国经济增长的市场需求约束和产业技术约束进一步凸显,"中国制造"的国际竞争日趋激烈,"全球化红利"逐步弱化。中国劳动力将在今后一段时期出现从无限供给向有限过剩转变的"刘易斯转折点",中长期内劳动力成本上涨将成为必然趋势,"人口规模红利"逐步弱化。同时,收入分配差距接近社会容忍"红线",提高劳动报酬、缩小收入差距的呼声日趋高涨,收入分配问题成为影响中国经济转型发展和稳定的核心问题。这意味着传统发展战略和收入分配制度已经走到了尽头,必须顺时应势,加快推动经济发展方式从过分依赖投资和出口的粗放形式向消费引领、创新驱动的集约形式转变。

2. 经济结构与收入分配

收入分配结构在某种意义上是经济结构的一个方面,经济结构中生产性的结构决定分配结构,收入分配在经济结构中无论是时间还是序列都是比较靠后的。

中国具有典型的二元经济结构特征,一方面存在着以城市工业为代表的现代经济部门,另一方面还存在着以手工劳动为特征的传统农业部门,并没有实现工业化和城市化。近年来,中国经济由依靠高投入转向强调高效率和可持续发展,但总体而言中国经济结构失衡的状况是加剧的,这体现在以下几个方面:

一是能源、基础材料的消耗量剧增,而能源、原材料的利用效率下降,产业结构亟待优化升级。二是地区之间、城乡之间发展的不平衡加剧,经济发展与收入分配差距过大。三是国民经济外向度日益提高,但国内企业"走出去"步调缓慢。四是城市化与工业化发展不协调,从 2010 年的数据来看,我国工业化率为 46.8% ,城市化率为 51.3% 。用世界银行的数据,2010 年全球平均的城市化率为 50.9% ,工业化率为 26.1% ,而中国的两率的比值是 1.09(即城市化率/工业化率 = 51.3% /46.8%)。全球的平均比值是 1.95(50.9% / 26.1%)。与发达国家的区别就更为显著了。2010 年,美国的城市化率/工业化率为 4.1,即城市化率高达工业化率的 4.1 倍。同年同一比值,法国为 4.11,英国为 4.09,德国为 2.64,日本为 2.48,共同呈现出城市化率远远高于工业化率的特征。中国工业化推进的城市化率的提升,远远不及全球平均水平。

过于依赖投资驱动以及对外出口的经济增长模式是当前中国宏观经济面临诸多问题的根本原因。特别是近几年出现的以过度投资为突出特征的"重化工业化"浪潮,给中国经济的持续稳定发展造成了严重威胁。表现在:要素增长率下降,产业结构背离资源比较优势,劳动力资源优势没有得到充分发挥,经济的快速增长并没有带来就业的相应增加。此外,二元经济结构的存在,对经济发展产生了一系列的负面效应,使得市场的竞争机制以及工资的拉平机制难以充分发挥其应有的作用,直接导致收入差距的拉大。

因此,在全球经济一体化的大背景下,过分依赖投资和出口的需求结构与"资本偏向型"的收入分配制度、简单劳动力丰富的要素禀赋特征相互支持,形成"三位一体"的低层次均衡。这就是粗放型发展模式的内核架构。

从收入分配角度看,收入分配状况又会影响经济结构的形成与变动。目前,我国低收入及中低收入者占总人口的80% ,中等收入者也仅占15% 。当一个社会由大量低收入阶层和少数高收入阶层构成,而中等收入群体过少时,就会造成整体需求结构的扭曲,不利于产品创新,进而制约产业结构的调整。因为对于低收入者阶层来说,收入因素导致自身的购买力偏低,满足衣食住行的生存需求是首要的消费动机,需求更多集中于一些普通的生活消费品,对高性能、高质量的新产品需求意愿较低;而高收入阶层更多偏好于享受型或炫耀型商品,需求主要集中于高质量、创新型的奢侈品。但是由于高收入群体数量

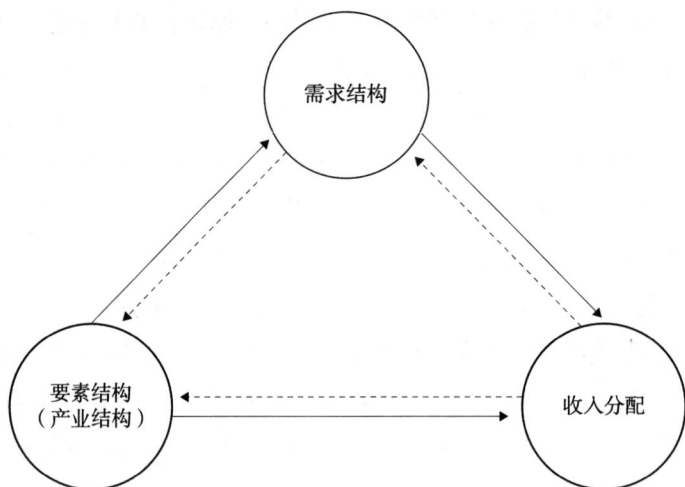

图 2-8　需求结构失衡的"三位一体"机制框架

有限,所产生的市场需求不足以支撑新产品的研发生产,加之国外品牌的竞争,国内产业主体的创新动力就会受到抑制,从而制约产业结构的换代升级。相反,对中等收入阶层来说,基本的生活需求不再是其主要的支出内容,对生活质量和舒适度的追求使之对适度价位和新产品的需求较为强烈。如果一个经济体中的收入分配结构呈现"橄榄"型,即低收入者和高收入者都占较小的比例,而中等收入者占大多数比例,那么这种收入分配结构就利于企业创新和产业结构的升级。我国的收入分配结构恰恰是中等收入者占比过少,绝大多数人处在收入的底层,这就使得我国的一些产品出口量不断增加的同时,进口并没有减少,出口的是低价、低质的产品,高质量产品却要靠进口来满足(孙军,2009)。因此,可以说,收入分配结构的不合理制约了我国的产业结构由劳动密集型向技术密集型转变。

收入分配不合理对产业结构的影响还远不止于此。收入分配状况反映了生产要素价格情况,而要素价格直接影响企业要素选择和行业选择,从而影响产业结构的变动。我国劳动收入占收入分配的比重长期以来一直呈现下降趋势,劳动力成本偏低,使得企业在产业选择上更多倾向于劳动密集行业,使得加工贸易这种低附加值、低产业级次的行业能够长期在我国产业构成中占据较大份额。同时,较低的工资报酬也使得很多劳动者始终在维持生计的边缘徘徊,无法进行人力资本投资。人力资本投资不足,高素质劳动力缺乏又将直接影响产业升级,并且进一步制约劳动力报酬的增加。如此反复,形成一种恶性循环,不利于产业结构的调整。

总体来看,我国需求结构失衡的症结是居民消费不足,2008 年,中国居民人均消费 649.2 美元(1990 年不变价),只有美国同期的 3.1%,远低于人均资本存量和人均 GDP 在美国所占比重,这跟中国国民收入格局中居民收入、劳动者报酬所占比重偏小是密切相关的,居民消费不足最突出的表现是农村居民消费滞后,导致中国居民消费率偏低,需求结构失衡。从深层次看,问题的核心是广泛存在的生产、消费和分配的二元结构,即中等收入阶层发育不足是需求结构失衡的核心。要打破"三位一体"的低层次均衡,调整需求结构,关键要实施"中间突破"策略,以培育壮大中等收入阶层为重点,推进收入分配制度改革和要素禀赋升级。

3. 收入分配与就业创造

就业创造是改善收入分配的最重要机制。经济增长创造更多的就业机会,扩大居民的就业,通过就业的扩大使劳动者的收入得到增加,从而逐步缩小收入分配的差距,是一个社会良性发展的必要条件之一。

当前中国的收入差距一定程度上是因为下岗失业人口的就业、再就业比较困难造成的,故而促进就业应该成为缩小收入差距的对策之一。解决农村贫困和平衡发展的问题,要依赖市场经济体制改善和经济的增长,需要创造更多的就业,转移出更多的农村剩余劳动力,这是我们过去减少贫困、促进发展的主要经验。收入分配与就业的相互影响,要求采取与本国资源禀赋相一致的经济增长战略来作为中介。发展中国家大多资本和技术稀缺,劳动力相对过剩,可采取劳动密集型增长战略,使等量的资本推动更多的劳动,创造更多的就业机会。这样,随着经济的增长和就业的增加,收入分配的差距将逐渐缩小。这是一个动态的过程。在这个过程中,政府通过有效的产业扶植与鼓励措施,促使产业结构合理化,从而使经济增长与就业增长协调、平衡地发展。

但是我国目前的经济增长却并没有带动就业的相应增加,由于重工业的优先发展,我国过早进入资本深化阶段,出现了资本替代劳动的现象,"奥肯定律"①在

①　奥肯定律是由美国经济学家阿瑟·奥肯提出的,用来近似地描述失业率和实际 GNP 之间的交替关系。其内容是,失业率每高于自然失业率 1%,实际 GNP 便低于潜在 GNP3%。按照奥肯定律所估计统计结果,实际增长率高于潜在增长率一个百分点,失业率会下降半个百分点。

我国发生了变异。同时,由于二元经济与社会结构的存在,农村劳动力向城市的转移不畅,大量的农村劳动力被固定在有限的土地上,无法获得充分的就业,收入增长缓慢,城乡收入差距越来越大。

扩大就业以解决因失业等问题导致的贫困,主要是通过引导专业分工细化和网络性配套,培育新的就业岗位,特别是服务行业的就业岗位,从而实现高收入向低收入的转移分配。在此过程中,要积极创造灵活多样的就业模式,让下岗和失业人员通过各种类型的劳动就业提高收入。如果说政府要发挥作用,那么政府需要在帮助和促进就业创造和劳动力转移方面(如金融深化、减少行政垄断和大量管制等)发挥更大和更彻底的作用。

三、我国收入分配制度改革理论与实践

改革开放以来,我国经济保持了长达30多年的快速增长,已经进入了工业化中期阶段。在这一发展时期,城市化进程、产业结构升级加快,居民收入差距拉大。西方发达国家在处于与我国相同经济发展阶段时,一般都经历了居民收入差距扩大的过程。从经济体制转型看,随着我国由计划经济体制向社会主义市场经济体制的转变,资本、技术和管理等各种非劳动生产要素逐步参与收入分配,使得我国居民收入分配格局发生根本性变化,居民收入来源日益多元化,在收入水平不断提高的同时,收入差距也逐步扩大。

(一)我国收入分配制度的形成及变革

收入分配制度是整个经济体制的重要组成部分,我国的改革开放就是从调整收入分配制度入手的。改革开放以来,我国收入分配制度发生深刻变化,演变的总体趋势是生产资料所有制多样化和生活资料占有的差距扩大。

1992年"十四大"以来,我国最终确定了鼓励非公有制济发展的政策和市场经济改革的总体目标,此后随着改革的深入和对外开放的扩大,我国的所有制结构变化呈现出加速态势,市场机制在资源配置中也越来越发挥着基础作用。特别是1997年开始的国有企业改革的深化和"抓大放小"以后,民营经济在从业人员和企业数量上都超过了国有和集体单位,使得国民收入由按劳分配为主转向按要素分配为主。

在这期间,我国经济领域发生了两个根本性变化:一是实现了由长期卖方市场向买方市场的转变,经济增长开始由过去的供给约束型向需求约束型转变;二是城乡居民总体收入水平大幅度提高,解决了温饱问题。与此相对应,我国的经济体制改革也取得了突破性进展,市场经济框架基本建立。随着就业、医疗、教育、住房等领域改革,过去许多由政府"包下来"或提供补贴的福利和保障,开始由个人承担。由此,收入分配与经济增长关系呈现出与前一阶段完全不同的态势:微观经济方面,主要不是依靠收入分配来调动劳动者的积极性,而是依靠减员增效、降低工资成本来提高竞争力和经济效益,这种情况在居民基本解决温饱问题后,必然会抑制需求,因此,就企业来说,扩大和利用国外市场就成为必然的选择,此后,我国的外贸依存度不断提高;宏观经济方面,收入差距拉大和财富向少数人集中,固然从总体上说抑制了内需的扩大,但是一方面,少数人迅速富裕起来促进了消费结构升级,汽车、住房、旅游等需求旺盛(因为人口基数大),另一方面,"内需不足"和向外寻求市场的竞争压力,则对企业投资产生了积极的刺激作用。

我国已经基本建立起市场配置资源的经济运行基础、要素决定国民收入初次分配的经济体制。要素参与分配的比重不断提高并逐渐处于主导地位、居民收入差距不断拉大、政府和公有制企事业单位不断缩小过去所承担的福利和隐性补贴的阶段。另外,随着劳动力市场的形成,人力资本也越来越显示出它在工资收入中的决定性作用,技能、专业知识和供求关系导致了职工之间工资收入差距不断扩大。同时,原来由国家统一制订和管理的各个产业工资标准也在深化国企改革中被打破,带有垄断性的行业的工资与普通国有企事业单位的工资差距也在拉大,这实际上是另外一种要素参与分配的形式。

目前,我国已经进入了调整投资与消费、内需与外需关系的新阶段。扩大国内需求和转变经济增长方式,将成为推进经济持续增长的主要手段,而调节国民收入分配则可成为扩大内需的重要手段。

经过30多年的改革发展,我国已经建立起了与社会主义市场经济相适应的以按劳分配为主体、多种分配方式并存,按劳分配与按生产要素分配相结合的基本分配制度。同时,我国的社会转型广泛而深刻,社会变迁的动因日趋复杂,市场制度和行政制度之外的结构性和政治性因素的作用也越来越大。收入分配领域的问题也在积累和加剧,成为具有高度敏感性的社会问题。

（二）我国收入分配改革面临的特定背景

20世纪90年代中后期以来,中国的经济体制改革表现出了新的特征,由原来的增量改革逐步过渡到存量改革,由于发展阶段的变化,我国的收入分配改革有突出的阶段性特征。导致我国收入差距不断扩大的因素也更多地表现为就业机会的相对不足、社会保障体制的缺乏、市场机制的不完善、收入调节的再分配功能的缺位等。

1. 收入分配格局渐呈固化趋势

近年来,随着市场经济体制的初步建立,我国"阶层固化"趋向成为社会普遍关注的问题。阶层固化意味着社会利益关系趋于稳定,不同收入和地位阶层的社会成员构成趋于稳定,成员在阶层之间的流动受阻,贫富都出现代际传递现象,社会收入分配格局被原样复制。

对个人而言,决定其收入状况的有两种因素,一个是先赋性因素,即家庭背景;一个是后致性因素,即个人努力。先赋性因素作用太大,社会的流动性就小,继承性就大,既世袭性强。

在分配领域,上世纪90年代中期以后,先赋性因素起的作用大,后致性因素的作用有减弱之势。后致性因素减弱,低收入阶层通过个人努力很难提高自己的社会地位,社会阶层就出现了固化现象。固化现象的出现,导致公平机会的丧失,使得经济领域效率低下,社会发展缺乏活力,政治领域缺乏制衡。

当整个社会的阶层结构开始固化,阶层再生产机制便在一定范围内发挥作用,突出表现在就业上。阶层再生产机制使各阶层的下一代在发展上处于不同的起跑线,这种状况会使社会的不平等延续下去。同时,阶层再生产机制会通过对现有资源的运用来阻碍低收入群体的顺利流动。

目前在我国,不公平不公正问题正在从传统的收入分配领域迅速向"存量不公"、"机会不公"、"能力不公"等方面扩散和传递,"权力"和"财富"成为获得更好教育机会、就业机会、创业机会以及各种其他机会的重要影响因素,不公平问题开始呈现出固化、板块化和制度化的趋势,各社会阶层之间的流动性降低。社会矛盾在阶层固化的进程中迅速积累,不满情绪也在不断增加。

从宏观角度看,社会流动和多种因素有关,一是制度和政策变革;二是工业化、城市化和产业结构升级;三是个人努力。经济体制改革是一次因制度变化造成的大规模社会流动,工业化和城市化使大批农民进入城市,产业结构升级使大批蓝领变成白领人员。个人努力在多大程度上决定其收入和社会地位,是由制度因素决定的。

首先,市场引致的财富分化进入代际传承期,相应的调节措施却尚未建立。经济领域的改革带来了竞争,市场竞争优化了资源配置,激发了发展活力,促进了工业化、城市化的大规模推进,也带来庞大的阶层流动,从而打破了原来的阶层边界。同时,收入分配快速分化,人们基于经济收入形成了新的阶层位次,经济分层开始进入代际传承的新阶段,导致下一代阶层流动起点的不平等。先富人群的子女拥有先天财富上的优势,并逐渐转化为教育、职业等社会优势,底层群体的向上流动受到挤压。

其次,多元社会的资源配置缺乏公平博弈,中低阶层难免遭遇"社会排斥"。阶层固化是一些体制性因素导致的客观存在,分配结构的失衡很大程度上是利益博弈失范的结果。经过30多年的改革发展,一个利益主体多元化的社会格局已经形成,而多元主体的继续发展都需要教育、医疗、就业与保障等公共服务的支持,需要公共资源真正实现对不同区域、不同人群的公平覆盖,这又需要公共政策制定过程中的公共参与和公平博弈。但是这样的机制和平台却迟迟未能建立,导致一部分群体在事关自身利益的资源配置中面临"权利缺位",对其实现向上流动至关重要的教育公平、就业公平就一再成为问题。

第三,公共权力运行的约束机制依然匮乏,某些优势阶层通过寻租市场形成结盟。改革是社会利益格局的大调整,其背后的实质是社会权利分配的调整,相对应的就是对公共权力的改革和重新建构。然而,渐进式改革意味着不同领域、不同方向的改革进程并不一致,由此造成新旧制度长期并存。一方面是行政权力不受制约,另一方面是既得利益者之间结成某种利益传承机制,中低阶层向上流动面临更大困难。

阶层固化趋向,折射出阻碍社会公平的体制性因素仍然存在,改革开放30多年的财富分配也正在沉淀为新的身份。一旦这种现象固化为新的社会结构基础,则没有阶层能真正从中受益。

2.公共产品和服务短缺成为突出矛盾

公共产品和服务包括教育、卫生、文化、就业再就业、社会保障、生态环境、公共基础设施、社会治安等领域。把更多财政资金投向公共服务领域是公共财政理念的重要体现,对于解决中国目前存在的一些不平衡问题如缩小区域和城乡发展差距、促进社会公平公正、维护社会和谐安定、确保人民共享发展成果等都具有重要意义。

公共产品和服务会影响收入。虽然公共产品对于产出可能是一种无法具体用价格来衡量的因素,但可以减少投入生产的成本或者提高劳动生产率,弥补低收入群体先天的物质资本积累不足,尤其是对于收入不高的农民来说,诸如水利设施(小型水库、水井、灌溉设备)、电力设施等的建设支出将会带来沉重负担,公共产品的供给将会使现有要素有效地发挥作用,即所谓的"木桶短板效应"。增加公共产品和服务会让低收入群体提升对政府的信任感,提高生产积极性,增加就业机会等。

近年来我国在教育、医疗和社会保障三项公共服务方面的支出,占政府总支出的比重合计只有 30% 左右,与人均 GDP3000 美元以下国家和人均GDP3000—6000 美元国家相比,分别低近 14 和 25 个百分点。中国几乎属于世界上对公共教育投入最少的国家。中国每年的教育投入只占国内生产总值的 2%,远远低于联合国建议的 6% 的标准。中国政府只承担了学校开支的53%,其余的费用则转嫁到学生头上。覆盖城乡居民的社会保障制度还不健全,对社会困难群体的保障力度不够,保障覆盖面窄,保障水平低。据统计,在城镇就业人员中,养老、医疗保险参保率仅为 62% 和 60%,农民工参加养老和医疗保险的不足 20% 和 31%。

2009 年统计数据表明,我国农村养老金领取人口比例为 4.8%,城市养老金领取人口比例为 78%;经过几次调整,城市企业退休人员基本养老金提高到 1200 元/月,但仍不到公务员养老金的 50%。

社会福利与公共产品的分配也存在明显的不公平,有限的公共服务资源被少数人占有,比如医疗。在世界卫生组织的 192 个成员国中,中国的医疗公平性排名为倒数第四。

公共产品和服务并不是改善收入分配格局的最优手段,只是在一定程度上直接改变收入分配格局,但是,对低收入或者弱势群体提高公共产品和服务能提高其分享经济增长好处的能力和机会,缩小不同群体的起点差距。在当前和谐发展目标下,提高公共产品和服务水平比单纯发展 GDP 产业更能提高社会福利,有助于弥补由于历史及战略因素对部分群体造成的利益损失。

我国目前发展进入了新的阶段,社会需求结构发生了变化,私人产品短缺时代成为历史,公共产品短缺时代到来。加大基本公共产品供给,提高中低收入水平,形成"橄榄型"收入分配结构,是政府的重要责任。

3. 收入分配问题已成为引发社会矛盾的焦点

我国的收入差距不断趋于扩大,已经成为当前我国社会不安定、不稳定的主要根源。分配不公带来的收入差距过大和贫富悬殊,已成为社会矛盾的主要"孵化器",阻碍经济社会发展。

社会经济地位认同感普遍下降,不满情绪在低收入群体和一些中层、中上层收入群体中升温;影响社会和谐稳定,引发一些社会矛盾和冲突。

我国收入分配领域的问题,积累多年,早已是矛盾重重,改革难度极大。收入分配平等与否的问题本身在很大程度上带有主观色彩,是一个容易被感受的问题。

这几年,由于公众意见和情绪的改变,在网上或在公开场合,已经有越来越多的人都一致倾向于认为,中国过去的增长没有带来所谓的"水涨船高效应",而是越来越把中国的经济增长看成一个不断产生收入分化的增长。有调查指出:我国的收入分配不公与财富分布不公已经触及了公众容忍的底线,再不扭转这种局面,公众不会答应。公共情绪把问题集中于政府,把问题归纳为政府在收入分配上做得不够。这是一个价值判断和公共意见的转变。

收入分配不公是目前导致我国社会尖锐冲突的主要问题,特别是以腐败和以权力为背景的寻租行为和既得利益集团的掠夺行为。如有些地方强行征地,造成农民失地,生活没有着落。这是导致社会冲突和群体事件频繁发生、社会不和谐的主要原因。源于制度不公平导致的分配不公平越来越明显,这是城乡收入分配差距形成的重要因素。由此,导致城乡居民身份不平等、机会不平等、福利不平等。体制机制性腐败等因素也直接扩大了收入分配差距。

很多社会公众之所以对目前的收入分配状况不满,对收入差距过大表示忧虑,归根结底在于对权力经济,对不规范、不合法牟取财富行为及其结果的不认可。在收入差距拉大过程中公众所感受到的不公平的成分在相对增加。我国在市场化过程中,由于相关体制改革不完善和不配套,形成了运用权力、以非正当方式来获取财富和权力的既得利益集团。社会成员利用市场环境获取利益的客观与主观条件不一样,造成收入与财富分配不平衡现象越来越严重,社会心态的失衡也越来越严重。

(三)我国现有收入分配格局的突出特征

1.收入差距仍呈现不断扩大趋势

近几年,我国收入差距日渐扩大的痼疾,虽然被加速出台的民生政策不断校正,但转型期急剧变动的社会结构及尚存欠缺的调节机制,使我国收入分配差距仍呈"全范围、多层次"扩大之势。

据《中国居民收入分配年度报告(2010)》①的分析,我国不同群体之间的收入差距仍然呈加速扩大之势。在城镇居民内部,2010年家庭中收入最高10%收入组的人均可支配收入是最低收入10%收入组的9.2倍,比2004年的8.9倍进一步扩大。2010年,农村居民内部收入分配差距扩大,速度有所加快。2010年农村人均纯收入的基尼系数为0.375,比上年提高0.6个百分点,高于上年提高0.12个百分点的增速。同时,城乡之间、地区之间及行业之间收入差距都在扩大。报告还显示,从增长速度来看,高低收入群体的增长速度不平衡,收入越高增长越快,普通职工,特别是劳动密集型企业以及私营企业的职工和农民工的劳动报酬不仅过低,而且增长慢,过大的收入差距,甚至使"平均工资"指标难以反映普通职工真实的收入增长状况。

2.分配不公、秩序混乱,收入分配越来越向权力和资本集中

公平公正是政治哲学最为核心的概念,意味着权利的平等、分配的合理、机会的均等和司法的公正,反映了社会的政治利益、经济利益和其他利益在全体社会成员之间合理而平等的分配。

随着我国经济市场化程度的不断深入,通过按劳分配或按生产要素贡献分配所获收入,特别是初次分配收入差距不断扩大。但是,现实生活中的收入差距拉大,并非全是制度合理安排的结果,其中含有许多不合理的、非规范的、非法因素的存在。尤其是在初次分配领域,存在许多不公平竞争,是造成当前收入差距扩大不容忽视的因素。这些因素影响到当前人们对于社会公平的感知。

收入分配秩序混乱,收入分配越来越向权力和资本集中,是造成我国收入差距过大的首要原因,而收入分配秩序混乱的根源则在于政府行政权力涉入

---

① 张东生主编:《中国居民收入分配年度报告(2010)》,经济科学出版社2010年版。

收入分配领域。改革开放中收入分配秩序混乱,尤其是资源配置领域中公权力寻租、腐败产生的非法收入和垄断领域收入分配管制不力导致的非正常收入,成为收入差距及财富差距扩大的重要影响因素。

重要经济资源由国家垄断和国有企业对重要资源与重要行业的垄断经营,本身就是腐败和收入分配秩序混乱的原因,也体现出我国国民收入分配的政府偏向。这种分配的政府偏向,表面上是权威政府作用的结果,背后则与现行的政治体制密切相关。权威政府下,公平的收入分配谈判机制无法建立,存在的只能是政府主导的国民收入分配模式,政府居于领导者地位,享有先行者优势,国民收入分配向政府倾斜不可避免。实际上,作为一个追求最大化的经济组织,无论是民主政府,还是权威政府,都期望在国民收入分配中获取较大份额,支配更多的经济资源。只不过民主政府下这一目标难以实现,权威政府下可以实现。我国国民收入分配中的政府偏向是权威政府在经济上的要求,而权威政府又是我国政治体制的产物。

如果一个权威政府把经济增长目标凌驾于其他一切经济目标之上,分配中也必然具有资本偏向。因为权威政府的权利与普通民众没有直接关系,其收入分配偏向取决于政府的效用函数。我国分配中权力与资本偏向制度环境的形成和长期存在既与我国所处的经济发展阶段、我国特有的劳动力数量众多有关,更与政府的偏好有关。

3. 收入分配的一些基础性制度缺失,加大了治理的难度

在资源配置手段市场化改革过程中,由于诸项改革措施不能及时配套,与市场体制相适应的一系列制度建设滞后,加大了收入分配问题的严重性。市场化使农村集体和城市企事业单位对贫困群体的保障力度减弱,而社会保障制度改革和建设又大大落后,贫困群体更加艰难;市场化带来了公有资源配置中权力寻租的巨大机会,加之权力运作的监督制约机制不健全,致使权力运作不规范和弱势群体的权利无保障,国家的扶贫资源也逐级流失;经济体制改革中形成了与社会利益不一致、阻碍收入分配改革的政治压力集团。

另外,与收入再分配相关的制度缺失,导致再分配手段对收入差距调节不力。如财产申报制度没有确立,尤其是中高层公务员财产公开与申报制度迟迟没有建立;再如,个人收入记录体系不健全,税务部门难以全面掌握居民个人实际的收入情况,严重制约个人所得税在缩小贫富差距中的作用等等。

第三章　我国收入分配格局的形成及影响因素

　　我国现有收入分配格局的形成是受多种因素的影响,大体包括生产要素方面、政府政策方面、经济全球化等方面的因素。而经济和社会转型过程中所有制结构的调整、分配制度的变化及各种不规范行为等的影响又贯穿在这些因素当中。即对于处于转型期的国家来说,除了一般共有的因素之外,改革的推进和市场化进程、城乡收入差距的不断扩大、区域经济发展的不平衡、社会保障体系的不够完善、就业因素、财富的累积效应等,都影响到居民收入分配格局的形成与变化。

一、相关理论

　　对于收入分配差距形成的原因,国内外的研究都比较多。在经典的库兹涅茨(Kuznets)"倒U型假说"中,经济发展过程中一国居民收入分配的具体变动趋势主要取决于城乡二元结构的转换,因为与工业化相伴随的城市化进程,发展中国家的收入分配差距将经历一个"先迅速扩大、尔后是短暂的稳定,然后再逐步缩小的过程"。这一假说得到了 Lewis(1954)两部门劳动力转移模型的论证,并经由 Fei 和 Ranis(1964)发展成为严密的逻辑体系。1976年,S. Robinson 所得出的经典结论又为这一假说提供了数学推导依据。

　　当然也有不同的意见。在 Todaro(1965)的城乡劳动转移模型中,农村劳动力供给弹性无穷大的假定受到了一定程度的质疑,结果是城乡预期收入差异将带来巨大的经济社会问题,并导致一国收入分配的持续恶化。而 Anand、Kanbur(1993)和王检贵(2000)等人则分别从指标刻画的有效性以及模型定义域的限制方面,对倒 U 假说的数理基础——"Robinson 经典结论"提出了质疑。

我国也有许多学者结合我国的具体情况提出了收入分配差距扩大的理论观点。林毅夫、蔡昉、李周（1998）认为，一个国家或地区收入分配的变化，决定于该国在全球竞争压力下所选择的经济发展战略和所实行的社会政策。对于发展中国家，如果能推行基于劳动力比较优势的发展战略，并坚持实行关注收入分配的社会政策，就可以避免"倒U字型"结果。而如果政府实施以赶超为目的的产业政策，保护少数资本密集型的产业，则由于缺少市场竞争，被保护产业的工人收入水平将明显高于其他行业。而政府对生产剩余的行政控制又使大量劳动密集型的产业因投入不足而发展缓慢，结果造成严重的显性或隐性失业。再加上政府为维系赶超战略以及防止社会性危机所采取的更具歧视性的社会政策，例如限制人口流动的户籍管理制度，一国收入分配状况的恶化将难以避免。

陈宗胜（1994）对收入分配差距的"倒U型曲线"进行了数学论证，并提出了基于经济发展和体制变革与创新的"阶梯形"倒U曲线。陈宗胜认为，经济发展过程中一国居民收入差距的变动总体上必然呈现为"倒U"特征，而"倒U曲线"的具体位置则取决于特定的经济体制。在转轨国家，因为体制改革是跳跃式的向市场经济趋近，因此其收入分配曲线将呈阶梯形不断提高，最终在市场经济所决定的"倒U曲线"位置达到稳态，但对这一变动的具体原因，他本人并没有给出更多的解释。

李实则认为我国居民收入差距的持续扩大主要是制度转型所造成的，城乡二元结构的变动并没有推动居民收入差距"倒U"变动的结果。马宇文将我国居民收入差距的扩大归结为市场机制的不健全，并提出分配过程的公正是缩小我国居民收入差距的基本前提。郭熙保则认为，我国居民收入差距的扩大主要来源于经济发展的不平衡，并认为随着经济发展，我国居民收入差距将呈现"倒U"变动趋势。杨俊、张宗益则通过实证研究提出，经济发展不是决定收入分配变动的主要因素，也并不存在自发的"倒U"型过程，只有人力资本积累才具有缩小居民收入差距的明显促进作用。

实证研究方面，国内学者依据城乡二元结构转换对影响我国总体居民收入差距变动的因素进行了分解。林毅夫等（1998）再次采用 Theil Entropy 分解法考察了农村内部、城镇内部和城乡之间的人均收入差距及其对总体地区收入差距变化所起的作用,结果发现,城乡间差距对总体差距的影响最大,始终保持在一半左右,农村和城镇内部差距的作用则占另外一半。

二、生产要素对收入分配的影响

由于种种客观原因(如继承关系),每一个具体社会成员在资金、不动产、家族关联、社会人脉等方面(这些都可归于广义的"生产要素"范畴)必然是有所差异的,而由此带来的收入(如利息、房租以及经营活动中的重要信息、正确指导与规划等促成的收益)高低不同,也是客观存在的,并且有可能形成一定传承的"自我叠加"的关系。权利、过程和规则是否公正,是我们判断这方面收入是否正当、合理的主要依据。

(一)生产要素占有与收入分配的关联

生产要素的占有方式实质上是一种生产条件的分配,西方经济学学者一般不考虑生产要素的分配,只是在一种既定生产方式下来研究生产与分配,关注的只是产品的分配。而马克思认为,分配不仅是产品的分配,而且"在分配是产品的分配之前,它是(1)生产工具的分配,(2)社会成员在各类生产之间的分配",即生产条件的分配,后一种分配"包含在生产过程本身中并且决定生产的结构,产品的分配显然只是这种分配的结果。"[①]

社会财富是生产要素共同创造出来的,这是要素参与分配的经济基础。要素参与分配的结果是取得与要素在社会财富创造中所作贡献相一致的要素收入。生产要素参与分配的实质是要素所有者参与社会财富的分配,即要素分配的理论依据是要素所有权。

无论在任何社会,土地、资本、技术等生产要素都是有限的,然而这些要素又是创造物质财富不可缺少的必要条件,于是就产生了对生产要素所有的必要性,出现了相应的生产要素所有权。生产要素参与收入分配是生产要素所有权在经济上必须、也是必要的实现形式。否则,就无法刺激生产要素投入到生产过程中。在我国市场经济和多种所有制成分并存的条件下,由于种种因

---

① 《马克思恩格斯文集》第8卷,人民出版社2009年版,第20页。

素的作用,各种生产要素以不同的方式分属于不同的利益主体,相应地,其要求获得的收益回报也必然不同。

要素占有方式直接影响收入分配。高收入者收入来源一般以资本要素收入为主,低收入者收入来源通常以劳动要素收入为主,收入分配不利于劳动要素时会恶化收入分配,跨国经验分析也证实了这一点(Daudey and Garcia-Penalosa,2007)。就要素占有方式与部门收入分配关系而言,在我国目前住户部门收入主要来自劳动收入的前提下,劳动分配份额上升,会促使部门收入分配向居民倾斜。

由于人们对生产要素的占有和使用权不平等,不同的社会成员使用生产要素的效率和效益不同。市场机制的竞争性使得越是稀缺和质量好的生产要素,越容易进入生产过程,要素报酬率越高。当个人所拥有的生产要素存在差异时,便会形成市场机制在个人收入分配方面的分化作用。个人收入又能通过财产积累或资本的形成转化为新的收入来源,而新的收入来源在不断积累、投入的反复循环中成放大效应,从而拉大收入差距。

从我国的实际情况来看,低收入者的收入来源主要是工资收入,高收入者的收入来源主要是利息、红利、利润收入等,以财产性收入与经营性收入为主。当经济发展处于上升阶段时,投资以累积的比率扩大,一方面会使利润增加,另一方面也会转化为资本存量,使得居民依靠资本获得的利息、租金和利润收入等迅速上升。工资收入虽然也有所增长,但速度缓慢,造成工资与利润利息收入比例的下降。这样,工资收入在总收入中的比重下降,非工资收入比重上升,穷者相对越穷,富者相对越富。

单从要素分配过程本身来看,收入分配差距不过是要素占有的质、量及配置效率、使用效率差异的结果体现,是经济活动的正常现象。然而,收入分配差距的扩大正是通过这一看似合理的过程完成的。因为,除了参与分配外,还有一个生产要素的获取过程,即非劳动力要素的占有过程和劳动力要素的形成过程。各种特殊因素导致非劳动力要素的非公平占有和劳动力要素的非均等培育,使生产要素占有的差异不断累积,加上市场价格的偏差,一并通过要素分配这个一般基础的传递,使收入分配差距不断扩大和积累。

度量要素在社会财富创造中的贡献是按要素分配的关键。然而,不同的生产要素具有不同的特质,除了在社会财富创造中的贡献率,很难有能让劳动力、资本、土地、技术和管理等要素所有者共同接受的普遍的合理的尺度。而要素价格市场化是实现生产要素按贡献参与分配的主要途径,要素价格内含了度量要素对社会财富贡献所需要的信息量。只有实现市场化,要素价格才能成为要素贡献的测量器。

(二)物质资本与收入分配

在传统的市场经济中,物质资本在要素市场中的价格一般都较高,而且对生产的作用往往占主导地位,人力资本在要素市场中的价格以及在生产中的作用居次要地位,因此在生产成果的获取即收入的分配中往往处于不利地位,所占的份额比例一般较少。在现代市场经济中,随着经济的快速增长,物质资本对居民收入分配产生着越来越大的影响。个人拥有的物质资本数量与经济增长正相关,而其单位价格则依经济增长阶段不同,或者与经济增长正相关或者与经济增长负相关。

表3-1　不同国家不同时期资本与劳动的增长率　　　(单位:%)

国别和时期 年增长率	英国		法国		美国
	1855—1913	1925—1929	1923—1966	1889—1929	1929—1956
资本	1.43	1.77	1.95	3.76	1.01
劳动力	0.74	0.82	−0.50	1.74	0.53

资料来源:库兹涅茨.《各国的经济增长率——总产值和经济结构》,北京:商务印书馆,1999年版,第85—86页。

显然,在不同国家的不同时期,物质资本的增长率会高于劳动力的增长率,这就意味着单个劳动力所支配的资本数量持续上升,经济增长方式以劳动节约型为特征。同时也意味着资本的边际生产力下降,因此其单位价格持续下降。

在发展中的市场经济国家,物质资本市场不发达,资本积累缓慢,很大一部分人是使用自己的资本,亲自经营管理。银行系统不发达,集中于大城市,而且大多数只提供短期贷款,利息率很低,信贷范围也很有限。由于资本稀缺,低收入国家的利润率偏高,但利润份额很小,对于收入分配影响不大。在发达国家中,资本所有权集中在少数人手里,资本差距对收入差距的影响程度增大。

随着市场化程度的提高,居民所拥有的物质资本差距越来越大。一般说来,居民在金融财产、房产等方面存在比收入差距大得多的差距。由于累积效应的存在,这种差距对居民收入分配差距的扩大作用越来越明显,从结构上看,市场机制的分化作用会明显扩大城镇内部、农村内部之间以及城乡之间的收入分配差距。但是也有学者持不同意见,高梦滔、姚洋通过实证研究发现,在农村,造成农户收入差异的原因主要在于人力资本而非物质资本和土地,并且估计的结果发现,在不同的收入组别之内都是人力资本的回报大于物质资本。对此他们给出了一种可能的理论解释:教育能够有效提高人们利用和获取信息的效率,因此在"易变"的环境中,比物质资本更加能够获取高的回报率。在中国社会发生剧烈变革的阶段,也许正是这种风险和机遇都较多的环境使教育所体现的人力资本拉大了农户的收入差距。①

目前,我国物质资本动员稀缺资源的能力较强而市场化程度较低,因此物质资本的单位价格较高。但是在体制改革之前,物质资本的分配较为平均,对收入分配不平等程度的影响较弱。随着市场经济体制的逐步建立,市场化程度逐渐提高,物质资本单位价格下降,如果物质资本的分配没有大的变化,物质资本对收入分配不平等程度的影响应该更弱。但是,由于与市场经济相配套的制度、法律、政策等没有相应确立,客观上存在一个资本的再分配过程。②在这一过程中,物质资本分配的不平等程度显著增强。结果物质资本对收入不平等程度的影响不仅没有减弱反而有所提高。陈宗胜的实证分析支持了本书的判断。他的实证分析表明:居民正常收入差别平均占总差别的85.1%,相应地非法非正常收入的差别已经占到14.9%。资本的再分配过程与价格变化相对独立于经济增长,所以经济增长本身不可能消除由此形成的收入差距,而是有赖于加快各相关领域的配套协调改革以消除资本再分配的途径,同时继续提高市场化程度,降低资本的单位价格。

---

① 高梦滔、姚洋:《农户收入差距的微观基础:物质资本还是人力资本?》,《经济研究》2006年第12期。

② 20世纪90年代中后期出现的所谓"圈地运动"和随着国有企业改制而出现的瓜分国有资产现象便是两个突出的例子。

（三）人力资本与收入分配

1.人力资本与收入差距

人力资本分配属于生产要素分配中的一个重要组成部分。劳动力要素的质的差异,对收入分配差距的形成有着长期而深远的影响。不仅是因为目前绝大多数社会成员都以劳动力要素报酬作为个人收入的主要来源,更因为劳动力要素本身的人力资本差异,主导性地决定着其所占有的非劳动力要素能否根据其正确决策,在市场运行中合理配置和有效利用。高质量的人力资本,由于其市场需求远远大于供给,而获取超额价值,缺乏技能的劳动力要素却处于近似无限供给的状态,这两方面加剧了收入分配差距的扩大。人力资本初始占有和后天培育机会的不平等是这一问题产生的根本原因。

个体之间的收入差距源于由许多不同因素决定的对资源禀赋占有的不平等,对此,布坎南(詹姆斯·M·布坎南)有过论述。布坎南认为,"出身、运气、努力和选择"的不同都会带来收入分配的不同。特别是出身不同,个人在市场竞争中获取收入的能力会有所不同。同时,由于出身的不同所带来的收入或财富分配的不同是"不公平"或"不公正"的。[①]

在竞争环境下,社会成员间先天禀赋和基于其他原因在后天综合发展起来的聪明才智,结合构成人们各不相同的能力和才干,客观存在的这种差异必然带来个体收入水平上的差异。一些特殊的、稀缺的能力与才干,如企业家才能、科技人员创新才能,比"努力程度"带来的差别往往要高出许多倍。[②]

陈玉宇、王志刚、魏众考察了20世纪90年代以来中国城镇居民收入分配变化中人力资本和地区因素的影响,通过动态分析发现,人力资本因素在每一年的收入差异中的解释能力仅次于地区因素。而且其重要性正在上升,人力资本已经占到工资基尼系数指标增加的44.36%。[③]

从收入差距来看,人们拥有知识的差距及人力资本质量状况的高低决定了收入分配差距程度。尤其是在市场经济体制下,每个人获取知识的起点和

---

① [美]布坎南:《自由、市场与国家》,平新乔等译,上海三联书店1988年版,第186—187页。

② http://www.sina.com.cn,2007年5月8日,光明网—光明日报。

③ 陈玉宇、王志刚、魏众:《中国城镇居民20世纪90年代收入不平等及其变化——地区因素、人力资本在其中的作用》,《经济科学》2004年第6期。

机会不同,手段和方式不同,对知识运用的效果也不同,知识上的差距短时间内又很难消除,因而按人力资本分配导致的收入差距必然较大。建立在分工和比较利益差距基础上的差距是合理的,会产生激励作用。

但从另一个方面来看,人力资本与收入分配之间并不是单一的线性关系。人力资本的大小一般用教育年限来衡量。从理论上讲,教育对收入分配的影响是不确定的,早期关于教育对收入影响的实证研究得出了类似的结论。[①]教育对收入分配的效应还要受到资源配置方式、劳动力市场发育程度等其他多种因素的影响。在我国,劳动力市场还存在不同程度的扭曲:首先,一些行业垄断性部门尤其是国有部门的职工得到了过高的工资;其次,劳动力市场发育还不完善,社会关系网络在就业中起着重要作用;再次,存在一定的性别、部门和职业的劳动力市场分割;最后,户籍对就业有很大的限制。这些因素都使得劳动力并没有完全按照人力资本差距大小在市场中获得同等报酬,也使得人力资本对收入差距的影响变得复杂。

2. 人力资本投资差异的形成

人力资本的形成和拥有的人力资本数量,主要取决于用于教育和医疗保健等公共物品的支出数量及其效率,包括正规学校教育、在职培训、医疗保健、迁移,以及收集价格与收入的信息等形式。个人是否进行这类投资则取决于传统的"成本—收益"分析。假定成本固定(即接受教育的支出不随经济的增长而增长),那么其决定因素就是投资的收益,实质上也就是人力资本的单位价格。人力资本的单位价格越高,他进行人力资本投资的可能性就越大。因此,人力资本的单位价格与个人所拥有的人力资本数量成正相关,人力资本单位价格的阶段性变化直接决定了个人所拥有的人力资本数量也呈阶段性变化。[②] 教育和医疗体制的不同可以导致不同人群在人力资本增长方面的差距,这种差距会延伸到就业和居民收入层面,而且在市场机制的作用下,差距还会扩大。

教育对个人收入提高的贡献,就是教育的回报率。教育回报率在不同受教育水平之间存在差异。许多国家的经验表明,小学阶段的教育回报率是最

---

① 白雪梅、吕光明:《教育与收入不平等关系研究综述》,《经济学动态》2004 年第 4 期。

② [美]贝克尔:《人力资本》,梁小民译,北京大学出版社 1987 年版。

高的,故而,随着教育的普及,人们的收入有趋于平等的倾向。然而我国的情况却有所不同,根据中国社会科学院人口与劳动经济研究所张车伟教授基于福建、上海和浙江三省家庭动态数据的研究表明,在我国,高中阶段的教育回报率是最高的,大学次之。另据有关调查,在我国城市群中,小学、初中、高中、大学不同学历劳动者的收入比为 $1:1.17:1.26:1.8$,高学历者的收入明显高于低学历者。[①]

　　由于不同个体之间的时间偏好、生产能力和预期收益不同,人力资本投资需求曲线也就不同(如图3-1 的 D_1、D_2、D_3),这决定了他们之间的人力资本投资差异。人力资本投资的差异形成了不同的人力资本水平,造成了收入上的差距(如 $L_{31} < L_{32} < L_{33}$),收入差距又会影响到不同居民及其后代的人力资本投资,从而使人力资本投资差异和收入差距不断扩大。

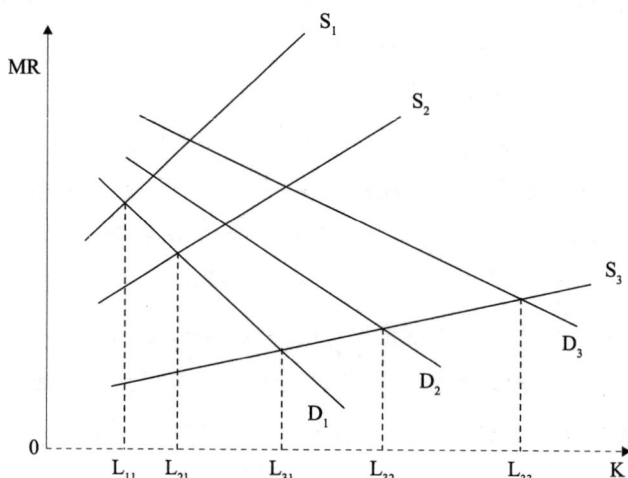

图3-1　人力资本投资差异的形成

　　由于信息的不完全以及普遍存在的信贷配给,初始的资源分配结果(财富和收入状况)将对个人投资进而经济增长产生重要影响。尽管低收入者认识到人力资本投资能够在未来产生高额回报,但其仍然可能因为无法自由举债而丧失投资能力,全社会的人力资本积累会因此受到影响。

_____

　　① 国家计委宏观经济研究院课题组:《中国城镇居民收入差距的影响及适度性分析》,《管理世界》2001 年第 5 期。

3.我国的人力资本状况

很长时间以来,我国人力资本分配的格局较为平均。20世纪90年代之后,我国经济增长部分具有了内涵式扩大再生产的特征,显著提高了对人力资本的需求,人力资本价格上升。在收益增加的驱动下,具有较好天赋、社会关系及较多财富的人首先提高了人力资本投资。[①] 因此,"随着经济体制改革的深化,教育在个人收入分配中的作用将会日益显化,甚至可以说,在市场经济条件下,人力资本将是决定个人收入及其分配的主要因素"。[②] 这种变化体现了教育与经济增长相关的一面,由此形成的收入差距只能在经济增长中消除。

我国人力资本的现状是人力资源丰富,然而由于诸多原因,人力资源的文化素质、专业技能、管理水平十分落后,人力资源的优势没有充分发挥,人力资源转化为人力资本的积累尤其是专业化的人力资本积累非常有限。同时,我国居民个人拥有的人力资源禀赋有很大的差异。差异的很大一部分来源于体制机制的不完善,存在着不合理不公平的成分。中国转型期的劳动力市场也是一个二元分割市场,既存在以城市白领和有技能知识分子为主的第一劳动市场,又存在一个以农村打工者和非技能人口为主的第二劳动市场(如图3-3)。

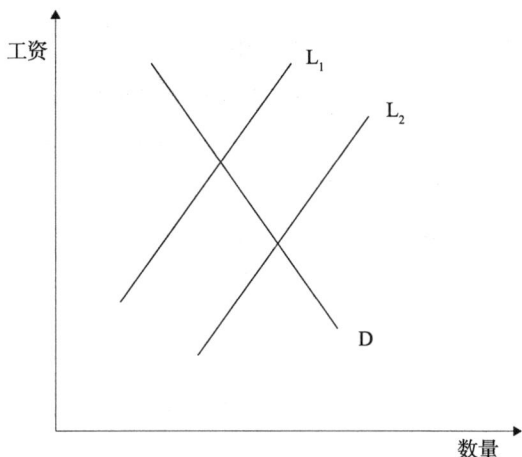

图3-2　第一劳动力市场

① 郎永清:《信息决定机制:一个人力资本定价选择模型》,《经济理论与经济管理》2003年第6期。

② 高培勇主编:《收入分配:经济学界如是说》,经济科学出版社2002年版,第131页。

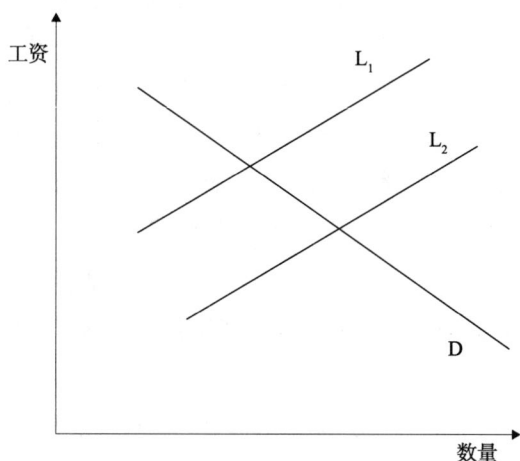

图3-3　第二劳动力市场

　　劳动力的二元市场也可以简单理解为高端的人才市场和低端的劳动力市场。从政府对两个市场的重视程度来看,由于第一个市场的劳动力大都是有当地城市户籍的白领和有技能的知识分子,政府对这类人士比较重视,该市场较为规范,劳动力价格能得到相对合理的反映。但从第二劳动市场来看,其组成人员多是流动到城市的农村务工者。由于隶属关系不匹配和相关制度不完善,加上外来务工者在与地方政府和各类投资主体的博弈中处于弱势地位,以及第二劳动力市场供大于求的现实,使得第二市场劳动力供给曲线明显缓于第一市场劳动力供给曲线(弹性较大),这样就导致劳动者的工资呈现波动大、不稳定的特点,在新劳动力不断涌入的情况下,劳动者工资被压低的情况就无法避免。

三、制度因素与收入分配

　　目前我国收入差距的形成与扩大与一些制度性因素是分不开的,制度设计直接影响到个人收入分配的规模状态。决定与影响收入分配差距的多种因素,如一国资源的禀赋特点、生产要素的相对价格、技术创新的类型、要素市场的健全与完善程度等,很大程度上都在政府的经济发展战略与政策所能调控与影响的范围之内。

一个国家在一定时期内因其社会经济制度安排的选择与变革,会产生导致收入分配差距形成或扩大的各种因素,包括所有制形式的选择与变革、国家政体模式的选择与变异、经济改革开放与体制变化、社会政策与经济政策及其变化等等。由于社会经济制度的安排是国家政府有意识行为的结果,因此,因其造成的收入分配差距可以说是政府行为的一种"伴生物",而非制度安排本身的目的。因为有些制度安排的结果可能不会引起收入分配差距的产生或者反而是缩小了原先的收入分配差距。

尽管人们一直普遍假定,在发达国家,平等与经济发展之间存在一种替代关系。但是,世界银行的研究证明,至少在作为整体的发展中国家中,收入和财富的不平等可能通过两种途径阻碍经济增长。那些拥有权力和财富的人可以并且确实倾向于扭曲不同社会群体之间的资本成本,因而一方面导致资源的浪费和低效配置,另一方面使那些在资源配置中处于不利地位的人们失去了机会。少数有权势的利益集团还倾向于建立并保持那些只对自己有利的制度和规则,以牺牲公众的利益为代价。① 收入差距并不仅仅是人们得到货币收入多少的差异,实际在收入差距的背后是不同群体的利益博弈过程。发展中国家的许多不平等不是由人的天赋与勤劳造成的,而更多的是由制度因素和不合理的公共政策造成的。从深层次来看,社会经济中有两类因素对收入分配起决定作用:第一类因素涉及经济的基本方面(如生产力、资源禀赋等),对初次收入分配起决定性作用;第二类因素(如制度、政策等)则对初次收入分配施加影响。其中,第二类因素的收入分配效应非常突出,在许多发展中国家,它们甚至足以抵消用第一类因素的分配效应(Adelman&Robinson,1978)。因此,制度的作用尤其重要。在一定程度上,制度决定着分配。

有两种制度因素决定收入差距的动态过程:一是市场机制因素,这是推动收入差距扩大的内在力量;另一种是政府执行的宏观收入分配调节政策。在经济发展进程中,个人收入差距是否呈现"倒 U"形态,取决于两种力量的对比。

---

① [美]威廉·鲍莫尔、罗伯特·利坦等:《好的资本主义,坏的资本主义》,刘卫、张春霖译,中信出版社 2008 年版,第 67 页。

（一）市场机制

市场是平等的人之间的自愿交易，市场经济的实质是给民众充分的自由选择权利，政府活动则反映了上级对下级的命令—服从关系。也就是说，市场是一种分散决策、自发形成、自由竞争的交换体系，而政府是一种集中决策、人为设计、分层管理的行政组织体系。市场运作的基本要素是权利，而政府规则是建立在权力基础上的，两者有着不同的逻辑。市场运作遵循的是以个人权利自由交易为基础的市场经济体制的内在逻辑，政府规则则是以公共权力的强制力量为实施保障的市场经济体制的外在保障。现代市场经济的复杂性要求政府与市场之间不能是完全对立的关系，而是相互补充、相互替代的关系，建立在个人权利基础上的市场秩序与建立在公共权力基础上的人造秩序应统一于市场经济体制之内。

市场机制对收入差距的影响是一个复杂的问题。市场化程度的不断提高使市场机制在收入分配方面的分化作用日益增强。在市场竞争中，不同所有制经济组织、不同的社会成员因竞争基础、竞争能力、劳动贡献的差异，而导致了收入水平的差异。可以说，市场竞争是收入差距扩大的重要原因。

市场机制在个人收入分配上的作用，主要通过市场竞争按个人资源禀赋进行分配体现出来。不同的个人，由于受教育程度、年龄、财产积累等的影响具有不同的资源禀赋，在市场机制的作用下，得到不同的分配结果。个人资源禀赋差异的形成，既有自然的原因，也有社会的因素。目前条件下，人们获得资源禀赋的机会和条件在很大程度上是不平等甚至是不公平的，但市场机制却以同样的竞争法则来予以分配，就必然导致收入差距的形成。

市场机制为什么会拉大收入差距呢？被称为激进派经济学家的J·E·米德做出了比较系统的分析。他认为，市场机制承认人们的所有差别，包括遗传素质、选择、运气、社会地位、劳动能力、财产数量等等，市场会把所有这些差别转化为收入的差别。而且，收入差别一旦产生，市场就会把它逐步放大，但不存在抑制它的力量。

米德进一步认为，财产占有上的差别是造成收入差别的主要因素。因为占有财产不仅可以获得财产收入本身，而且还能够利用有利的投资机会。如果没有足够数量的财产，即使存在赢利机会且能够被意识到，也没有多大意义。而且，财产造成的收入差距可以世代相传。首先，财产可以继承；其次，富人可以花钱培养自己的子女,使他们谋取高薪职业;再者,富人可以用钱为子女营造良好的社会关系,使之优先得到经济信息和充分接近经济机会。所以,不平等一旦存在,就会持续存在和不断恶化,哪怕很小的或偶然的收入不平等,随着时间的流逝,也会逐渐积累。

对市场机制造成的不平等,马歇尔也有分析。他指出,财富的不均,虽然往往没有被指责的那样厉害,但确是我们经济组织的一个严重缺点。通过不会伤害人们的积极性,从而不会大大限制国民收入的增长的那种办法而能减少这种不均,显然是对社会有利的。但他不同意通过政府占有全部生产资料的办法来求得平等,也不主张用收入转移措施来提高非熟练劳动者的收入,他认为,提高穷人收入的捷径莫过于提高他们的技能,改善他们的性格。

美国经济学家奥肯提出了"效率与平等替换"的原理:分配越是平等,效率越是难以提高;分配越是不平等,越能提高效率。市场经济追求效率,就必然造成不均等的加剧。

另外,我国非公有制经济的充分发展和其内部以效率为导向的收入分配机制,对整体收入分配差距的扩大起到了重要的推动作用。据赵人伟等学者的计算,从改革开放一直到20世纪90年代中期,非国有部门职工收入的基尼系数比国有部门都高出6.4个百分点。而且非国有企业内部职工收入差距也较大,远高于国有企业和集体企业。

(二)经济增长模式与产业政策

收入分配的格局在很大程度上取决于经济增长方式。市场经济条件下,人们的收入来源于生产要素的报酬,即资本、技术、劳动以及土地等的报酬。经济增长模式决定了各种生产要素在生产过程中的比例和贡献的份额,从而决定了要素报酬的大小和构成。

如果在一个劳动力丰富的国家采取资本高度密集的经济增长模式,则资本获得的报酬就高,相应地财富和收入就向少数资本要素的所有者集中,收入的差距将会越来越大。如果采取劳动密集型的经济增长方式,劳动者的报酬份额就大,收入分配的差距就会比较小。

资本和劳动在生产中存在着相互替代的关系,即多投入资本可少投入劳动力,多投入劳动力则可少投入资本。依据我国的国情,资本相对不足,劳动力却十分丰富,而且总体上受教育程度不是很高,农村又有大量的富余劳动力需要转移到加工工业中来。一方面,劳动力多会给就业带来压力,另一方面,劳动力多又是发展劳动密集型产业的一大优势。因此对产业结构进行调整,通过扩大就业,增大劳动报酬在分配格局中的份额,会有效地缩小收入差距。这种缩小效应内生于经济增长模式之中,可以成为经济发展本身所固有的性质。

另外,产业政策对收入差距的形成也有着不可忽视的影响。对于我国来说,政府实施了以赶超为目的的产业政策,少数资本密集型的产业得到了扶持和保护。由于缺少市场竞争,被保护产业的工人收入水平明显高于其他行业。同时,政府对生产剩余的行政控制又使大量劳动力密集型的产业因资金投入不足而发展缓慢,结果造成了严重的失业(显性的或者隐性的)。这种不平等的格局一旦形成,为了维系赶超战略以及防止出现严重的社会性危机,政府又辅之以更具有歧视性的社会政策,如限制人口从乡村向城市或者从小城市向大城市流动的户籍管理政策。这样,多数劳动力就在相当大的程度上丧失了择业的自由,并在经济和政治上均处于被歧视的地位,收入分配状况的恶化是难以避免的。

(三)经济发展战略

我国目前的市场经济还很不成熟,要素市场分割的情况相当严重。相关的经济发展战略、区域政策等,都会通过影响产品和要素市场,而对收入分配产生间接效应。这些都与政府的宏观经济政策与战略选择有关。

改革开放之初,基于稳定的考虑,我国选择的是渐进式的制度变迁道路,即视具体情况与条件的不同,分阶段、分层次、分地区逐步推进。这种路径模式的最大特点是不均衡性,不均衡的发展战略对我国城乡之间、地区之间和行业之间收入分配差距的形成与扩大有着深远的影响,可以说我国的这三大差距都与这种发展战略有关。

从城乡之间收入分配看,不均衡的发展战略呈现出明显的城市偏向政策,忽视了农村和农业的发展。这样就使得城市经济发展在工业化推动下远快于农村,城市居民的收入水平比农村高出很多。与此相适应,在国民收入初次分配过程中,通过工业产品定价、农产品统购派购等政策,形成工农产品价格

"剪刀差",提取了大量农业剩余;在国民收入再分配过程中,又确立了以城市征收制度为一元、农村征收制度为另一元的城乡隔绝的"二元"税制结构,农民的税负偏重。工农产品价格"剪刀差"和城乡税制"二元"结构,其直接结果就是城乡居民收入差距扩大。改革开放后,我国承袭了二元经济与社会结构,制度变迁在农村与城市分别孤立进行,人为隔离农村与城市的户籍、社会保障等制度直到现在仍没有松动的迹象。由于历史文化传统、价值观念和经济基础的差别,落后的农村经济与相对发达的城市经济呈现相互对立的格局。但是严格的户籍制度及其他深层次的体制和制度障碍的存在,使劳动力的自由流动仍然受到约束,这就导致城乡居民收入差距不但没有缩小,还在进一步扩大,城乡收入差距短时间内难以得到矫正。

从地区之间收入分配看,区域不平衡发展战略拉大了收入差距。居民收入呈现东、中、西递减现象,这固然有区位环境、基础条件的历史因素,但与改革开放以来我国采取的由东向西的经济推进序列和区域不平衡发展战略是有着直接关系的。这些年来,国家制定出台了大量的人、财、物向沿海、特区倾斜的政策以及税收优惠政策,客观上拉大了东部与中西部经济发展和居民收入水平的差距。

从行业之间收入分配看,向工业倾斜的战略使得工业尤其是重工业获得了优先发展,行业收入差距迅速扩大。行政垄断又使得垄断行业收入大大高于其他行业,加剧了行业收入差距。发展市场经济以来,许多行业陆续走向市场,既得利益和职工个人收入主要由其市场竞争力所决定。而一些因政府限制市场准入造成的行政垄断行业,诸如电力、电信、烟草、金融、保险、民航等,凭借其垄断特权而获取大量高额垄断利润,不仅职工的工作高枕无忧,而且收入水平也是其他行业无法相比的。

(四)现有收入分配调节政策

对于转型期的中国,在经济发展背后,制度因素对居民收入分配差距的变动始终发挥着重要作用,收入分配与再分配制度、转移支付政策等都会对居民的收入产生直接效应,制度的复杂性对于收入分配具有巨大的影响力。从经济发展角度看,在个人收入差距的变动趋势上,我国有发展中国家所具有的由生产力决定的共同特征,但从制度因素看,则会表现出其特殊性。

收入分配制度是人类社会中规范分配行为的一种特殊的制度选择,直接影响和决定着制度主体乃至整个社会成员的利益。分配制度是经济制度的重要组成部分,必须随着客观经济形势的变化而变化,调整得及时合理,能够促进经济的发展,否则会成为经济发展的阻力。

从高低收入群体收入差距看,分配制度特别是再分配制度的不合理是导致差距扩大的重要原因。随着改革开放的深入和市场经济的发展,一方面依靠诚实劳动白手起家迅速致富者大量存在,另一方面因条件不足、能力不济、机会不均等而难以摆脱困境的现象也屡见不鲜。同时,由于我国税收制度不合理、税收调节不到位甚至存在着逆向调节的问题、社会保障机制不健全,使过高的个人收入得不到有效调控,过低收入者得不到基本的救济,这些都使收入分配领域的矛盾和问题越来越突出。不仅如此,在体制转轨过程中,法制建设滞后和监督机制不健全,使得少数人"钻政策空子",获取大量非法收入,拉大了收入差距。

总之,均等分配基础上的经济增长是我们所期待的一个理想状况。一个劳动力资源丰富的国家或地区收入分配的变化,决定于所选择的经济发展战略和所实行的社会政策。对于一个发展中经济,没有最大限度地发挥劳动力丰富这一比较优势,不能实行相对均衡的经济发展战略和关注收入分配的社会政策,居民收入差距扩大过程的出现就不可避免。

四、发展过程中的特殊因素与我国收入分配决定

(一)城市化

城市化既是一个人口由农村向城市迁移的过程,同时也是经济活动向城市聚集的过程。城市化有利于扩展市场、提高产业协作效率、形成有利于分工的制度和文化,从而可以促进分工的演进和经济增长。但城市化战略实施初期的人口流动在优化各地人力资源配置的同时,也会导致各地区和部门的收入差距扩大,但这并不意味着为了缩小收入差距要抑制经济增长和人口向城市流动,而是要着重于制度层面上的改进,如打破城乡劳动力流动的制度障碍、继续推进市场化的改革等。

由于经济体制转轨的"渐进式"改革路径,与其他发展中国家相比,我国

的居民总体收入分配格局存在两个显著的特征:(1)城乡之间收入差距巨大(Khan and Riskin,2001;Chang,2002),这意味着城市化引起的收入差距变动在整体收入差距变动中占据重要地位,并且这个收入差距的变动规模随着农村人口向城市的流动呈现先升后降的"倒 U 型"规律(Anand and Kanbur,1993),但对于整体收入差距特别是城乡之间收入差距的影响如何仍有待于进一步检验。(2)农村内部收入差距始终大于城市内部收入差距。农村人口向城市流动理论上有助于缩小城乡内部收入差距,这也有助于缩小总体收入差距。也有学者通过研究得出结论:大力推进城市化是缩小总体收入差距的重要途径。[①]

理论上看,城市化应当是减少收入差距的最重要因素。因为农村地区低收入现象直接与农村人口和劳动力相对于土地资源的过剩有关。城市化进程吸收的农村人口越多,低收入人口就越少,而且剩余的低收入农村人口的收入水平也会随着人口压力减轻而上升。我国 30 多年的改革开放,由于城市化的发展,至少为上亿农村劳动力提供了就业机会,否则农村贫困问题会更加严重得多,城乡收入差距会更大。

一个国家在城市化和工业化的进程中,农村劳动力向城市转移,资本向城市和工业化部门流动,必然会引起收入分配向城市居民和资本拥有者倾斜,收入不平等加剧。而一旦完成城市化和工业化后,资本会向农业部门回流,收入不平等程度降低,反映到基尼系数上,就会出现先增大后减小的趋势。处于城市化和工业化进程中的国家,基尼系数往往要高于完成城市化和工业化后的国家。

然而国内也有学者使用一段期间内单个省份的城市化率时间序列数据对城乡收入差距进行了回归,城市化系数大多数为正值,而且多数显著,说明各地区的城市化和城乡收入差距有沿时间同步扩大的趋势。对此的合理解释是城市化的短期效应是导致城乡收入差距扩大,而中长期效应是使其缩小。这恰好与库兹涅茨 50 年前的发现相吻合,即农业人口向非农业和城市转移会在一个阶段内导致收入差距扩大,但在随后的阶段会导致收入差距缩小。

---

① 唐东波、张军:《中国的经济增长、城市化与收入分配的 Kuznets 进程:理论与经验》,《世界经济文汇》2011 年第 5 期。

但是与经济发展与工业化的进程相比,目前我国的城市化水平仍然偏低,城市化的推进速度仍然过慢。在发展过程中,我国为了优先推进工业化,同时又避免"城市病"①的发生,利用行政力量限制城市化的发展,采取种种措施将大量公共资源用于工业化方面,又通过城乡二元体制限制农村人口向城镇流动,导致城市化远远落后于工业化。

林毅夫等、蔡昉等先后论证,我国的经济发展战略与大多数发展中国家类似,由于选择了赶超战略而导致内生的城市偏向政策,这种城市偏向政策造成我国的城市化水平远远落后于经济发展水平,正是因为城市偏向政策及较低的城市化水平对我国城乡收入差距产生了重要的影响。

同时,我国城市化的方向明显走偏,它不是将增加就业和吸引农村剩余劳动力进城作为主要目标,而是将大量资金、土地等资源投向城市基础设施和房地产建设方面,总体上看使我国城乡居民收入差距越拉越大。

一些研究认为,在改革开放之初我国各区域城乡收入差距较大,此时城市化对城乡收入差距的效应为正,推进城市化导致城乡收入差距的扩大。近几年来,东部较发达区域由于城乡收入差距较小,城市化对城乡收入差距产生负效应;而中、西部区域由于欠发达,且城乡收入差距又扩大到较高的水平,城市化不仅不能缩小城乡收入差距,反而让城乡收入差距加剧。这说明我国各区域的城市化进程不宜一刀切,应该注意区域自身的特点,如果不按经济规律办事,企图人为地快速提高城市化水平以缩小城乡收入差距,往往不可行,并且会对经济、社会发展产生负面影响。②

(二)工业化

新中国成立以来,我国通过实施工业化战略,经济有了长足的进展,国民收入有了很大的增长。但是由于我国的工业化是在传统农业没有得到改造的前提下进行的,随着工业化战略的实施,工业部门的扩张,农业与工业的差别不断拉大,从而进一步扩大了城乡之间的收入差距。

---

① 指由于城市规模过大、人口过多而导致就业、居住、教育、水电路等基础设施资源紧张,社会保障等问题突出。
② 郭军华:《中国城市化对城乡收入差距的影响——基于东、中、西部面板数据的实证研究》,《经济问题探索》2012 年第 9 期。

收入分配差距扩大是工业化过程中难以回避的现象,美国、欧洲、日本等经济体在其工业化过程中,都出现过企业盈利占比上升而劳动薪酬占比回落的现象。例如日本在 1955—1965 年间劳动者报酬一直在 40% 左右波动。但我国自 2000 年以来劳动力薪酬占比下降现象尤为突出,一方面原因是我国2000 年开始进入了重工业化时代;另一方面,由于我国在产业结构升级的过程中,城市化率的提升大大落后于工业和制造业的发展,并抑制了服务业的发展。

重工业化的特征是资本密集型产业的高增长,由于这一产业对货币资本或实物资本的需求远大于对劳动力的需求。在中国经济高速增长、大量基础设施需要投资和中国日渐成为世界工厂的背景下,重工业前景看好,盈利水平可观,银行信贷和资本品便更多地流向重工业,导致重工业的增加值在三次产业中的占比不断上升,对应的盈利规模也不断扩大。

但由于重工业所吸纳的就业人口非常有限,它给全社会创造的劳动力薪酬收入也非常有限,相反,其盈利规模及上交的税收收入却非常可观,如石油石化、电力、钢铁、有色等,成为企业盈余和政府收入增加的重要源泉。

由于我国较为显著的二元经济结构,随着市场化改革的推进和工业化加速,大量农村劳动力涌入企业和城市,尤其是东南沿海地区。城市部门劳动生产率更快的提高、城市劳动力素质更快的提高、财产向城市居民的集中、有利于城市劳动力的就业机会的结构性变化、农产品贸易条件的恶化、教育资源向城市的集中、资金向城市的集中、政治权力向城市居民的集中等各种自然因素的作用会促使城乡居民收入差距不断扩大。

工业化开始以后,政府为了推进工业化,会制定和实施系统性的城市偏向的法律、法规和政策,城市偏向的制度有利于加快工业化进程,但同时也进一步拉大了城乡居民收入差距。

相对于资本而言,劳动力充裕而资本稀缺,加上劳动者与企业和资本所有者相比天然处于弱势地位,于是导致劳动力价格低廉,资本在分配中占优势地位。分配中出现的这种有利于资本积累而劳动报酬下降的趋势,真正反映了中国这个农业人口众多的大国工业化、市场化的规律。

根据世界发达国家的经验,其居民收入差距经历了一个倒 U 型的发展历史,即在工业化过程中收入差距呈现出上升趋势,等工业化完成后,居民收入

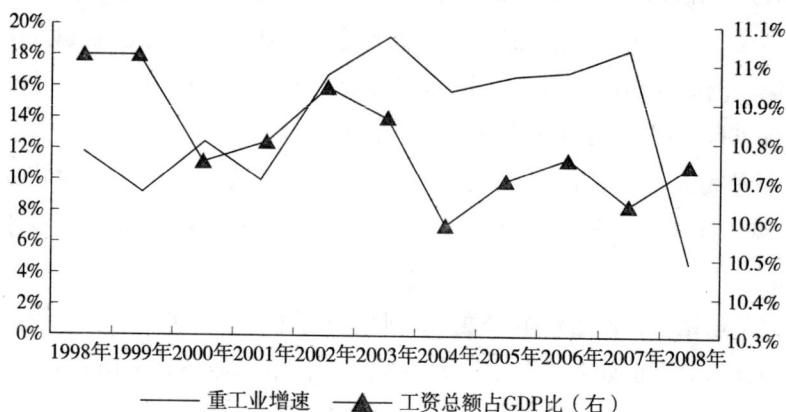

图 3-4　2000 年以来中国重工业化伴随工资占比下降

数据来源：CEIC。

差距则呈现出下降的趋势。而这种下降的趋势，则是政府干预的结果。我国经济经过 30 多年的高速发展，工业化虽然已经进入中后期，但是尚未完成，资本的扩张空间依然很大。从新古典增长理论来看，在假定其他因素不变的前提下高积累可以带来经济高速增长，但这个理论中的假设前提是需求是充分的。而当需求小于供给时，高积累即使带来产量的高增长也无法在市场中实现"惊险的一跳"。收入分配不平等是导致消费未能充分提高的重要原因，收入分配的不平等导致低收入群体无力完成与产业升级相适应的消费需求的升级。在外贸频频摩擦的同时，如何通过调整收入分配结构来扩大国内消费和实现产业结构的调整升级，已经成为中国工业化中后期阶段面临的重要问题。

（三）经济全球化

伴随着经济全球化的持续进行，各国都普遍出现了收入分配格局的变化。对于此种现象的研究，理论上多是从贸易角度展开的，其中经典的是赫克歇尔—俄林—萨缪尔森（H—O—S）国际贸易模型。

H—O—S 模型认为各国应在生产上专业化其生产要素相对丰富的产品。穷国原始劳动力相对充足、人力资本相对稀缺，因此他们应该出口劳动密集型产品、进口技术密集型产品。这样国际贸易的扩大会使得穷国对原始劳动力的需求增加，对人力资本的需求下降，从而减少了收入不均等。相反，富国则

114

出现收入不均等加剧的现象。

全球化背景下,企业将直接参与国际竞争。这种竞争的结果是规模小、素质差的企业相继破产,职工失业现象加剧,低收入人群显著增加。外企大规模进入国内劳动力市场,使国内高科技人才和高级管理人员的工资水平迅速向国际标准靠拢,收入快速度增长。同时,在资金、技术、基础设施、人力资源等方面都占有优势的地区将获得更快的发展速度,从而拉大地区间的收入差距。而随着农业贸易壁垒的消除,农贸进口将快速增加,从而迅速降低农产品价格,使农民收入减少,扩大城乡收入差距。

其他因素,如社会的公平与公正、权力对收入分配的参与程度、个人机会的不平等等,都会对收入差距产生影响。依据国家和衡量细节,存在10%经济差异的两个同一代家庭在下一代会持续出现4%—7%的经济差异,机会显然没有从社会、家庭背景和群体属性中独立出来。

五、再分配政策对收入分配的影响

收入分配差距的程度如何,直接源于初次分配的结果,但再分配的调节也是一个重要的因素,适当、适度的调节,可以降低差距的程度或延缓差距的继续扩大。然而,我国目前的再分配调节机制并不适应收入分配差距的扩大的现实,初次分配的差距不仅没有得到缓解,而且由于调节的滞后,使初次分配的差距结果,又转变为再生产中的生产条件占有的差距,进而导致了新的更大差距的产生。

(一)再分配调节的政策体系及其作用

可供政府选择的再分配政策工具一般有税收、公共支出和公共管制等。并且一般而言税收在"劫富"方面有效,但在"济贫"方面却效用不大,只有使社会保障支出、义务教育支出与反贫困支出等公共支出以及最低工资保障等公共管制同时发挥作用,方能奏效。因而税收、社会保障、义务教育、反贫困、最低工资保障等是国外调节收入分配差距的主要手段。当然这些措施的初衷可能并不是仅仅调节收入分配,但客观上这些政策构成了对于社会收入分配差距进行再分配调节的政策体系。

我国的收入分配差距构成中城乡差距占有较大的比重,而这种城乡差距是与新中国成立以来歧视性的再分配制度,对农村和城镇的转移支付,及城乡建设投资的不平等有很大关系的。将户籍身份和所有制特征作为能否获得政府转移支付的依据,使城镇居民与农村居民在政府转移性支付的分享方面存在较大的差别,农村居民往往享受不到城镇居民在就业、教育、住房、医疗等方面的待遇水平。且一部分能获得政府转移支付的居民,只是全民或集体单位的职工,而这部分转移收入也只是抚恤金、困难补助和救济金等。政府对城市的基础建设和非农产业的投资也远远高出对农业的投资。

(二)现行财政制度对收入分配的影响

财政是一种以满足国家需要为目的,凭借政治权力对国民收入进行分配和再分配的主要工具。财政作为国家宏观调控的主要工具之一,其再分配功能通常被认为是缩小收入差距、缓解社会矛盾的有效手段,其对社会群体经济利益的影响取决于国家的宏观发展战略。

近年来,我国财政再分配性支出的力度不断加大,然而居民收入差距扩大的趋势并未得到根本性扭转。再分配力度加大与收入差距扩大并存的现状显然与经典的财政再分配调节收入差距背道而驰,也意味着财政再分配政策的失灵。

表3-2　1998~2003年中国财政费用类别支出　　　　　单位:亿元

年度	支出合计	经济建设支出	占总支出比重	社会文教支出	占总支出比重	国防支出	占总支出比重	行政管理支出	占总支出比重	其他支出	占总支出比重
1998	10798.18	4179.51	0.387	2930.78	0.271	934.70	0.087	1600.27	0.148	1152.92	0.107
1999	13187.67	5061.46	0.384	3638.74	0.276	1076.40	0.082	2020.60	0.153	1390.47	0.105
2000	15886.50	5748.36	0.362	4384.51	0.276	1207.54	0.076	2768.22	0.174	1777.87	0.112
2001	18902.58	6472.56	0.342	5213.23	0.276	1442.04	0.076	3512.49	0.186	2262.26	0.120
2002	22053.15	6673.70	0.303	5924.58	0.269	1707.78	0.077	4101.32	0.186	3645.77	0.165
2003	24607	7410.87	0.301	6469.37	0.262	1907.87	0.077	4691.26	0.190	4170.58	0.169

注:所列支出不含国内外债务还本付息支出和国外借款安排的基本建设支出。
资料来源:历年《中国统计年鉴》整理。

宏观层面上分析财政政策对收入差距的影响,主要是从财政政策与经济增长、经济稳定关系的角度出发,研究促进经济增长和经济稳定的财政政策对缩小收入差距的作用。前者一般通过所谓的"涓滴效应"(trickle down effect)实现,而后者有时涉及直接干预收入差距的政策。此外,行使收入分配职能的财政政策通常直接干预到收入差距的大小。

财政再分配职能有效发挥的前提条件是市场机制的完善,包括商品市场和要素市场的完善。完善的市场机制才能保障商品和要素的自由流动,通过价格调节供需、配置资源。然而,就我国实际情况而言,虽然社会主义市场经济体制已经初步建成,但各项制度远未完善,在某些领域计划体制的惯性和影响也尚未完全消除,这使得财政对收入差距的影响不仅体现在再分配环节,财政性制度安排对要素(资源)配置、要素分配(初次分配)两个环节的影响也非常直接。体制的惯性在我国体现为行政垄断性资源配置、二元财政结构、资源能源和劳动力要素价格扭曲,以及各种有利于资本要素的财政税收政策等等。这些因素与市场经济体制下的逐利原则相结合,使得我国的收入分配从源头上就出现了扭曲,也是财政再分配手段无法有效调节收入差距的根源。

(三)我国现行税收制度对收入分配的影响

政府进行再分配的另一手段是税收制度。税收的本质是以国家为主体所进行的分配。国家可以通过税种的选择、税基的确定和税率的大小,来改变社会成员的物质利益,以鼓励、限制或维护他们所从事的社会实践活动,使之按预定的方向和规模发展,实现收入分配公平的目标。

税收对收入分配的影响通过两个途径来进行:一是税收收入直接用于再分配,即通过转移支付手段直接分配给低收入者。二是税收收入用于公共物品投资,包括社会保障、教育、医疗等公共产品的供给。公共产品的供给从另一个意义上说也是一种再分配。

珀特(Perotti,1996)基于经验研究之上的结论表明,经济增长与税收呈正相关关系,但税收与收入分配不均等之间的关系并不显著,这就意味着经济增长通过再分配环节对收入差距的影响要受到公共政策有效性的制约。

就税收对于收入分配的调节而言,由于税收主要是国民收入再分配,而收入分配差距的形成虽与再分配有关,但更大程度上是在初次分配过程中形成的。税收只能起到事后调节的作用,并不能重新改变收入分配的格局。同时税收只能对合法收入进行调节,而不能对非法收入进行调节,后者不属于收入再分配的范畴,这决定了税收在调节收入分配方面存在着内在的局限性。

再就税收调节收入分配的税种来看,主要是个人所得税、财产税和社会保障税。其中,个人所得税调节即期个人收入分配;财产税调节财富水平;社会保障税则由于提供社会保障专项资金来源,从而有效实施政府向个人的转移支付,保证个人的最低生活需要,所以对调节收入分配也具有一定作用。

我国税收的调节功能,长期以来滞后于收入分配差距扩大的程度,这也反向强化了收入差距扩大的趋势,使得税收对于调节收入分配的作用非常有限。表现在对高收入者收入的税收调节力度不够、缺乏一般财产税和社会保障税,税收征收体制不完善。2011年我国个人所得税6054.09亿元,占税收收入的6.7%,且其中40%来自于工薪阶层。而在西方大部分国家,个人所得税制在税收体系中处于主导地位,收入占政府财政收入的1/3以上。因而我国税收对低收入者收入的调节具有累退性质。

我国现行财产税在整个税制中处于非常次要的地位,因而其对于调节收入公平分配的作用在总体上显得很小,对由于继承、赠与等原因造成的收入差距过大,进行调节的作用没有发挥出来。实物资产的形成有些与本人的能力有关,有些与本人的能力、努力无关,如继承、赠与的场合,这对于收入差距的拉大有较大影响。针对高额财产继承或是赠与的累进税率起到了资产再分配的功能。目前在我国20%的人拥有70%—80%财富的情况下,对遗产继承税和财产赠与税的征收不力,使再生产中生产要素占有的初始竞争条件更加不平等。

个人所得税占比较小、财产税相对不重要性,尤其是缺乏一般财产税以及缺乏社会保障税则是我国现行税制在调节收入公平分配方面存在不足的主要原因。此外,在城镇居民收入分配中,带有"平均主义分配"色彩的体制内收入和体现巨大差距的体制外收入并存,而我国目前的税收制度对体制外收入尚显得无能为力,这直接导致了我国政府财政调节能力的不足。

近几年,我国税收占GDP的比重开始回升,2000年为13%,此后一直快速上升,2011年全国税收总收入近9万亿,同比增长22.6%,税收占GDP比重超过19%。加上社保、行政性收费等,我国广义的财政已经占到GDP的1/3,全世界范围看,我国已进入高税收国家的行列。以缓解贫富差距为目的税收反倒强化了贫富差距。

小　　结

影响全国居民收入分配格局变化的因素很多,既有经济因素,也有体制因素,既有直接因素,也有间接因素。这些因素对收入分配格局变化产生影响的方式和程度都不相同。我国目前的收入分配状况既有与经济增长相关的因素,也有独立于经济增长的因素。

我国经济增长过程中收入分配差距扩大趋势,首先是体制改革与政策作用的结果,而市场机制进一步强化了这种趋势。因此,认识我国现阶段居民收入不平等状况需要从体制改革与政策调控两个方面入手。

市场机制是主要的收入分配机制,也是合理的机制。但它注定造成个人收入分配差距始终有扩大的冲动,个人的条件、禀赋、能力、努力、机遇、性格、健康、意外、家庭等多种复杂因素都影响人们之间的收入所得,收入分配几乎可以无限制扩大。

市场经济体制是收入分配差距形成的制度性因素;在此基础上,允许一部分人和一部分地区先富起来,导致地区和行业竞争的初始机会不均等,是宏、中观层面收入分配差距拉开的政策性因素;劳动、资本、技术等要素的自然差别是微观层面收入分配拉大的技术性因素;市场机制的不完善,特别是像电力、通信、邮政等垄断行业的存在及各种非法、寻租行为,是中、微观层面差距扩大的体制性因素。这些因素的联合反复作用便形成收入分配中的"马太效应",导致收入两极化趋势和中等收入者比重相对过低。

转型期因素始终是影响我国收入分配格局的原因。在这种情形下,伴随人口数量的急剧增加、经济体制改革中经济总量的扩大,居民收入分配不平等程度不可能不发生变化,并且这种变化通常比较大。

税收制度和公共支出制度改革和相应的法律制度将从根本上影响收入分配差距,取决于政策制定者的利益倾向和价值取向,以及短期的制度环境。

收入差距扩大表现出的形式可以进行简单化处理,但是它背后的原因却是非常复杂的。虽然我们知道中国收入差距的扩大与经济发展因素、体制改革因素和政府政策分不开,但是这些因素是通过何种机制发生作用,又在多大程度上发生作用的,还需要进一步研究。现行的政府政策有它自身的考虑,但并不意味着它在收入分配意义上一定是公平的,实际操作中又会由于种种问题而走样,加大了收入分配的不公。

第四章　经济增长与收入分配的相互作用

对于一个国家来说,实现经济增长与缩小收入分配差距是经济政策所要达到的目标,两个目标之间是否存在消长关系,经济增长是否一定会引起收入差距的扩大,或者说收入差距扩大是否是经济增长的必然代价,缩小收入差距是否必然会降低经济增长速度? 要回答这些问题,就要探讨中国经济增长与收入分配相互作用关系的机制与影响路径等,这就是本章要讨论的主要内容。

一、经济增长的收入分配效应

对收入分配以及收入分配不均等的分析在任何时候都不可能离开经济增长本身而进行,相反,分析收入分配必须从经济增长入手,以是否促进经济增长效率为依据判定收入分配的现实格局与不均等的程度。所以,从方法论上说,收入分配问题的研究实际上还是要重新回到古典主义学派开辟的"分配—增长"的分析框架和轨道上来。

就一般意义来说,经济增长总是收入分配的基础和条件。经济增长引起收入分配变动就其结果来看,主要有两种,一是伴随经济增长引起收入分配状况的逐步改善,包括消灭贫困和失业人口及减少不平等状况,即人们的绝对收入差别和相对收入差别都有所改进。二是伴随着经济增长引起收入分配状况不断恶化,即贫困人口剧增和贫富差距拉大,收入分配出现分化甚至两极分化。在经济增长过程中,收入分配究竟是逐步改善还是不断恶化,不是由人们的主观意志和愿望决定的,而是由经济增长总量、速度及不同的增长阶段和增长的体制条件、政策导向所决定的。中国经济在改革开放的推动下取得了高速增长的"世界奇迹",但是经济高速增长是如何影响收入分配关系变化的,其带来的收入分配效应如何,是逐步改善了收入分配关系,还是进一步恶化了收入分配关系,这种效应的产生有无内在的作用机理等,这就是本书接下来要讨论的重点问题。

(一)理论观点

新古典主义与结构主义关于收入分配理论的分歧在于两者对经济增长过程中收入分配机制有不同的认识。新古典主义具有信奉市场力量的传统,其收入分配理论依据"涓滴效应(trickling down)",即经济增长带来的福利效果可以通过市场力量自动地从高收入阶层向低收入阶层扩散,因此,经济增长过程中收入差距的长期趋势是逐步缩小的。

新古典理论认为,生产率增长的结果将通过市场力量的作用扩散到整个社会,如果这一结果没有发生,则应归咎于市场不完善、政府的扰乱性干预、工会与政治权力对市场的破坏等,否则经济体系将达到均衡状态。在均衡条件下,各种要素的报酬会根据其对生产过程的贡献而自动做出调整。收入分配将与各种生产要素对生产过程的贡献相一致,而要素收益的长期趋势则是趋同的。

与新古典理论形成鲜明对比的是纳克斯的"贫困的恶性循环"理论。尽管该理论讨论的是一国贫穷落后的原因,但其对资本积累过程的分析则深刻地揭示了发展中国家经济发展过程中广泛存在的结构障碍。结构主义的分析思路广泛体现这一思想,其分析的重点侧重于解释发达国家与发展中国家在市场与结构方面的诸多差异。

库兹涅茨的"倒 U 型假说"实际上是一种增长代价的观点。这种在经济增长中收入分配平等"先恶化、后改善"的理论表明,收入分配差距的扩大是一个国家早期经济增长所必须支付的代价。但后来的经济学家进行的时序检验并没有证明"倒 U 型假说"的唯一性。钱纳里(Chen-ery,H)等人在对 20 世纪 50—70 年代期间 18 个国家和地区 GNP 的增长与收入分配差距的检验中发现,这 18 个国家和地区中的 6 个 40% 的低收入者的收入增长快于整个经济的增长,11 个国家 40% 的低收入者的收入的增长慢于整个经济的增长,而韩国在 1964 年至 1970 年的经济高速增长时期,40% 的低收入者的收入份额与 GNP 增长是同步的。菲尔兹(Fields,G. S)根据对亚洲"四小"经济高速增长过程中的经验指出,早期发展阶段并不必然伴随着收入不均等的加剧和恶化,收入分配不均等并非经济增长必须付出的代价。

我国市场化改革进程中收入分配差距的持续扩大仅仅表明我们为经济增长付出了收入分配差距扩大的代价,基于我国市场化改革之前平均主义分配对经济效率的损害,这种代价的支付有其必然性。但这并不表明一个经济体的经济增长必须以收入分配的恶化为代价来取得,因为这一点并没有从理论上得到支持。联合国计划开发署理事詹姆斯·斯佩恩1996年指出:那种认为一个国家的经济振兴要通过加剧不平等现象才能实现的说法,是一种"危险的神话",现在"应当结束这种危险的神话"了。

由约瑟夫·朱兰(Joseph M. Juran)根据维弗雷多·帕累托本人当年对意大利20%的人口拥有80%的财产的观察而得推论出来的著名的帕累托法则①表明,从不同的国家和同一国家的不同时期来看,国民收入在不同收入水平组之间的分配状况显示出一种极为稳定的关系。也就是说,按照帕累托法则严格规定的前提条件,一国要缩小收入分配不均等的程度,必须使收入的总水平有所提高,否则是不可能的。即经济增长引起的收入总水平的提高可以缩小收入差距,使一国的收入分配状况得到改善。

Ravallion 和 Chen(1997)通过对东欧和中亚部分转型国家经验进行考察分析以后发现,从1982—1994年,经济增长和收入分配不均等之间呈现出非常明显的反方向变化关系。换句话说,经济增长减小了收入差距而不是进一步加剧了它。

(二)理论探讨

1. 倒 U 曲线适用性的再讨论及其修正

倒 U 假说是一个实证的结果,库兹涅茨在提出倒 U 假说的同时,也进行了一定的理论分析。其机理分析主要来源于两个方面:一是经济发展打破了原有经济的均衡状态,特别是劳动力从传统农业部门中逐步分离出来,造成现代部门的劳动者收入高于传统部门的劳动者,使得在发展起步期收入差距拉

---

① 这个原理是由19世纪末期与20世纪初期的意大利经济学家兼社会学家维弗雷多·帕累托所提出的。它的大意是:在任何特定群体中,重要的因子通常只占少数,而不重要的因子则占多数,因此只要能控制具有重要性的少数因子即能控制全局。

开。二是随着经济的发展,市场扩张,劳动力从传统部门转移到现代部门,达到新的均衡状态时,收入差距开始逐步缩小。这里潜含着一系列的假定:一是只存在着两部门的收入差距,部门内部的收入差距是相对平均的。二是市场是统一的,每个人都获得同样的进入工业部门的条件。三是市场机制将自动完成这一过程,而无需国家的干预。

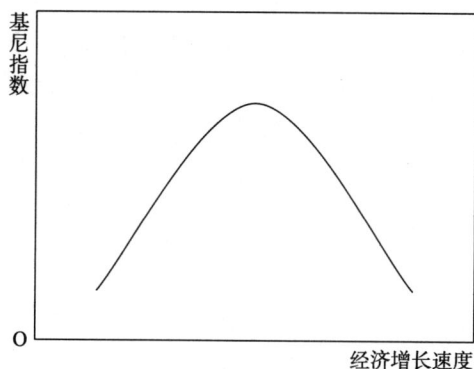

图4-1 基尼系数变化曲线图

库兹涅茨认为收入分配在早期逐步恶化的原因有二:第一,增长是储蓄与积累的函数,但储蓄与积累集中于少数富有阶层;第二,增长是同工业化和城市化相伴进行的,通常城市内部收入分配比农村更不平等,因而城市化水平的提高意味着经济中更不平等部分的增加。

库兹涅茨认为上述两个加剧收入不平等的因素实际上在经济发展的各阶段都起作用,之所以收入趋势在后期发生变化,是因为一些抵消因素的影响。这些因素有:①干预政策。如遗产税、累进税制、救济法等等,这些干预性措施对收入不平衡由恶化转为改善起了决定性作用。②人口变动。计划生育首先在富裕家庭中展开,富人的比重减少,固定比重的最富裕阶层中就有了收入相对低些的人口进入。虽然储蓄的累积效应可能提高总人口中逐步减少的最富裕人口的收入份额,但这种效应对固定比重富裕阶层相对收入份额的影响将因低收入人口的进入而降低。③现代化社会的动态经济性质。由于新兴行业不断出现,来源于旧行业的财产和收入的比重在总收入中逐步减少。

(1)对倒U曲线理论适用性的检验

虽然倒U假设从提出至今,争论仍一直继续。但从众多文献可以看出,倒 U 假设作为一个争论焦点,目前仍是主流。

否定倒 U 假设的理论,主要集中在两个方面:①从否定两部门模型的假设入手,从而否定倒 U 假设。托达略(Todaro 1969)指出了刘易斯模型中三个假设与现实不符,认为虽然两部门模型在说明部门关系和结构变化方面有一定价值,但在解释现实方面存在重大缺陷,必须修改,从而两部门理论对经济发展中收入分配关系的说明也必须修改。②从批评增长与平等相矛盾的观点以及储蓄提高取决于收入不平等增加的观点出发,把平等分配作为经济发展的必要条件,从而否定倒 U 理论。

实证分析方面,克拉维斯(Kraivis,1960)进行了国别研究。[1] 他搜集了 11 个国家的收入资料,发现低收入国家的收入差距比高收入国家大。这就在一定程度上支持了库兹涅茨假说。但他的样本数量太少,说服力不强,这一不足得到了阿德尔曼和莫里斯(Adelman, and Morris,1973)的弥补。[2] 他们在 20 世纪 60 年代末、70 年代初收集了 43 个国家的资料,第一次为相对收入不平等的研究提供了大量经验性证明,其研究结果一般地支持了倒 U 理论。他们测算了收入不平等同人均国民收入的回归方程:

$$I = 7.23 + 0.0258Y - 0.000014Y^2 \quad (R^2 = 0.12)$$

$$(2.9)\ (2.7) \qquad (-2.8)$$

式中,I 为不平等指标,指人口中顶部和底部 20% 人口组的收入份额比;Y 为人均国民收入(1970 年美元),括号中数值为 t 统计检验值,方程中负的二次人均收入项证实了倒 U 格局的存在。

鲍克特(Paukert,1973)[3]运用阿德尔曼和莫里斯所汇集的数据进行了征订选择和补充,试图证明在基尼系数与人均收入水平间存在着某种关系。他的计算表明,当一国从最低收入组进入人均收入 101—200 美元(1965 年美元)组时,基尼系数会急剧上升,当进入 201—300 美元组时,基尼系数会继续

① Kravis,G. International Differences in the Distribution of Income. Review of Economic and Statistics,1960,42,No.4.

② Adelman,I and Morris,C T Economic Growth and Social Equity in Developing Countries, Stanford University Press,1973.

③ Paukert,F. Income distribution at different leves of development:a survey of evidence". International Labaur Review,September,1973

上升,但升幅没有上组这么明显。当人均收入为301—500美元时,基尼系数达到最大。

1976年世界银行经济学家阿鲁瓦利亚(Ahluwalia,1976)对60个不同类型国家在1970年前后的收入数据进行了分析,[①]也发现收入差距与人均国民收入间存在着支持库兹涅茨假设的关系。见表4-1。

表4-1 1970年人均国民收入与收入差距

1970年人均国民收入 (1965—1967年美元)	包括的国家数	占总收入的百分比(%)		基尼系数
		最低40%人口	最高20%人口	
<150	10	15.6	51.3	0.402
150—500	19	11.2	57.9	0.479
500—1500	12	12.2	56.3	0.461
>1500	13	16.1	43.5	0.358
计划经济国家	6	24.1	34.6	0.238

资料来源:杨俊,《经济增长与收入分配问题研究》,中国博士论文全文数据库,2001年,P29。

这些研究许多证明了倒U曲线的存在,但也有不少学者得出了相反的结论。其实不同的研究之所以得出不同的结论,与数据选择、方法应用有很大的关系。而且不同的经济体所面对的经济条件与制度约束并不相同,因而结论也并不能令所有人信服。倒U曲线理论还有进一步讨论的必要。

(2)倒U曲线适用性的再讨论

库兹涅茨倒U型曲线理论的理论假设存在缺陷,即没有考虑到要素流动中存在的障碍和困难。库兹涅茨假设随着劳动力跨部门之间的流动,要素的收益趋于相等,收入分配不平等会逐步下降。这里有一个前提就是要素的流动可以很轻易地完成,即劳动力从低收益部门到高收益部门的流动不存在障碍。但是,库兹涅茨忽视了劳动要素流动的时滞,劳动要素的流动不仅存在着时间上的滞后性,劳动力再培训的费用及智能要求也是一个很高的门槛。显然,劳动力的跨部门流动是有成本的。

---

① Ahluwalia,M S,Inequality,Poverty and development,Journal of Development Economics,1976,3,307-342.

从经验上看,倒 U 型假说也并未得到确切的证实。倒 U 型曲线是库兹涅茨通过对整个 20 世纪 50 年代英国、德国以及美国的不平等指数进行长时期观察而得到一个实证分析和假设。库兹涅茨自己也承认,他的假说可能只有5％的经验基础,95％是一种推测,而且还可能受到想象的干扰。其理论的可疑之处在于:

①理论前提是古典经济学,即经济近乎于自由放任。而在经济运行受政府强烈干预的国家,其结论能否成立有待研究。

②库兹涅茨揭示的是发达国家的情况,在中国这样一个政治结构、国际环境、历史文化有着极大差距的国家,其理论的适用性也需要探讨。更加重要的是,在中国香港、韩国、新加坡和中国台湾等国家和地区的发展过程中,收入分配不仅没有恶化,反而都有所改善。

③很多拉美国家的实践都出现了反倒 U 曲线的情况。这些国家在 20 世纪五六十年代推行了以 GNP 增长为中心的经济发展目标,经济增长很快。可是到了 70 年代以后,普遍出现了两极分化的状况,经济发展的成果落到了少数人手里,经济结构也出现了畸形,发展停滞,被称为"有增长无发展"。一些发展经济学家通过观察发展中国家的有关资料分析,对倒 U 型曲线提出了公开质疑。如托达罗、安南德、坎勃等人分别运用不发达国家的资料"公开展示了与公认的倒 U 型假说相反的关系"。

这些发展中国家出现两极分化的原因主要是市场分割严重,制度障碍也很多,倒 U 曲线出现的前提条件基本不具备,所以才会导致两极化而不是收敛。市场机制并不会自发地实现收入的均等分配,收入差距缩小"拐点"的出现有赖于国家干预与制度变革。

可见,经济增长只是收入差距扩大的充分条件,而不是必要条件。即使在收入水平相当高的时候,收入差距有可能大也有可能小(目前大多数发达国家的收入分配差距较小,但美国比较大),经济的进一步增长也有可能将依赖于居民收入分配差距的再次扩大。这说明不要把倒 U 假说当做教条,它只是一个假说而不是成熟的理论。

(3)对倒 U 形曲线的修正

从世界各国的数据来看,在经济增长过程特别是工业化过程中,收入分配的总体趋势是差距在不断扩大。借鉴规范经济学的分析方法,在世界范围内,随着经济发展与人类文明的进步,总体的收入差距最后是收敛的。虽然这种收敛需要相当长的时间,或者平均分配只是一种理想,可以无限接近却很难变成现实。但不可否认收入差距缩小、社会福利水平普遍提高、人的自由扩张、人类共同分享文明进步的成果是一种发展趋势。从这个意义上讲,倒 U 曲线对差距变动的描述是符合历史发展规律的。

但是这并不意味着各具体国家收入差距都沿着相同的倒 U 轨迹变动。实际上,由于各国具体国情不同,由此决定的社会制度、经济发展、经济结构、国家大小、历史文化传统等等的不同,各个经济体具体的倒 U 曲线肯定是各不相同的。

其次,倒 U 曲线并不一定是对称的,在不同的国家,差距的上升与下降所需要的时间和经济发展水平都是不一样的,因而倒 U 曲线会有各种各样的形状,每一个国家都不相同。有的曲线比较陡峭,有的比较平缓;有的离纵轴近些,有的离横轴近些。当然,这些曲线所表示的都是一个长期内的变化情况,至于此期间有多长,视情况而不同。可以是相对长的时期,也可以是无限长。可以画出几种可能的曲线,如图 4-2。

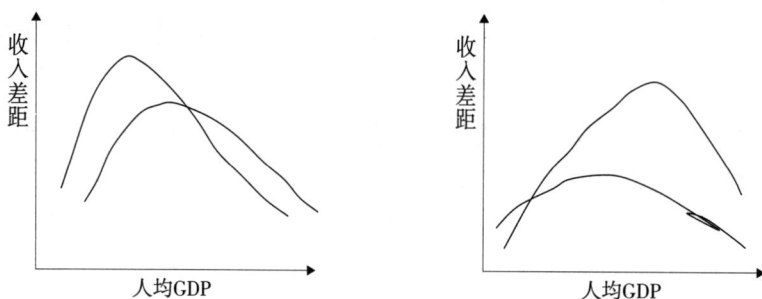

图 4-2　收入差距随经济增长变化的几种可能形状

再次,由于收入差距的形成与变动受多种因素影响,特别是受到各个经济体的政策制定者出于政治、经济、历史文化等因素的考虑而设计的不同制度政策的影响,差距并不总是单调上升或下降的,而是特定时期内会或大或小的波动。收入差距由扩大到缩小的过程并不是平滑移动的,那么倒 U 曲线的变动也并不总是平滑的。由于经济、制度等因素的作用,其中差距变动的趋势可能会出现反复。

不同时期宏观经济政策的着力点会有所不同,收入差距是制度政策的函数,其他一些决定差距大小的因素也受到制度的影响,一段时间内的差距可能大些,另一段时间内的差距可能会小些。现实波动的情况多种多样,非常复杂。图4-3表示的只是几种可能的设想,现实中可能出现也可能不会出现。

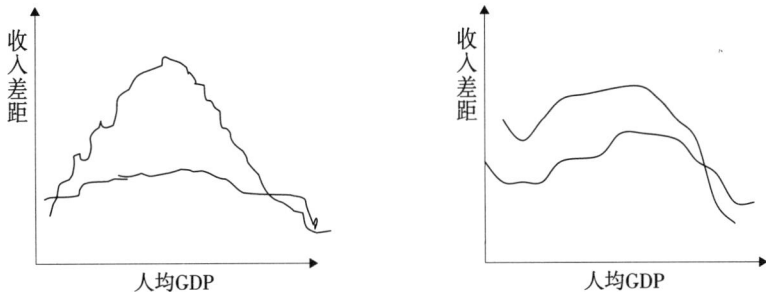

图4-3 收入差距随经济增长的可能变化曲线

(4)对倒U假说的评价

库兹涅茨倒U假说的出现表明了一些发展经济学家想要确立一个适应各国收入分配变动规则的企图。其实,经济发展史表明,个人收入分配格局首先取决于社会经济制度,同一种社会制度下,收入分配会呈现出不同格局的变化趋势。个人收入分配的变化并不存在一个不受社会政治和经济制度制约的永恒规律,决定个人收入分配的各种因素都会因为一个国家的体制、经济发展的历史背景和初始条件、发展战略与政策等的不同而对收入分配产生不同的影响。因此,不可能从它们对收入分配的影响中推论出一条放之四海而皆准的倒U曲线来。

把库兹涅茨倒U理论视为经济发展过程中个人收入分配变化的必然规律,导致了在发展实践中将经济增长与均等分配对立起来,重视增长、忽视分配的政策选择。如果说经济发展早期阶段收入差距的扩大是必然的,那么旨在减轻这种必然现象的政策就是多余的、无效的、甚至是有害的。由于认为经济发展到一定阶段后,收入分配的差距会自然下降,因此就把收入的均等分配寄托在经济的高速增长上,经济增长成了发展战略和政策追求的优先、甚至是唯一的目标,由此导致实践中一系列问题的出现。

2.经济增长对收入分配作用的约束条件

对于转型期的中国来说,所面临的经济环境和约束条件远为复杂和独特,种种因素的综合作用共同造成了这一时期收入差距的扩大。经济增长对收入差距的作用也要受到这种经济环境与经济条件的约束而表现出不同的特征。

(1)经济发展水平与阶段

经济增长与收入分配间的作用关系受一定的经济发展水平与发展所处阶段的制约。一定条件下经济总量高速度增长是改善收入分配、消除贫困并提高分配均等程度的物质基础。因为经济增长会带动就业增加,减少失业者,提高社会整体的收入水平,最终可以降低和消除贫困,为改善收入分配提供物质基础。

雷伯托·佩罗蒂(Robert Perotti,1993)通过对经济模型的分析,说明分配不均等的程度与收入水平之间存在着倒 U 型关系。他认为,在现实经济中,一个贫困落后的国家,如果实行平均主义的政策,将很难启动经济发展的步伐。相反,如果实行不均等的收入分配政策,经济则更容易在初始阶段实现高速增长。但是当一个国家的经济发展到一定(或较高)水平时,不均等的收入分配方式将不利于经济的进一步发展。据钱纳里等人的实证分析,只有当一国的人均国民生产总值达到501—1000 美元/年①的水平时,经济增长才开始有利于收入分配的改善。到了 1000 美元之后,最低收入阶层的所得份额与高收入阶层所得份额相比,才开始恢复走向平等发展。钱纳里通过对不同收入水平的 66 个国家进行实证研究,证明经济增长只有超过人均国民收入一定水平之后才会对收入分配产生积极作用。可见,经济增长对收入分配状况的影响与一个经济体的经济发展水平有密切关系。

西方经济学界经常用国际横向部门数据及历史经验进行分析。他们按照收入不均等程度把国家排列起来,发现发展中国家的收入不均等程度比发达国家高。国际横向部门数据分析还表明:低收入水平国家人均收入不均等程度较低,中等收入水平国家的人均收入不均等程度较高,高收入水平国家的收入不均等程度又较低。

经济增长处在初始阶段时,由于劳动生产率极低,人们参与分配的收入份额极少,不可能有更多的财产积累,因而收入差距很小。随着生产力水平的提高,社会出现了经济剩余,收入差距逐步拉大。进入工业化阶段以后,科技进

---

① 实际购买力,或以不变价格来衡量。

步极大地促进了生产力的发展,分配不均等程度增大,倒 U 曲线出现的条件开始具备。图 4-4 大致反映了经济增长处在工业化阶段收入分配变化的趋势。

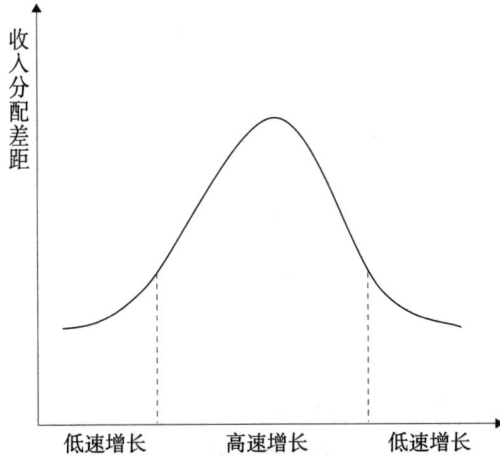

图 4-4　收入分配差距与工业化阶段经济增长变化关系

　　一个国家经济发展水平与收入分配的关系可以从以下两个方面来考虑:一是收入水平较低国家中收入处于平均线以下的人,比发达国家收入在平均线的人要遭受更大的物质和精神痛苦,即使这两类国家收入分配的不均等程度相同,情况也是如此。这就使得收入水平较低的发展中国家分配不均等的问题显得更为突出,对社会和人们心理造成的负面影响也更大。在经济发展水平较低的情况下,收入分配的差距较小,符合人类社会的发展规律,是由人们对生活必需品需求的刚性决定的。第二,在发展中国家只有收入非常高的极少数人才会有储蓄。因此,储蓄和财产的集中在发展中国家比发达国家更严重。

　　(2)经济发展战略

　　经济增长对收入分配的改善与一个国家采取的经济发展战略有较大关系。在经济快速增长过程当中,均衡的经济发展战略有利于收入分配状况的改善,形成经济增长与收入差距缩小并存的局面。而非均衡的经济发展战略会强化经济增长对收入差距的扩大作用,造成收入差距的不断扩大。

　　(3)经济结构

经济增长改善收入分配还需依赖于比较合理的经济结构,如果经济结构严重失衡,经济增长过分依赖于少数几个产业,不但经济增长不能长期持续,还会造成收入分配状况的恶化。

收入分配公平程度的提高过程,本质上就是经济地位低下的群体提高其在社会上相对经济地位的过程,而经济地位低下的群体所具有的能够用来获取财富的全部手段,几乎就是他们的劳动力。要提高他们的经济地位,唯一可持续的途径是:给予他们所拥有的劳动能力以最大、最充分的就业机会,和按供求决定的合理价格。市场经济条件下,要素所获报酬的质和量都与一国的经济结构有关。

虽然转型期间中国经济保持了高速增长,但非均衡增长导致经济结构刚性矛盾突出,产业结构和供求失衡。这些结构性问题形成经济增长改善收入分配状况的内在严重障碍,而且由于经济的周期性波动,收入增长与分配状况也出现较大波动,加剧了收入分配状况的恶化。

3. 经济增长改善收入分配的良性机制

一国经济的高速增长会为收入分配状况的改善提供重要的物质基础,但是经济增长只是改善收入分配的必要条件。经济增长影响收入分配有着非常复杂的机制,影响途径主要有两个,一个是根据生产过程中各生产要素的地位决定初次收入分配;二是基于消费、投资和净出口的经济增长贡献对收入分配提出要求。

经济增长所带来的就业效应和收入增长效应,应该具备如下一些条件:[1]一是一国人均 GDP 已达到较高水平;二是一国经济中不存在严重的结构性失衡;三是一国经济中存在着一个面向平等的明智的政府管理机制。这些条件还可以从钱纳里等人的有关实证分析中得到进一步证明和支持。[2]

经济增长通过物质资本和人力资本等因素的变化造成收入分配的差异,因而经济增长最终是通过物质资本和人力资本这两条途径影响收入分配的。于是可得到如下的收入分配关系方程:

$$Gini = a \cdot \ell nk + b \cdot \ell nl + \mu$$

---

[1] 参见张道根:《经济发展与收入分配》,上海社会科学出版社 1993 年版,第 43—46 页。

[2] Chenery,Ahluwalia[1974],Redistribution with Growth,The World Bank,Oxford University Press,1974.

式中,Gini 为用基尼系数表示的收入差距,k 为居民人均物质资本,l 为人力资本,μ 表示影响收入分配差距的其他因素。

经济增长对收入分配的作用通过生产领域最终传递到居民个人所拥有的赖以获得收入的物质资本与人力资本及其积累上,要使经济增长伴随收入分配的均等化过程,则必须使物质资本与人力资本相对均等地分配到每个居民身上。这就需要一种机制,使得均等分配能同时保证经济增长的效率,也就是保证生产要素产出的高效率。从经济增长对收入分配差距逐步扩大的影响看,主要有两个方面:一是经济增长带来就业的增长;二是经济增长与居民特别是绝大多数低收入居民实际收入的相应增加相对称。

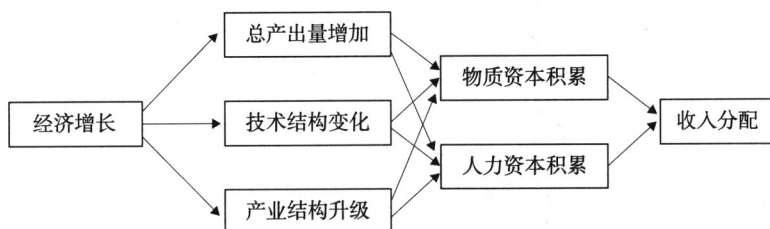

图4-5 经济增长对收入分配的影响过程

经济增长要改善收入分配,就要创造更多的就业机会,扩大居民的就业,通过就业的扩大使劳动者的收入得到增加。经济增长对收入分配的这种正面影响,必须以采取与本国资源禀赋相一致的经济增长战略为前提。比如,大多数发展中国家资本和技术稀缺,劳动力相对过剩,可采取劳动密集型增长战略,使等量资本推动更多的劳动,创造更多的就业机会。这样,随着经济的增长和就业的增加,收入分配的差距将逐渐缩小。这是一个动态的过程。在这个过程中,政府通过有效的产业扶植与鼓励措施,促使产业结构合理化,从而使经济增长与就业增长协调、平衡地发展。

(三)经济增长对收入分配作用的中国路径与问题

中国在 30 多年的改革开放过程中,经济实现了持续高速增长,年均增长达到 9.8%,居民收入也不断提高。但不断拉大的收入差距却表明经济增长并没有带动收入分配的良性循环,其原因是什么? 中国现有的收入分配模式与路径是如何形成的?

1. 原因

随着经济体制改革的推进,生产的经济基础发生变化,单一的生产资料公有制变成以公有制为主体、多种经济成分共同发展的所有制结构,公有制本身也在市场经济环境下探索了多种实现形式。这一变化改变了计划经济体制下的生产过程中各生产要素的地位,相应地,收入分配制度也发生了较大的调整。这种变化最大的特点是,生产要素的价值和收入要由市场来决定。

第一,劳动力市场的形成并不断发挥作用,使得作为劳动报酬的工资开始拉大差距。效益更好的企业可以通过奖金和更高的基本工资将利润的一部分转移给工人,这样产业间和企业间的工资不平等就会增加。

第二,所有制结构的调整改变了过去生产资料完全公有的性质,不仅出现了非公有制经济,而且个人也开始有财产性收入。这决定了居民收入的多样化,并且也成为扩大收入分配差距的一个重要因素。

第三,基于城乡二元经济、地区发展不平衡以及行业利润的差距,收入分配在宏观层面上也在不断拉大差距。

中国经济体制改革形成的这些能够引起收入分配差距的因素,在经济增长的背景下现实地成为收入分配差距扩大的原因。在经济快速增长的趋势下,又在不断地放大着这些因素的作用,改革开放后的中国经济增长与收入分配差距扩大进入一种相互促进的轨道。这表明,经济增长为收入分配差距的扩大提供了基础,而收入分配差距扩大为经济增长注入了动力。这一点与工业化国家初期所经历的过程大体相同。

同时,我国改革过程中存在长时间的体制性缺陷,"部分先富"、"效率优先、兼顾公平"的政策主张带有明显的追求效率的倾向。在此过程中产生了两个严重的问题,一是政府管理机制的缺陷导致大量的腐败行为和钱权交易,由此产生的非法非正常收入对收入差距的形成有很大影响。二是"兼顾公平"因缺乏必要的政策支持,特别是社会保障制度而流于表面和形式。先富起来的人和地区由于缺乏政策牵引和内在引导机制,并未对后富起到带动效应。因而经济增长并未对收入分配状况有所改善。

2. 路径

回顾中国改革的路径,可以看出,中国的经济体制改革是按照一种渐进的方式推进的,也就是遵循了一条先增量后存量的改革路径。这种改革对于大多人来说实现了"帕累托改进",即一部分人收益的增加并没有以另一部分人的利益受损为代价,每一个人的利益都是增进的,这增加了人们对改革的接受程度和对改革的认同和期待。

同时,这种改革路径使经济增长对收入分配差距的影响表现得比较特殊。改革开放后的经济增长受到的生产要素推动与改革开放之前有所不同。资本改变了过去单纯生产资料的性质,开始以追逐利润为目的,因此它要努力寻找可以最大化利润的投资领域;劳动力在生产中的积极性重新受到关注,并且这种积极性被注入了利益的动力;技术因素在生产中的地位也越来越凸显,甚至成为经济增长的一个很重要动力;企业家才能这个在计划经济体制下并没有受到企业关注的要素也成为经济增长的一个关键因素。而渐进式的改革使得这些生产要素在被调整和引入的过程中也体现出一个渐进的过程,即这些生产要素并不是一次性地引入企业,并且充分地发挥自己的作用,而是在逐步解除限制和约束的过程中被引入企业的。这样的一个路径决定了生产要素可以在较长时间里为经济增长带来动力,同时,这些生产要素释放的过程也是影响收入分配导致差距出现的过程。因此,现实的趋势就变成,经济增长在一个较长的时间里与收入分配的差距有着更大的相容空间,而这也正是中国改革开放后经济长期持续增长并没有促进收入分配转型的又一个原因。

另外,生产要素在生产中的地位也决定了不同要素取得收入的不同。中国劳动力资源丰富,这是中国作为世界第一人口大国具有的一种资源禀赋。中国目前拥有的劳动年龄人口占世界劳动年龄人口的23%,但中国的GDP总量占世界GDP总量比例按汇率计算为8%。这种劳动力优势,一方面会创造"人口红利",有利于经济增长;另一方面降低了劳动力在生产要素中的相对地位,不利于收入分配。这种格局决定了经济增长的成果更多地为劳动力要素之外的其他生产要素占有,而劳动力获得的收入相对较少。推动经济增长的各生产要素中资本的地位远远超过劳动力,出现了强资本、弱劳动的格局。这种格局使得资本的收益远远大于劳动力的收益。劳动力的这种格局长期没有根本转变,也成为经济增长并没有适时促进收入分配转型的原因。

(四)我国经济增长过程中收入分配差距扩大具有特殊性

我国居民收入差距的扩大具有特殊性,不能仅仅用经济增长来解释。因为根据收入差距变动的标准模型,在私有经济条件下只有在人均 GDP 达到 600 美元时,收入差距的基尼系数才会高于 0.43。只有在人均 GDP 达到 1000 美元时,最低 20% 人口占全部收入的比例才会低于 5%。而我国在人均 GDP 只有 400 美元的 1994 年,基尼系数就已达 0.43,最低 20% 的人口占全部收入比例更是仅仅为 4.27%。[①] 这说明,在引起我国收入差距扩大的因素中,除了经济发展等正常因素外,还有其他非正常因素。

库兹涅茨和森德伦也都指出,各国收入不均等程度主要并非受人均收入或经济增长的影响,而是受更为深层次的因素的影响。这些因素的变化很慢,除非受人为因素如战争的干扰。因此,从长期来说,收入分配是稳定的。经济增长可以提高收入水平但不能自动缩小收入差距,必须同时有公共政策的作用。

经济增长一定会影响收入分配,但经济增长并不必然引起收入差距的扩大,也就是说,收入分配差距的扩大并非经济增长必须付出的代价。经济增长只是影响收入分配变动的一个因素,其对收入分配的影响方向要受其他经济及政治条件制约,并不确定。经济增长可能会引起收入分配的不均等,也有可能减少不均等,要受到具体条件和因素的制约。这些因素与条件前文都有提及。

二、收入分配的经济增长效应

无论是从收入分配的多种理论中,还是从世界各国经济和社会发展的实践中,都可以看到收入分配的影响集中体现在经济增长和社会秩序稳定性两个方面。[②] 收入分配对经济增长的影响可以有两个途径,一个是通过作用于经济增长因素本身,第二个是通过作用于政治来影响经济增长,也就是说,过大的收入差距会引发民众的不满情绪,使得政治上不稳定,从而影响经济的增长。本书所研究的是前一种情况。

---

① 颜鹏飞、唐轶昂:《我国居民收入分配差距研究——兼评库兹涅茨的"倒 U 理论"》,《福建论坛(经济社会版)》2002 年第 3 期。

② 国家计委宏观经济研究院课题组:《中国城镇居民收入差距的影响及适度性分析》,《管理世界》2001 年第 5 期。

（一）收入分配影响经济增长的机理

研究收入分配对经济增长的影响，并不仅仅是判断收入差距是大还是小的问题，更重要的是要判定不同的收入差距对经济增长和社会发展究竟产生了何种程度、何种性质的影响，以此来衡量收入差距的性质、合理性等，并在制度或政策上给出调整的方式。

对于收入分配对经济增长的影响，目前的分析主要是从以下几个方面来进行：一是收入分配会影响居民的物质资本积累特别是金融资本积累，最终通过投资和消费需求作用于宏观经济；二是收入分配状况会直接影响经济主体对人力资本的投资和教育机会，而人力资本是经济增长的主要源泉；三是根据新增长理论，收入分配可能通过内生的财政政策机制影响经济增长。

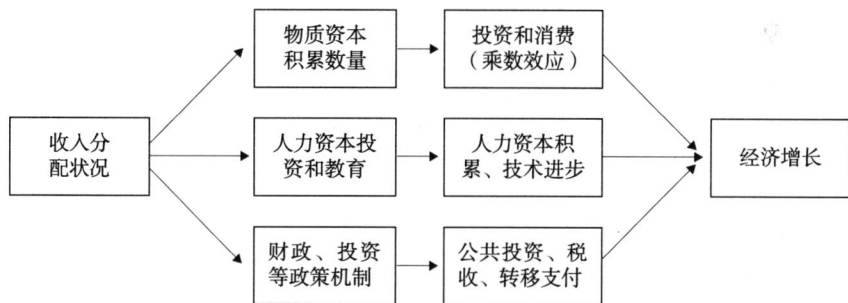

图 4-6　收入分配影响经济增长的作用机理

1. 投资与消费

收入分配差距拉大，会出现消费倾向下降和有效需求不足。边际消费倾向大小，直接决定着投资乘数效应大小和 GDP 增长速度，而有效需求不足也将导致经济增长放慢。对这一问题，以波兰学者卡莱茨基及美国学者温特劳布为代表的后凯恩斯主义者颇有研究。卡莱茨基根据其国民收入模型认为，由于居民工资增长赶不上利润增长幅度，所以消费不足，进而导致投资不足。因此，卡莱茨基建议增加国民收入中的工资比重以克服有效需求不足。温特劳布进一步循此思路，通过对平均消费倾向的研究来提示收入分配与有效需求的关系。温特劳布根据凯恩斯的 I=S 理论和卡莱茨基的模型，得出：

$$y = \frac{I(r)}{s_w \times \omega + s_r \times \pi}$$

其中,I(r)为投资总额,s_w 为工人的平均储蓄倾向,s_r 为资本家的平均储蓄倾向,$\omega = W/Y$,为工资份额,$\pi = R/Y$,为利润份额。这个模型表明,工资和利润在国民收入中的比重即收入分配状况决定有效需求和国民收入水平。由于 ω 在一定阶段有下降趋势,所以有效需求将不足,有效需求不足将导致经济增长放慢。

从我国经济发展现状来看,目前我国资金已经相对充裕,经济增长过程中资金不足的局面已经缓解,投资不再主要受资金制约。投资增长快速增加,对经济的贡献程度非常大。与之对比,我国的消费需求与对经济增长的贡献度是不够的。而经济增长归根结底要靠消费需求来拉动,特别是对于我国这样一个大国来说,所以启动消费仍是我国今后较长时期的一个重要任务。

2. 人力资本与劳动力转移

收入分配会通过影响人力资本投资影响经济增长。收入分配通过人力资本投资等内生因素不仅影响经济增长率,而且还直接影响经济结构及其变迁路径、影响人的自由的扩张和社会福利的普遍提高。

按照新增长理论,人力资本是经济增长的主要源泉,报酬递增来自于人力资本存量的专业化和研究产生的溢出效应。一个人力资本存量更大的经济将实现更快的经济增长。因而一般说来,人力资本的增加有利于经济增长,人力资本水平与经济增长存在明确的正相关关系。一个重视教育投资的国家,人力资本水平会很高,经济能够保持长期增长。一个国家重视总体人力资本提高的问题无疑是正确的,但正是因为人力资本水平与经济增长密切相关,因此,需要考虑人力资本的分配均等性问题。因为,人力资本应该与其他资产形式一样,分配的不均等也会阻碍经济增长。人力资本不平等对经济增长主要起负面作用,而且这种负面作用会在较长时期之后才显现出来。

人力资本投资具有很强的正外部性,投资者只能从中获得部分收益,还有一些收益则由其他个人、社会团体或整个社会获得。正是由于人力资本投资效益的多样性和弥散性,因此要区别从人力资本投资中直接或间接获益的不同个人或团体,及评估其中获益的份额都是非常困难的,实现"谁受益谁付费"也很难。市场经济中,当私人投资的边际收益小于边际成本时,人力资本投资就会减少,经济也就达不到帕累托最优,因此要求政府对人力资本投资进行干预。

人力资本的投资是现代经济增长的发动机,只有当落后地区的劳动力身体健康且普遍受过基础教育时,这些地区才有希望进入经济增长的主流。从这个角度看,用转移支付的方式为所有人提供受教育和医疗保健服务的均等机会,应被看做是一种投资。这种投资不仅有利于贫困地区,也有利于整个国家。政府进行必要的人力资本投资在于弥补私人投资的不足,满足社会的公共利益和需要。政府干预也可以消除人力资本形成中的各种制约因素和劳动力迁徙、流动、职业自由选择上的障碍,消除特权,健全社会保障体系,建立公平的收入分配机制等。

从劳动投入的角度,收入分配差距是影响农村劳动力转移的重要因素之一,而农村劳动力在向城市大规模转移的过程中,带来了城镇就业占比的上升,满足了工业化进程的劳动需求。就中国来说,经济高速增长对高额储蓄率和廉价劳动力的依赖源自于收入分配不平等对物质资本而不是人力资本积累的激励。收入分配不平等对社会阶层的划分一方面使高收入群体将多余的财富用于储蓄,从而为中国的固定资产总投资提供了雄厚的资金支持;另一方面则使得低收入阶层的人力资本积累在信贷约束的影响下严重不足,从而为中国的工业化进程提供了丰裕且廉价的劳动力。两者都构成转型期中国经济高速增长的重要原因,并使经济增长对其的依赖性越来越强。

3. 政策因素

财政与税收政策是联结收入分配与增长的重要途径。主要的政策有公共投资、税收、转移支付。不同的经济体、或同一国家不同的发展阶段,政府目标都是不一致的,收入分配对经济增长的影响通过财政与税收途径也会存在差异。

其实,收入分配对经济增长的作用还在于可以引发制度创新。适度的收入差距通过对个人或组织的激励,会引导制度层面的创新。制度创新的动力在于获取超额收入(利润),或者在于节约交易成本。由于实际经济活动中存在着收入或利益的刚性,生生不息的收入激励机制一旦启动,并通过引导制度创新而实现,它就会产生连续不断的演进的制度创新过程,特别是在大规模体制与制度转轨阶段更是如此。这种创新可以极大地促进经济增长。[1]

---

[1]　张道根:《中国收入分配制度变迁》,江苏人民出版社 1999 年版,第 47 页。

(二)收入差距扩大对经济增长的利弊分析

对这一问题,一直存在着争论。在从理论上分析收入分配对经济增长影响机制的同时,人们也通过实证研究来了解收入分配对经济增长的实际影响,但研究结果并不一致。

20 世纪 80 年代中期新增长理论出现以后,许多经济学家运用不同的数据对这一问题进行了大量的计量研究,结论是模棱两可。20 世纪 80 年代以前的计量研究一般认为不平等有利于经济增长,而此后的计量研究持否定态度的居多。Kim(1997)的研究结论是,较低的不平等最可能与可持续增长相一致,正向的经济增长既不是较低不平等水平的充分条件也不是其必要条件。不平等产生的财富集中的高储蓄率效应将趋于弱化,平等的经济增长效应则趋于强化。但是当工资水平持续上升后,不平等对经济增长的影响会变得非常不显著。

巴罗(Barro 2000)的研究则表明,在人均 GDP 低的国家,收入分配不均有损于经济增长;在人均 GDP 高的国家,收入分配不均有助于经济增长。[1]Benabou(1996)总结了 1992—1996 年间对这一问题的 13 个计量研究,其中 9个结论是不平等显著损害经济增长。然而最近一批学者用不同的数据对这一问题作了进一步研究,其结论又倾向于不平等有利于经济增长。

还有一些学者认为不平等与经济增长之间的关系在不同的国家是不同的,一些国家的不平等与经济增长为负相关关系,另一些国家则呈正相关关系。由此引申出的结论是:不平等与经济增长之间的关系呈多样性,而这种多样性可能来源于不同国家或地区的社会经济条件和政治经济制度的差别。

2007 年的世界经济危机再次将宏观经济学家的视线聚焦到收入分配问题上来。Kumhof and Ranciere(2010)通过列举大量美国在 1929 年大萧条和2007 年大衰退期间的特征化经济事实,揭示出两次严重衰退之前都发生了严重的收入和财富不平等。Fitoussi and Stiglitz(2009)等认为收入不平等是造成美国次贷危机的深刻根源。Rajan(2010)和 Reich(2010)也认为美国家庭借款的上升使得穷人阶层和中间收入阶层在他们的真实收入停滞增长时保持了

---

① Barro, R, 2000, "Inequality and Growth in a Panel of Countries", Journal of Economic Growth, 65, pp. 5—32.

消费的增加,这是导致危机爆发的结构性根源。

1. 不均等分配有利于经济增长

这一观点认为收入分配存在差距对经济增长是有利的。凯恩斯的消费理论认为,低收入者的消费倾向高,储蓄倾向低;高收入者的消费倾向低,储蓄倾向高。而储蓄是资本形成的主要来源,因而工业化过程需要实行不均等的收入分配政策,让少数人先富起来有利于储蓄增加和资本形成。

发展经济学家约翰逊(H. G. Johnson)指出:"经济平等的成本对任何希望经济增长的处于低经济发展水平的经济社会来说,可能都是巨大的。特别明显的是,从历史上看经济增长的极大突发一直是同极大的意外收益的前景和结果相联系的。所以,一个希望取得迅速增长和国家过于强烈地坚持旨在保证经济平等和公平收入分配的政策,似乎是不明智的"。① 另一位经济学家鲍威尔(P. T. Bauer)也认为,追求收入均等会使"生活政治化","限制资本积累和有效配置,阻碍各个层次的社会经济流动,在许多方面妨碍企业发展"。② 此外,刘易斯二元结构模型实际上同样暗含了非均等化分配与经济增长的内在关系。③

卡尔多(Kaldor,1956)认为,收入分配不均等将促进财富由穷人向富人转移,而富人的边际储蓄倾向比穷人高,那么,在经济增长率与储蓄率正相关的情况下,收入分配差距的扩大将促进财富向边际储蓄高的富人积累,而富人的储蓄倾向较高,那么当 GDP 增长率与国民收入用于储蓄的比率(即储蓄率)正相关时,收入差距可以提高经济增长率。④

斯蒂格利茨(Stiglitz 1969)以 Solow 模型为基础,使用一个线性的储蓄函数,将储蓄函数设定为线性形式,对卡尔多的观点进行了模型化和理论化。⑤

---

① H. G. Johnson,1958,"Development research on Pakistan".

② P. T. Bauer,Disssent on Development,Weidenfeld and nicolson,1972,p24.

③ 刘易斯二元结构模型中的劳动力无限供给假定其实意味着农民收入极低且保持不变,而城市工资大幅度上升,城乡间存在极大差异,才造成人口源源不断地从农业部门向城市工业部门流动。

④ Kaldor,N. 1956,"Alternative Theories of Distribution",Review of Economic Studies,23,pp. 83—100.

⑤ Stiglitz J. E.,1969,"The Distribution of Income and Wealth among Individuals",Econometric,37,pp. 382—97.

Bourguignon(1981)的研究更进一步,他使用了一个非线性的储蓄函数说明总产出依赖于初始分配,同时初始分配的不平等将促进总产出的增长。因此,传统有关收入分配对经济增长影响的理论认为,不平等促进经济增长。

作为对"有害论"最明确答复的是李宏毅(Hongyi Li)和邹恒甫(Heng-fu Zou)(1998)提出的质疑。他们认为,收入分配不均等对经济增长无害。[①] 在他们的理论模型中,通过将公共花费引入效用函数,证明收入分配越不平等,则收入税率越低,反而有利于经济增长。公共花费进入效用函数的做法在Barro(1990)那里可以找到依据。其实,在李宏毅和邹恒甫的工作以前,珀特(Perotti)(1996)基于经验研究之上的结论表明,经济增长与税收呈正相关关系,但税收与不平等之间的关系并不显著(或者这正相关),这也意味着不均等要么对经济增长没有多大影响,要么反而有助于经济增长。

福布斯(Forbes 2000)通过对多个国家1966—1995年的数据进行研究发现,在短期和中期,收入分配差距的扩大对下期经济增长具有明显的刺激作用。

2.不均等分配对经济增长有害

这一观点是针对不均等分配有利于经济增长的观点提出的,以杜森贝里、托达罗等人为代表。他们认为,非均等化分配的直接后果是收入差距拉大,社会总体的消费需求不足,从而产生投资引诱不足,最终总需求下降,经济增长缓慢。因此,他们主张实行均等化分配政策,提高低收入者的收入水平和全社会消费能力,扩张总需求并拉动经济增长,总体收入水平提高后储蓄自然会增加。杜森贝里相对收入假说中所谓的攀比效应[②]暗含了类似的观点。

托达罗是从对刘易斯部门模型的批判入手,指出了所谓非均等化增长的

① Deininger, K. & Squire, Lyn, 1998, New Ways of Looking at Old Issues: Inequality and Growth[J]. Journal of Development Economics P. 57. Deininger, Klaus, 1999. Asset Distribution, Inequality and Growth[J]. Journal of Development Economics, Washington D. C. Birdsall, N. & Juan-Luis, L. 1997. Asset Inequality Matters: An Assessment of the World Bank Approach to Poverty Reductoin[J]. American Economic Review P. 87. Matin, R. 1998. Does Aggregation Hide the Harmful Effects of Inequality on Growth[J]Economics Letters P61.

② 攀比效应是指收入低的人到消费高的地方会与高收入者和高消费者产生攀比心理,这样低收入者的储蓄就会减少。杜森贝里认为收入分配均等会减少相互攀比的心理,有利于增加储蓄。

传统观点是不正确的。他认为"提高穷人的收入水平，将刺激对国内生产的食物和衣服等生活必需品的需求全面提高，这将增加国内的生产、就业和投资，为经济的迅速增长和更多人分享经济增长的成果创造条件。而富人则倾向于把增加的收入更多地用于进口奢侈品。所以，应当注意均等化分配政策有利于经济增长"。①

以勒纳、米里斯、罗尔斯、新剑桥学派的领军人物罗宾逊夫人等为主要代表的观点认为，公平决定效率，收入分配不公平会导致机会的不公平，进而导致收入并非与努力程度成正比，如此就会降低人们提高效率的积极性。英国新剑桥学派从经济增长角度出发，认为收入分配格局是决定经济增长的内生变量，即公平左右着效率；同时，在其他条件不变的情况下，经济增长率越高，利润率及其在国民收入中所占的份额就越大，因而工资收入份额就越小，从而使工人的处境相对恶化，并加剧了社会不公平现象。尽管经济增长率的提高会带来工资总量的增加，但决不意味着消灭贫困，而且经济增长会使大多数人的生活水平低于社会一般水平。

1994 年，佩尔松（Persson）和塔伯里尼（Tabellini）运用世界银行 20 世纪 60 年代以来的数据，互为补充地论证了收入分配的不均等确实妨碍了经济增长。他们认为，在分配冲突严重的民主社会，必然作出要加强对收入实行再分配的政治决策。但是，这样做的办法往往就是对于投资和其他促进经济增长的活动进行征税，这必然影响经济增长，收入不均等与经济增长之间呈负相关关系，即不均等扩大将不利于经济增长。

与佩尔松和塔伯里尼观点相类似的是，阿莱西纳（Alesina）和罗迪瑞克（Rodric）的结论是，当政府只关心纯粹"资本家"时，极大化增长的政策才是最优的。但根据中间投票人定理，财富和收入分配越不均等，税率就会越高，反过来降低经济增长。他们认为，政府支出和税收水平是公共投票过程的结果，而收入是选民投票的决定因素，低收入选民倾向于高税收。在一个收入相当不均等的社会中，低收入者很多，多数选民支持高税收以有助于再分配的实施，这必将会抑制投资和增长。由此，他们认为不平等对经济增长是有害的。

---

① ［美］M..P.托达罗：《第三世界的经济发展》（上），于同申等译，中国人民大学出版社 1988 年版，第 224—225 页。

Alberto 等人（1994）利用"土地分配的基尼系数"研究 1960—1985 年不同国家的收入分配对增长造成的影响，其计量分析结果是，收入不平等和随后的增长是负相关关系。这项研究进一步指出，经历了第二次世界大战又经历了土地改革的国家，在土地所有权方面减少了不平等，这些国家应该比没有经历土地改革的国家有更高的增长。这一结论也得到了亚洲一些国家和地区，如日本、韩国和台湾等战后高速经济增长事实的支持。

阿莱西纳和珀特（1996）、Benhabib 和 Rustichini（1996）等则从社会、政治不稳定的角度来思考收入分配对经济增长的影响。他们认为，收入分配不均等会导致犯罪活动增加、政治及社会动荡，这样会抑制正常的储蓄及投资活动，因此，收入差距的扩大有害于经济增长。①②③④

克拉克（Clark 1996）通过对文献资料进行计量经济学分析，发现收入的初始不平等对未来增长具有十分消极、统计上十分重要的影响。⑤ Deininger 和 Squire（1996）用详细的资料数据体系估计增长，并把增长看做是初始不平等和其他变量的函数，研究发现，尽管初始的收入不平等对增长的影响不是强大的，但初始的土地不平等确实与低的增长相联系。

3. 以我国情况为例的现实考察

到目前为止，关于收入分配差距对经济增长作用问题的研究仍没有得出一致的结论，收入分配和经济增长在理论上的关系仍然模糊不清。因为这种影响关系非常复杂，远不是有害或者无害那么简单。不同国家和经济的人文社会环境、所处的经济发展水平、不均等的初始状况、再分配等政府政策的力度等等，都会影响到收入分配与经济增长之间的关系。

---

① Alesina A. ,and Perotti R. ,1996,"Income Distribution,Political Instability and Investment", European Economic Review,81,5,pp. 1170—1189.

② Benhabib,J. ,And Rustichini,A. ,1996,"Social Conflict and Growth",Journal of Economic Growth,1,pp. 129—146.

③ Perotti,R. ,1996,"Growth,Income Distribution and Democracy:What the Data Say",Journal of Economic Growth,1(2) ,pp. 149—187.

④ Forbes,K. ,2000,"A Reassessment of the Relationship between Inequality and Growth ",American Economic Review,90(4) ,pp. 869—887.

⑤ ［美］拉维·坎波尔、琳·斯奎尔：《关于贫困的思想演变：对相互作用的探讨》，收录于［美］杰拉尔德·迈耶、约瑟夫·斯蒂格利茨：《发展经济学前沿》，本书编译组译，中国财政经济出版社 2003 年版。

对于收入分配差距扩大对经济增长有害无害的争论,由于双方都能找到理论和实际依据,因而问题变得相当复杂。两种观点都有其合理的一面,但也都不是绝对的,对于不同经济体不同约束条件下并不一定适用。收入分配不均等有利于经济增长的观点,是认为投资对经济增长有更加重要的拉动作用,因而把收入差距拉大从而有利于资本积累作为经济增长的条件。但这种观点并未较多考虑需求对经济增长的正向作用,也未考虑差距的适度程度。分配不均等甚至两极分化会恶化经济增长的环境,给经济增长带来负面效应。

均等化分配可以扩大总体需求水平,会有利于经济增长,但也没有考虑差距的合理程度问题。极端的均等化分配及平均主义也不能充分发挥分配对经济主体的激励作用,从而导致严重的低效率和低增长。

因而,收入分配差距对经济增长的效应并不是绝对的,取决于一个经济体的实际情况。具体来说,要看投资对一个国家的经济增长更重要,还是消费更重要;是激励作用更重要,还是保持稳定的经济环境更重要。这其实就是差距大小合理程度的确定问题。对于不同的经济体,以及同一经济体的不同发展阶段和形势来说,对经济增长产生积极作用的差距程度的大小是不同的。

我国有学者通过回归分析得出结论:我国的收入差距在经济转型期促进而不是抑制了经济增长,但其所引致的以高投入为特征的粗放型增长模式并不具有可持续性。收入差距扩大所带来的城镇就业占比的上升对经济增长的积极影响略强于犯罪活动所带来的消极影响。因此,在缺乏人力资本只能以劳动投入为动力的粗放型增长模式下,收入分配差距的扩大恰恰契合了其增长路径,在特定阶段内能够促进经济增长。但是,从长远来看,这一增长模式并不具有可持续性。因此,转变经济增长方式,实现可持续发展,更应积累人力资本和提高技术创新,而缩小收入差距和完善分配机制是关键所在。[①]

就中国的现实问题而言,经济转型期收入差距促进而不是抑制了我国经济增长的结论对于政策的启示并不在于鼓励扩大这一差距,而在于充分认识这一格局所契合的粗放型增长模式并不具有可持续性,因此,增加人力资本积累和提高自主创新能力应是转变经济增长模式的方向所在。我们应该跳出这

---

① 李子联:《农村劳动力转移中的"激励效应"与"抑制效应"——兼论劳动投入视角下收入分配的经济增长绩效》,《中国经济问题》2011年第1期。

种从总量角度出发的争论,把重点更多地放在依据中国国情,采取具体措施,最大限度地协调稳定和发展的关系上来。

(三)收入分配对经济增长作用的约束条件

收入分配对经济增长的作用受特定经济条件的制约,不同经济条件下收入差距对经济影响的表现不同。对约束条件转变的考察,是研究收入分配与经济增长互动关系问题的基本路径,也是衡量经济学家功底的试金石。有学者认为,最近20年约束条件的转变,直接对经济学研究产生了冲击,约束条件的稳定性已经远非古典经济学时期可比。以单纯的经济增长为考核指标,导致了短期行为频繁发生,并且催生了粗放型的发展方式,虽然也增加了部分财富,但又产生了新一轮的约束条件。

1. 经济发展阶段

发展经济学家在探讨发展中国家的经济增长时,强调发展中国家与发达国家的经济增长存在着一个本质的区别,即前者正处在由传统经济向现代经济的转型过程之中,而后者则早已完成了这种转型。所以对于发达国家来说,维持现代经济所需要的正常经济秩序或常规经济机制,保持资本合理有效的运转,不断实现优化配置,就构成了这些国家经济增长的主要任务。而对于发展中国家来说,它们更加短缺的是启动工业化所需要的资本投入。因此,这些国家的经济增长首先就是要有效地动员和形成资本,以加速完成由传统经济向现代经济的转型任务。

从许多研究文献和实证分析来看,收入分配影响经济增长的问题在低收入国家比在高收入的发达国家更容易出现。发展中国家的较大收入差距对教育机会、人力资本投资及物质资本积累的影响程度更深,对经济增长的效应也较大。而许多理论分析和经验证明,发达国家较大的收入差距对经济增长产生的负面影响是微不足道的。有关研究根据对17个发达国家的分析发现,收入差距和经济增长之间的负相关性只有0.03,几乎接近于零。以美国为例,相关的实证分析同样表明目前美国的收入分配差距对于经济增长产生的影响非常小。所以旨在实现平等化目标的收入分配政策则会长期减少美国的GDP增长,进而导致目前的收入分配差距程度进一步加剧。

显然,我国收入分配状况对经济增长的影响更大,即经济增长受收入差距扩大情况的制约更大。所以在我国,对过大的收入差距进行调整,不仅是收入差距本身的要求,也是经济持续快速增长的要求。

2. 供需结构

同一收入分配状态对经济增长的影响还受到不同经济条件的制约,即收入分配差距对于短缺还是过剩经济条件的效应是不同的。明确这一点,对于当前我国在过剩经济状态下通过对分配政策的调整来调节收入差距具有指导意义。

考察收入分配对经济增长的影响必须兼顾供需两方面的关系,此时,收入分配对经济增长的促进或阻碍作用主要取决于一国经济增长的瓶颈因素。总供给不能满足总需求的状态为短缺经济,①与其对应的市场格局特征就是卖方市场,卖方约束力对经济的制约作用较强,过剩经济则与此相反。短缺经济的主要矛盾是生产和供给能力严重不足,这时投资的作用比消费的作用更能直接启动总供给能力。因为如果实行均等化分配,即使人人具有同等的购买能力,却因无充足的消费品而不能成为现实意义上的消费者。这时就要实行非均等化的收入分配政策,适当拉开收入差距,促使高收入者加快储蓄并形成资本积累,从而转化为投资需求。但这时的收入分配差距要保持适度,防止因差距过大损害经济稳定增长所需的环境,同时政府必须通过再分配政策和社会保障体制确保低收入者的基本生活,鼓励和刺激低收入者对一般工业用品的消费需求。

过剩经济的特点是生产能力严重过剩,消费需求和引致的投资需求不足,这时增加消费需求对经济增长的效应更大一些。因为投资需求本身是引致需求或派生需求,受到消费需求的约束。要启动社会总体消费需求,就要增加低收入群体的收入水平,使之形成有效的较强的支付和购买能力,缓解供过于求的矛盾。

对于我国这样的发展中国家,在总供给大于总需求的条件下,收入分配差距过大,已经导致两种结果的出现:一是高收入者对国内一般消费品的需求已经饱和,转而将需求目标转向国外高档消费品和奢侈品,导致大量奢侈品过早

---

① 这里的短缺经济是指竞争性市场经济条件下的总供求失衡现象,它与计划经济体制下政府干预价格而导致的行政性短缺有所不同。

进入总体收入水平还不高的国内市场。因而高收入者的收入没有转化成对国内经济的贡献。二是大多数低收入者虽有消费欲望但支付能力不足,致使过剩经济状态下有效需求不足,对经济的拉动作用不够,经济增长会放慢其至同时出现就业不足、贫困化加剧等现象。

3. 制度因素分析

收入分配是一种制度安排,它通过把利益主体的"激励—约束"机制内生化于经济增长过程之中来对经济增长本身施加影响。传统增长理论对经济增长问题的研究一般集中于对生产要素投入和产出关系及数量的分析上,并未考虑制度安排,尤其是与经济人的利益密切相关的收入分配制度。其实,"激励—约束"机制对经济增长有着非常重要的作用。2009 年特别是 2010 年以来,收入分配问题进一步成为社会关注的焦点。它的着眼点在于,在后金融危机时代,调整以出口和投资为主的增长方式,需要着力提升消费需求,解决最终消费率低,特别是居民消费率低的问题。这就要涉及到调整分配结构、改革分配体制问题。这是一个经济增长的逻辑,在这样一个格局之下借助于调整分配来促进增长的态势。

分配问题是一个复杂的体系,其中涉及深刻的产权制度。主要有:土地制度、资源产权制度和垄断性经营制度。土地制度方面,我国的土地制度存在缺陷,具体表现为"双重垄断":一方面,面对土地的拥有者(特别是农民的土地),权力部门是"垄断买方",土地要转换性质,必须首先"卖"给政府,而且价格较低,农民作为土地拥有者的地位未完全实现。另一方面,面对"购房群体"这一最终消费者,权力部门又是上游要素——土地的"垄断卖方",消费者要购房实际上必须先从政府处购买土地。这就导致了利益分配的扭曲,房地产企业获取较高的收入。资源产权制度方面,资源价格成本构成不完全,导致利益的不合理分配。目前我国资源企业的成本,一般都只包括资源的直接开采成本,而矿业权有偿取得成本、环境治理和生态恢复成本等尚未完全体现,形成不完全的企业成本,"不完全成本"是目前煤炭等资源行业取得暴利的最主要原因。垄断性经营制度方面,目前,我国垄断性行业改革相对滞后,有效竞争机制尚未形成。一是市场准入环境不宽松,进入障碍依然严重。二是支配市场的原垄断企业与新进入企业不对等,使得有效竞争难以实现。特别是垄断性行业国有资本"一家独大"的问题依然严重,民营资本进入困难。

不同的制度环境下,收入差距对经济增长的影响是不同的。以收入差距是否影响居民的发展机会为例。判断机会是否平等的主要依据是家庭背景、父母的收入状况是否对孩子受教育和就业的机会或权利产生较大影响。如果产生较大影响则认为机会很不平等,反之则认为机会较为平等。[①] 据分析和计算,美国收入分配不均等对于机会平等程度的影响非常小。虽然近年来收入分配不均等程度上升,引起了贫富差距和阶层分化,但美国父母对于子女的收入以及职业选择影响要比其他欧洲国家小得多,机会平等程度几乎没有受到收入不均等的影响。美国的公共教育项目繁多,几乎每个适龄儿童在美国都有接受教育的平等机会,与父母收入和家庭背景的差异程度之间的关系并不密切。而且机会均等在美国有着非常深刻的历史文化传统。根据有关研究和实证分析,美国的收入分配差距对于寿命预期、人口死亡率及健康等产生的影响也不是很明显。

而在中国,特别是在转型期各项制度还不是很完善和发展极端不平衡的特殊背景下,收入分配的不均等对一个人教育参与机会和发展机会的影响是巨大的。一个有经济或政治背景的家庭,其子女会获得较高的教育质量、较好的就业机会和收入前景,而大量的农村或低收入阶层等弱势群体生活在贫困状态,其子女甚至连基本的教育权利都得不到保障。农村人口较低的受教育程度与农村低收入联系在一起,形成了城乡收入差距的持续扩大和贫困的恶性循环。不但是人力资本投资能力,农村低收入者的健康与预期寿命等都与城市居民有相当大的差距,受户籍制度等的制约,短期内城乡居民发展机会不平等的状况很难改变。

(四)收入差距对我国总体消费率偏低状况的解释

按照凯恩斯宏观经济理论,基于消费的国内需求在一国经济中应占主要地位。发达经济中消费的贡献一般稳定在 GDP 的 2/3 水平,而中国的消费贡献却仍显不足,甚至表现出下降趋势(图 4-7)。同时中国的外贸依存度也已经接近 80% ,这意味着外部需求风险在高度集中和迅速增大。因此,当前中

---

① Susan E. Mayer, What Money Can't Buy:Family Income and children's Life Changes(Harvard University Press,1997);Jhon Romer,Epuality of opportunity(Harvard University Press,1998)。

国的经济增长仍然经受着显著的需求约束。

1.居民消费率过低,居民即期消费意愿和消费行为受到较强的压抑

最终消费率是指最终消费额与国民生产总值的比例,居民消费率是居民消费额与国内生产总值的比例,居民消费与政府支出(消费)共同构成最终消费。近年来我国居民消费率不断下降,1978—1989 年我国居民消费率平均为51.3%,1990 年以后逐年降低,2005 年降到 38.2%,15 年下降了 11.5 个百分点,2010 年更是下降为 47.4%。近 20 多年来,世界平均消费率约为 77%,低收入国家为 69%,下中等国家平均为 56%,且在较高水平上保持了缓慢上升的发展态势。世界居民消费占最终消费比重在 80% 以上。与之相比,我国最终消费不仅起点严重偏低,而且逆向出现明显下跌趋势。即使与中国人均GDP 大致相似的国家相比较,中国消费率也明显偏低。

从我国最终消费率的结构来看,居民消费率占最终消费总额的比重不断下降,且下降幅度较大,而政府消费率保持相对平稳。在最终消费率变化过程中,政府消费率基本保持在 11%—16% 之间,中间还有上升的过程。尽管从2003 年以来,政府消费率出现了一定的下跌,但幅度相对较小,从 2002 年的15.9 下降为 2010 年的 13.6%,降低了 2 个多百分点,不仅远低于同期最终消费率 12.2 个百分点的降幅。而且依然处于正常区间之内。在居民消费中,农村居民消费率下降,2009 年仅为 8.4%,比 1978 年下降 21.9 个百分点。

表4-2 消费率比较 (%)

年份	最终消费率	居民消费率	政府消费率
1995	57.5	46.1	11.4
1996	58.5	47.7	11.5
1997	58.2	46.5	11.6
1998	58.7	46.7	12.0
1999	60.1	47.6	12.6
2000	61.1	48.0	13.1
2001	59.8	46.6	13.2
2002	58.6	58.0	15.9
2003	55.5	55.4	15.1
2004	53.0	53.0	14.5

年份	最终消费率	居民消费率	政府消费率
2005	52.1	38.2	13.9
2006	49.9	36.3	13.6
2007	48.6	35.3	13.3
2008	48.0	35.3	12.7
2009	48.0	35.1	12.9

资料来源:根据历年《中国统计年鉴》数据计算。

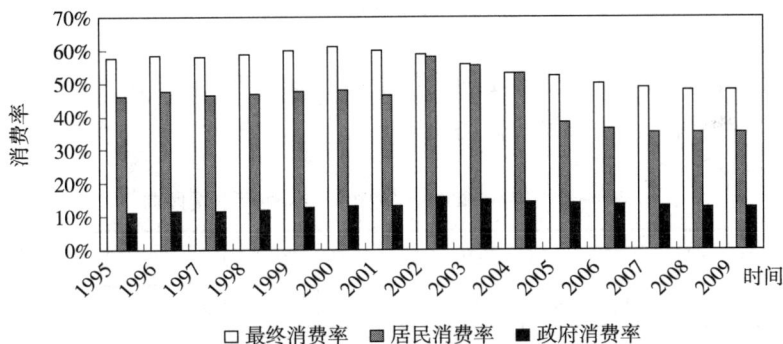

图 4-7 1995—2009 年各消费率(%)比较

表 4-3 农村居民和城镇居民消费比较(居民消费=100)

年份	1997	1998	1999	2000	2001	2002	2003	2004	2005	2006	2007	2008
农村居民	50.0	47.9	46.1	44.8	44.2	43.6	28.7	27.5	26.8	26.2	25.9	25.1
城镇居民	50.0	52.1	53.9	55.2	55.8	56.4	71.3	72.5	73.2	73.8	74.1	74.9

资料来源:历年《中国统计年鉴》。

长期以来,中国投资和消费增长速度的失调比较严重,投资在 GDP 中的比重偏高,而消费的比重偏低。2005—2008 年,我国的平均投资率为 42.75%,接近世界平均水平的 2 倍,且呈现不断上升趋势。2005—2008 年,我国的平均消费率为 49.8%,远低于发达国家的水平,在金砖国家和主要新兴经济体中也属于低水平状态,低于国际平均水平 20 个百分点。

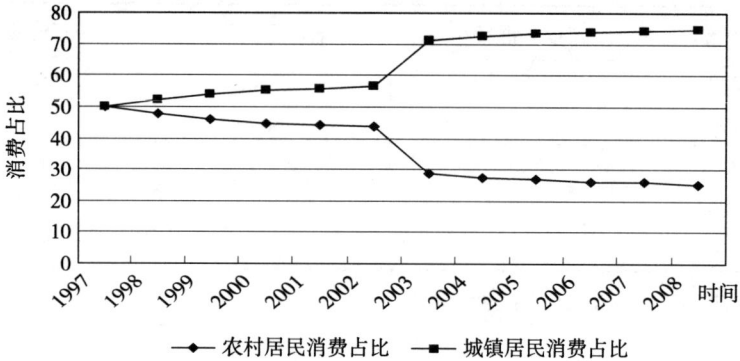

图4-8 城乡居民消费对比

边际消费倾向这一指标是用来度量居民在新增收入中用于消费的比例，近年来我国居民的边际消费倾向总体上呈下降趋势。

表4-4 1996—2009 年我国居民的边际消费倾向

1996	1997	1998	1999	2000	2001	2002	2003	2004	2005	2006	2007	2008	2009
0.83	0.81	0.78	0.77	0.76	0.78	0.74	0.70	0.68	0.65	0.60	0.58	0.57	0.52

资料来源：根据历年《中国统计年鉴》数据整理。

图示如下：

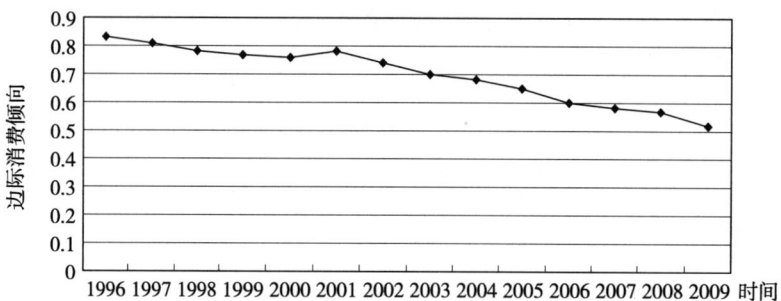

图4-9 1996—2009 年我国居民边际消费倾向变动趋势

经济学中，消费联系着储蓄，二者一般是此消彼长的关系。近年来我国储蓄的不断增加，也证实了城乡居民消费倾向的下降。数据显示，1978—2010 年，城乡居民储蓄总额从 1978 年的 210.6 亿元，增长至 2011 年的 348046 亿元,34 年间,居民储蓄规模名义增长了 1653 倍,年均名义增长率为 25.2%,远远高出国内生产总值 15.9% 的年均名义增长率。对应的,全国人均存款额由 1978 年的 21.9 元快速增加至 2011 年的约 25831.9 元,34 年名义增长了 1180 倍。分城乡角度看,30 多年来,随着城镇化、人口迁移以及城乡二元经济的发展,我国城镇居民的储蓄规模远远高于农村居民。城、乡居民人民币储蓄金额比由改革开放初期的 2.78 倍,扩大到当前的 4.3 倍左右,城镇居民的人民币储蓄额占全国人民币储蓄总额的 8 成多。

我国近几年消费率下降有通货膨胀因素,同时,投资的提高也挤占了消费的增长。消费率下降不是国内需求下降造成外部需求增加,而是要素价格扭曲造成国内经济与国际经济失衡致使资源流出,降低了国内居民收入占比而影响了内需。

2. 收入分配状况对消费需求的作用关系

收入分配状况对消费需求是有影响的,收入分配差距的不断扩大,使得国民收入绝大部分流向高收入阶层。高收入阶层的边际消费倾向较低,收入迅速增加一般不会带来社会消费量的迅速增加。同时,尽管城镇居民支付能力相对较高,但未来指数不确定性较大,导致城镇居民消费意愿低而储蓄意愿高。低收入阶层的边际消费倾向高,但收入低,收入增长缓慢,也不能带来社会消费量的增加。另一方面,在国民可支配收入中,政府所占比重在上升,而居民所占比重在下降,降低了居民消费需求。

假定全社会中存在着三种类型的收入水平,即高收入水平、中收入水平、低收入水平,三种收入水平在全社会总收入中所占的比重分别为 A%,B%,C%,具有这三种收入水平的居民的边际消费倾向分别为 TA,TB,TC,假定全社会收入变化为 $\Delta Y = 100$。根据边际消费倾向的定义,此时全社会的边际消费倾向是:

$$(A \cdot TA + (100 - A - C) \cdot TB + C \cdot TC)/100 \tag{4-1}$$

假定居民收入分配差距扩大了:高收入水平者的收入比重增加为(A+X)%,中等收入者的收入比重不变,低收入水平者的收入比重降低为(C-X)%。在收入分配结构变化之后,全社会的边际消费倾向为:

$$((A+X) \cdot TA + (100 - A - C) \cdot TB + (C-X) \cdot TC)/100 \tag{4-2}$$

比较收入结构变化前后的全社会边际消费倾向。将(4-1)、(4-2)相减,

结果为:

$$(TC-TA) \cdot X)/100 \qquad\qquad (4-3)$$

这样,只要比较 TA 和 TC 的大小,就可以知道收入分配结构的变化会对全社会的边际消费倾向产生怎样的影响。从经验来看,居民家庭在收入水平比较低的时候,必然要消费掉大部分的收入以保证日常生活。收入水平提高后,居民就会对消费在各个人生阶段进行分配,以实现效用的最大化。因此边际消费倾向是随着收入水平的提高而下降的,这就意味着 TC 小于 TA,公式(4-3)的值小于零,收入分配差距拉大后的全社会边际消费倾向下降了。

表4-5　城镇居民高低收入层对居民消费的贡献度比较

	10% 低收入层	10% 高收入层
对城镇居民消费额的贡献度(%)	5.8	12.0
对全国居民消费额的贡献度(%)	3.1	6.4

资料来源:根据《中国统计年鉴》有关数据整理。

从我国过去30多年的经验数据来看,基尼系数每上升0.01,储蓄率就上升0.76个百分点。如果其他的条件不变的话,根据这个数据来推算,基尼系数如果从现在回落0.1个百分点,消费率大概可以回升8个百分点。正是由于基尼系数的逐年升高,收入分配差距拉大,导致我国经济结构调整难以到位。

消费需求增长缓慢特别是农村消费需求增长的缓慢,使得消费对经济增长的最终拉动作用越来越弱。加之中国目前还未建立起完善的产权保护制度,富裕阶层的储蓄不能顺利转化为投资,投资需求不能弥补消费需求的不足,社会有效需求不足正在严重制约着中国经济发展战略目标的实现。

在收入分配格局上,形成以中产阶层为主体的消费者群体,是产生可持续消费需求的基础。近年来我国中产阶层虽然正在产生并得到扩大,但总体上看,与发达国家相比,我国的差距很大。一方面,中产阶层家庭占家庭总数的比重很低。据有关统计,2005年我国仅有13%的家庭步入中产阶层,预计到2010年这个比重才能达到25%。美国、欧盟、日本等国家,中产阶层占社会家庭总数的比重都在70%以上,除了房产之外,可增值的财富、可永久性保存的财富拥有量很大。加上社会保障体系的支撑,这个群体是市场消费的主体,是产生可持续消费需求的最主要来源。另一方面,中产阶层的消费率近年来也出现大幅度下降。据有关机构调查,我国中产阶层消费率从 1985 年的 91%降至 2009 年的 68%。据国家统计局数据,城市中等收入阶层,户均全部财产只相当于大中城市一套经济适用房的价值,也就是说,购买一套经济适用房,将耗尽城市大多数中等收入家庭的全部财富。

要提高消费需求,必须调整收入分配格局,增加低收入者收入,降低城镇居民支出的不确定性。对于中等收入者来说,其预防性储蓄倾向比低收入者要低,而遗赠性储蓄倾向由于受到收入总量的限制,又要低于高收入者。因此,中等收入者的边际消费倾向实际上是最高的。要提高居民总体的消费水平,避免有效需求乏力的情况出现,就应当大力提高中等收入者在居民中所占比例,使目前我国社会"金字塔"型的收入分配结构向"橄榄"型的收入分配结构转变。

三、中国经济增长与收入分配相关关系的实证分析

经济增长以相对稳定的收入和财富分配制度为前提,又会对收入分配不均等和财富积累不均等发生影响,这就使得收入不均等与经济增长之间的关系变得非常复杂。

表4-6　1978—2006 年我国居民的基尼系数与经济增长率

年份	基尼系数	GDP 增长率(%)	年份	基尼系数	GDP 增长率(%)	年份	基尼系数	GDP 增长率(%)
1978	0.298	11.7	1988	0.406	11.3	1998	0.446	7.8
1979	0.301	7.6	1989	0.418	4.1	1999	0.450	7.1
1980	0.302	7.8	1990	0.420	3.8	2000	0.452	8.0
1981	0.302	5.2	1991	0.421	9.2	2001	0.453	7.5
1982	0.305	9.1	1992	0.423	14.2	2002	0.456	8.3
1983	0.304	10.9	1993	0.426	13.5	2003	0.460	9.3
1984	0.305	15.2	1994	0.428	12.6	2004	0.465	9.5
1985	0.307	13.5	1995	0.431	10.5	2005	0.47	9.9

年份	基尼系数	GDP 增长率(%)	年份	基尼系数	GDP 增长率(%)	年份	基尼系数	GDP 增长率(%)
1986	0.309	8.8	1996	0.434	9.6	2006	0.47	10.7
1987	0.401	11.6	1997	0.440	8.8			

资料来源:根据《中国统计年鉴》及国家统计局相关数据整理而成。

上述数据是国家统计局向社会正式公布的,与实际的收入分配存在差距:按国家统计局所属城市调查队的典型调查,居民个人之间收入的差距估计比统计数要高出10%左右;据税务系统的典型调查,要高出20%以上。

从上面的分析也可以看出,在我国转型期的制度条件下,经济增长对收入差距的快速增加是起到正向作用的。另一方面,至少到目前为止,我国的收入差距对经济增长还是起到推动作用的。但将来的情况是怎样的,现在还不能确定,对于收入差距的适度性问题,后面还将专门进行探讨。

下面将运用数量方法对我国20世纪90年代以来收入分配与经济增长的双向关系进行分析。

(一)经济增长影响收入分配的实证检验

经济增长对收入分配具有决定性作用,但是在我国转型期背景以及特殊的经济制度约束条件下,这种作用到底是怎样的,还需要进行论证。下面将利用1990年以来我国收入差距与经济增长的数据,就经济增长对收入差距的影响进行实证分析。

1.关于基尼系数的说明

目前的研究当中,收入差距一般都用基尼系数来表示,本书也不例外。基尼系数的含义是用于不公平分配的部分所占的比例。

如图4-12所示的Lorenz曲线中,OL为绝对平均线 A 为 Lorenz 曲线与45°线之间部分的面积,也叫做"不平等面积";A+B 为 OHL 与 45 度线之间的面积,叫做"完全不平等面积"。

基尼系数的表达式为:

$$Gini = \frac{A}{A+B}$$

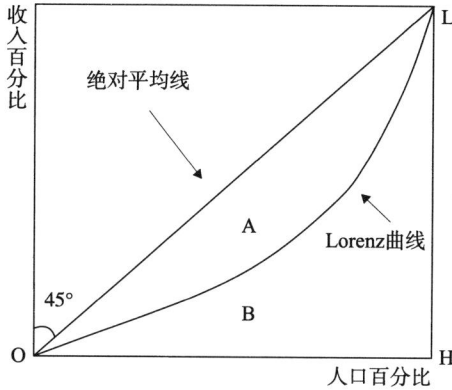

图 4-10　Lorenz 曲线

可见,基尼系数的大小取决于 Lorenz 曲线的弯曲程度,而与其形状并没有一一对应的关系。一般来讲,Lorenz 曲线的弯曲程度反映了收入分配的不平等程度,弯曲程度越大,收入分配越不平等,反之亦然。当收入分配达到完全不平等时,Lorenz 曲线成为折线 OHL,不平等面积与完全不平等面积之比,成为基尼系数,是衡量一国贫富差距的标准。显然,基尼系数不会大于 1,也不会小于零。

但是,用基尼系数来表示收入分配差距有一些不足之处:一是基尼系数只是收入均等程度的指标,并没有也不可能反映各国不同时期的经济水平、社会制度与社会承受力的基本状况。而各国不同时期的经济水平、社会制度、社会承受力不仅影响、决定当时的收入分配差距,也是评判当时收入分配差距的基本依据。二是基尼系数的指标仅仅是从量的关系上比较宏观、笼统地表明收入分配差距具体成分是否合理。而对收入分配差距的评判,如果不从质的合理性上进行分析,仅以简单的数值为依据,认为收入差距扩大一些就不好,缩小一些就好,显然不够全面客观,也与改革、发展的实践过程不相符。

基尼系数虽然由洛伦茨曲线计算出来,但不同的洛伦茨曲线有可能得出同样的基尼系数,或者说,相同的基尼系数可能反映极不相同的收入分配状况。即相同的基尼系数可能对应着不同的 Lorenz 曲线,如图 4-13 所示的几种可能情况。

Lorenz 曲线Ⅰ和Ⅱ之间,Ⅲ、Ⅳ和Ⅴ之间分别对应着相同的基尼系数,即整体的收入差距从基尼系数上看相同。但其形状差别很大,Ⅲ和Ⅴ所示为可能出现的折线的情况,因为不同经济体之间收入差距的过程等具体情况各不相同,Lorenz 曲线为折线也是可能的。

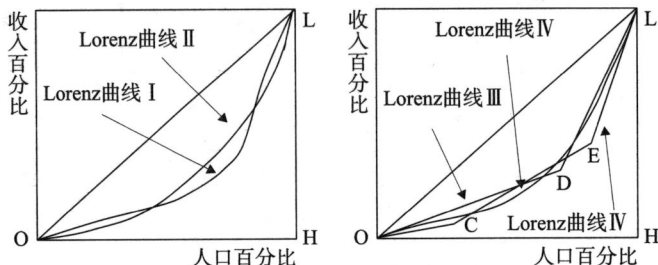

图4-11 Lorenz 曲线的变形

举例来说,虽然中国与加拿大的基尼系数相差无几,但如果利用 Logistic 函数分别拟合两国的收入函数,再通过收入函数分别画出中国与加拿大的洛伦茨曲线(如图4-12),会发现,两条曲线的形状存在很大的差别:加拿大的曲线较平滑,而我国的曲线弯折得较厉害,并表现为明显的三段:下段较平缓,上段较陡峭,中间一段呈直线型。显然这两条洛伦茨曲线反映的收入分配有很大差距。加拿大的收入状况是:中间阶层所占收入份额较大,他们的收入份额要明显高于20%最高收入户的收入份额。而我国的分配情况则相反,最低收入户与最高收入户所占人口比重较大,尤其是最高收入户所占的收入份额太大,中间阶层所占人口的比重小,而且中间阶层内部的收入差距又较小。在这种情况下,单纯根据两国基尼系数差不多,就得出两国收入差距相差不远的结论显然是值得商榷的。

尽管基尼系数自身存在着某些局限性,如不能反映社会不同收入阶层的收入分布状况,且受人口规模等非收入因素的影响等。但由于该系数具有较强的可操作性,使得它成为目前国际上通用的判定指标,既可用来作为判定指标之一,又可来进行国际间的对比分析,公式为:

$$\text{Gini} = \sum_{i=1}^{n}\sum_{j=1}^{n} |y_j - y_i| / n(n-1)/2\mu$$

我国近年来基尼系数的大小见表4-7。

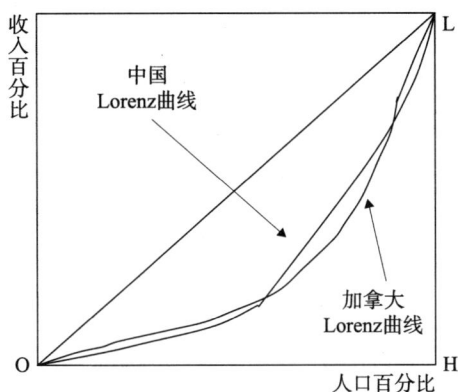

图 4-12 中国与加拿大 Lorenz 曲线对比

2. 收入差距的变化

首先根据表 4-7 中的数据作出 1990 年至 2006 年期间收入分配差距(用基尼系数表示)随人均 GDP 及随时间的变化趋势,如图 4-13 与图 4-14 所示。

表 4-7 1990—2006 年的基尼系数与人均 GDP

时间	基尼系数	人均 GDP(元)	时间	基尼系数	人均 GDP(元)
1990	0.348	1634	1999	0.416	6551
1991	0.362	1879	2000	0.417	7086
1992	0.390	2287	2001	0.431	7651
1993	0.420	2939	2002	0.444	8214
1994	0.433	3923	2003	0.458	9111
1995	0.415	4854	2004	0.465	10561
1996	0.398	5576	2005	0.470	13944
1997	0.398	6054	2006	0.496	15973
1998	0.403	6308			

数据来源:《中国统计年鉴(2005)》,《中华人民共和国 2005 年国民经济和社会发展统计公报》,联合国和世界银行等的研究结果(2006 年基尼系数为联合国和世界银行数据)。[①]

① 1990—2000 年基尼系数来自 S. Chan and Y. Wang. China's Grow and Poverty Reduction: Trends Between 1990—1999, Research working paper. WPS, 2651, World Bank, 2001; 2002 年的基尼系数来自于中国社会科学院经济研究所收入分配课题组的研究,其他年份的基尼系数来自于世界银行的相关报道。

从图中可以看出,1990 年至 2006 年期间,我国的基尼系数在 1997 年之前有所波动,这也从另一方面说明了"倒 U 曲线"不是平滑变动的。虽然有所波动,但总体上看仍然处在不断上升的过程当中,波动的原因可能与当时的政策调整有关。直观观察,我国的收入差距随人均 GDP 的增长不断增加,二者间呈比较明显的正相关关系。实际上,我国人均 GDP 也是随着时间在不断增长,这也就不难理解两个图形的形状即变化趋势几乎完全一样了。图示虽然运用的只是 1990 年来的数据,却可以用来反映转型期以来我国收入差距的整体变化情况(虽然基尼系数由于统计方法等原因而有所差距,但对于趋势分析来说影响不大)。

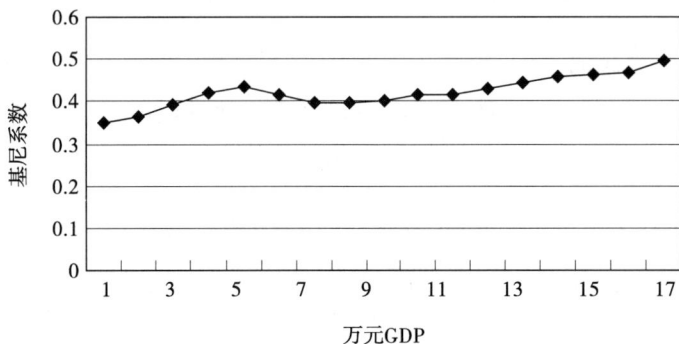

图 4-13　1990—2006 年收入差距随经济增长变化示意图

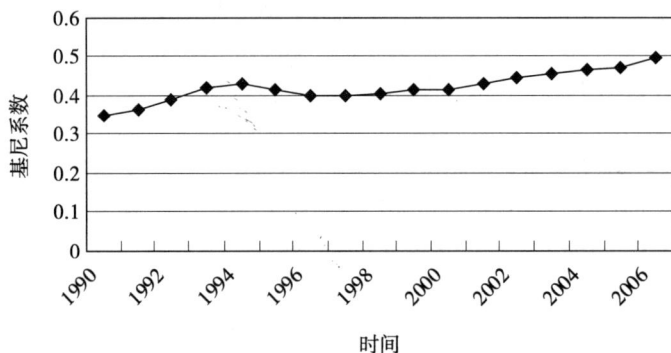

图 4-14　1990—2006 年我国收入差距变化图

3. 正相关关系的计量分析

下面,本书将运用计量方法对收入差距与经济增长的正相关关系进行分析,检验这种关系是否成立。

本书研究的是一个变量对一个解释变量的依从关系,这种研究被称为"双变量回归分析"。根据上文的分析,首先建立一个简单的线性分析模型,检验经济增长对收入分配的影响。函数式为:

$$Gini = a + bGDP + \varepsilon \tag{4-4}$$

式中,Gini 为收入分配差距,用基尼系数来表示;GDP 为经济增长,用人均 GDP 来表示;a 为截距,b 为系数,ε 为随机扰动项。:

利用表4-7 中的数据对模型4-4 进行回归分析,结果如下:

表4-8 我国1990—2006 年人均 GDP 对居民收入差距影响的回归分析结果

回归统计	
Multiple R	0. 885711
R Square	0. 784484
AdjustedR Square	0. 770117
标准误差	0. 018309
观测值	17

方差分析

	df	SS	MS	F	Significance F
回归分析	1	0. 018304	0. 018304	54. 6005	2. 26E-06
残差	15	0. 005028	0. 000335		
总计	16	0. 023332			

	Coefficients	标准误差	t Stat	P-value	Lower 95%	Upper 95%	下限 95.0%	上限 95.0%
Intercept	0. 36466	0. 008872	41. 10364	7. 8E-17	0. 34575	0. 38357	0. 34575	0. 38357
X Variable 1	8. 42E-06	1. 14E-06	7. 389215	2. 26E-06	5. 99E-06	1. 09E-05	5. 99E-06	1. 09E-05

根据以上结果,可以得到:

$$Gini = 0.365 + 0.00000842GDP \qquad (4-5)$$

$$(41.104) \quad (7.389)$$

$$R^2 = 0.785 \quad F = 54.600$$

从经济意义来看,该模型没有明显问题,我国的收入差距与人均 GDP 呈正相关,通过经济意义检验。从统计检验来看,模型的拟优合度较高,总体显著性较好,变量也较显著,通过统计检验。

I、序列相关检验

采用回归检验法对模型进行序列相关检验,用估计残差作被解释变量,作为解释变量,利用 OLS 进行参数估计,该方程为:

$$估计残差 = 0.00179 + 0.551 残差 - 1 \qquad (4-6)$$

$$(0.5339) \quad (2.9082)$$

$$R^2 = 0.377 \quad F = 8.457$$

该方程的拟合度、总体显著性都比较差,方程变量的显著性也不高,可以通过相关序列检验。

II、异方差检验

采用回归检验法对该模型进行检验,用估计残差作被解释变量,人均 GDP 作为解释变量,进行回归分析。结果为:

$$估计残差 = (2.40E-17) - (2.6E-27)GDP \qquad (4-7)$$

$$(2.7E-15) \quad (-2.3E-15)$$

$$R^2 = 0 \quad F = 0$$

显然该方程的拟合度、总体显著性极差,方程变量的显著性也极差,通过异方差检验。

由于只有一个变量,不必进行多重共线性检验。

III、结果与结论

从计量分析的结果可以看出,我国的人均 GDP 每增加一个单位,基尼系数将增加 0.000842 个百分点。相关系数为 78.44%。虽然经济增长对收入差距的影响为正,但也可以看出,作用不是特别明显。因为经济增长本身与收入分配两者关系非常复杂,仅通过经济增长与收入不均等程度的数量关联的表面分析,并不能得出令人满意的结论。

4. 模型的修正

经济增长可以在一定程度上解释收入分配差距的扩大,但解释能力还有所欠缺,仅为78.44%。为了更好地检验经济增长对收入差距的影响,在模型中引入人均GDP平方这个变量,构造一个一元二次模型:

$$Gini = a + bGDP + cGDP^2 + \varepsilon \qquad (4-8)$$

式中各变量含义与式(4-4)相同。

利用表4-7中的数据,运用SPSS统计软件对模型(4-8)进行回归分析。回归结果如下:

表4-9　回归分析结果

解释变量	变量值	T值	R^2	F值
截距值 a	0.389	22.462	0.869	18.274
人均GDP	1.234E-05	5.285		
人均GDP^2	-2.423E-10	-0.723		

可以看出,引入人均GDP平方这个变量后,回归方程的解释能力有所增强,同时可以看到人均GDP平方的系数为负,这表明相对于经济增长对收入分配的单向影响而言,经济增长对收入分配的影响应该是双向的:人均GDP的增加一方面扩大收入差距,另一方面也在缩小收入差距。收入分配与经济增长的关系更确切的表述是:在经济增长早期,人均GDP的增加主要作用体现在扩大收入差距上;当经济增长到一定阶段以后,人均GDP的继续增加则主要体现为缩小收入差距。

需要说明的一点是,使用Excel软件进行数据分析时,T检验值为7.389;而运用SPSS统计软件进行分析时,T检验值为5.285,二者之间出现了偏差,这与使用的统计软件的不同有关。但二者间数值的差距并不大,不影响对总体结果的判断。

5. 经济意义分析

经济增长并不必然带来收入差距的扩大,也就是说,经济快速增长的实现并不一定要以收入分配的恶化为代价。经济增长与公平分配在许多方面具有一致性,二者之间的冲突是可以避免的,追求经济增长并不必然与均等分配相矛盾,而是可以互补的。通过制度变革和政策调整,有可能形成这样一种局面:即在缩小收入差距的同时,还能提高经济的总体效率。平等和效率是互补而不是替代的关系成为一个"新的经济法则"。发展经济学家托达罗在《经济发展》第六版中写道:高的经济增长率并不必然使收入分配恶化,作为发展目标,迅速的经济增长和较均等的收入分配并不必然相斥。现在不是在更快地增长和更大的均等之间的抉择,而是第三世界国家对希望追求的经济增长类型的抉择——是一种主要利于富人的还是一种好处能被全社会均享的增长类型。

需要强调一点,实现经济增长与收入相对均等分配的良性循环的前提和保障是:政府实施了正确的制度设计与政策调整。前文已经提到过,收入分配问题实际上是一个制度问题,不但造成收入差距的原因要从制度上去寻找,而且解决收入差距问题也要从制度供给入手。

(二)收入分配影响经济增长的实证检验

从研究方法上来看,关于收入分配对宏观经济的影响,在不同的历史时代有着不同的主流趋势。自 1990 年代以来,随着金融部门的不断发展和扩张,主要形成了以下三种研究方法:一是将收入不平等纳入到内生增长模型,例如,Galor and Moav(2002)通过建立内生增长模型,得出结论认为,在经济发展的不同阶段,由于物质资本和人力资本的相对重要程度不同,因而收入分配对于经济增长的影响也不同。二是在一些传统的收入分配模型,如卡莱茨基模型、凯恩斯模型中加入新的因素或对已有变量的特征进行重新定义,由此得出新的结论,例如 Dutt(1989)通过将后凯恩斯主义的模型动态化,考察了食利者阶层对于资本主义经济中增长和分配的影响。三是基于国际面板的数据进行实证分析,例如 Alesina and Rodrik(1994)通过国际面板数据发现,较高的收入不平等和土地不平等不利于经济增长。

从理论上分析,一个发展中国家在工业化启动之初,确实需要一定程度的积累,这时一定的收入差距对经济增长是有利的。我国改革之初,收入差距的扩大对经济增长确实起到了一定程度的促进作用,如图 4-15 所示。

也就是说,一定的经济条件下,收入差距对经济增长是起正向作用的。下面就利用我国 1990—2010 年的基尼系数与人均 GDP 数值,对这种正相关关

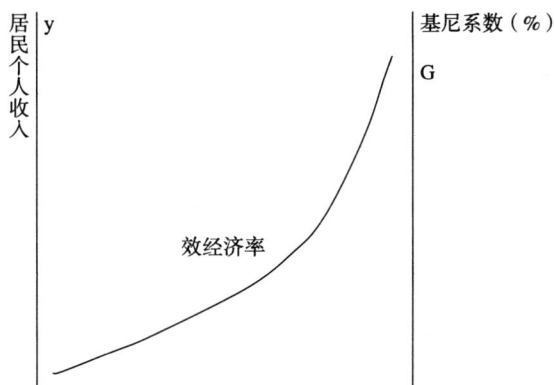

图 4-15 居民个人收入、收入差距与经济效率的关系

系进行检验。

1. 回归分析

$$GDP = a + bGini + \varepsilon \tag{4-9}$$

式中,Gini 为收入分配差距,用基尼系数来表示;GDP 为经济增长,用人均 GDP 来表示;a 为截距,b 为系数,ε 为随机扰动项。

利用表 4-7 中的数据对模型 4-9 进行回归分析,结果如下:

表 4-10 回归分析结果

回归统计	
Multiple R	0.885711
R Square	0.784484
AdjustedR Square	0.770117
标准误差	1925.351
观测值	17

方差分析

	df	SS	MS	F	Significance F
回归分析	1	2.02E+08	2.02E+08	54.6005	2.26E-06
残差	15	55604668	3706978		
总计	16	2.58E+08			

	Coefficients	标准误差	t Stat	P-value	Lower 95%	Upper 95%	下限 95.0%	上限 95.0%
Intercept	-32511.9	5332.26	-6.09721	2.04E-05	-43877.3	-21146.5	-43877.3	-21146.5
X Variable 1	93138.93	12604.71	7.389215	2.26E-06	66272.62	120005.2	66272.62	120005.2

根据以上结果,可以得到:

$$GDP = -32511.9 + 93138.93Gini \qquad (4-10)$$
$$(-6.097) \quad (7.389)$$
$$R^2 = 0.785 \quad F = 54.600$$

从经济意义来看,该模型没有明显问题,我国的人均 GDP 与收入差距呈正相关关系,通过经济意义检验。从统计检验来看,模型的拟优合度较高,总体显著性较好,变量也较显著,通过统计检验。

2. 检验

Ⅰ、序列相关检验

采用回归检验法对模型进行序列相关检验,用估计残差作被解释变量,作为解释变量,利用 OLS 进行参数估计,该方程为:

$$估计残差 = -11.304 + 0.679 残差 - 1 \qquad (4-11)$$
$$(-0.031) \ (3.315)$$
$$R^2 = 0.440 \quad F = 10.987$$

该方程的拟合度、总体显著性都比较差,方程变量的显著性也不高,可以通过相关序列检验。

Ⅱ、异方差检验

采用回归检验法对该模型进行检验,用估计残差作被解释变量,人均 GDP 作为解释变量,进行回归分析。结果为:

$$估计残差 = (-7E-12) + (7.44E-12)Gini \qquad (4-12)$$
$$(-1.3E-15) \quad (5.9E-16)$$
$$R^2 = 0 \quad F = 0$$

显然该方程的拟合度、总体显著性极差,方程变量的显著性也极差,通过异方差检验。

由于只有一个变量,不必进行多重共线性检验。

3. 经济意义分析

从计量分析的结果可以看出,我国的基尼系数每增加一个单位,人均GDP 将增加 93138.93 个百分点,相关系数为 78.5%。可以证明基尼系数与经济增长之间的正相关关系,也就是说,短期的收入不平等对经济增长有正面作用,有利于促进经济增长的收入不平等的产生和扩大,对于提高社会积累率和促进生产要素的流动有着显著积极作用。但必须说明的是,本计量分析使用的只是 1990—2006 年间的数据,因而这种正相关关系只能说明在这一期间、这一经济阶段及经济条件下是成立的,并不具有普遍的意义。

进一步说,收入均等分配不一定会损害经济增长,但不均等分配则有可能对经济增长造成负面影响,特别是收入差距过大情况下。从直观上看,收入分配过于向高收入阶层倾斜,会使整个社会的积累过多、消费萎缩,导致社会有效需求不足,妨碍经济增长。一国工业化进程主要由工业品的市场规模决定,收入分配过度不均会导致有能力购买工业品的人数过少,此时采用报酬递增的工业化技术就会因无法弥补固定成本而无利可图,缺少报酬递增技术,工业化自然无路可走。一个社会收入分配差距过大,人们的寻租活动和低收入阶层的暴力掠夺行为就会增多,产权制度极容易受到威胁,投资者的信心受挫,人们的工作热情就会打折扣,经济增长自然要受到破坏。

但从长期来看,由于收入不平等会逐渐转化为资产不平等,可以预见,收入不平等随着时间的推移对经济增长的积极作用会降低,甚至转化为较弱的负面作用。因此应当建立起防止形成长期持续的收入不平等的政策与制度体系,防止收入的不平等转化为财富的不平等。当然,这种推测需要进一步的证明,由于种种原因,本书对此不再进行证明。

小　结

本章在对收入分配影响经济增长的因素和路径进行理论分析的基础上,分析了收入分配与均衡增长的内在关系,并从转型期中国经验的角度解释收入分配对经济增长的作用关系。改革开放以来,我国经济增长与收入分配差距之间存在双向因果关系。一方面,经济的快速增长推动了收入分配差距的扩大;另一方面,收入分配差距的扩大对经济增长也有一定的促进作用。后一结论与国外部分学者对其他国家的研究结论是一致的。

纵观世界各国的经济发展现实和各种相关理论研究,可以看出,经济增长与收入分配之间并没有一个比较固定的、必然的联系,经济增长将会如何影响收入分配在很大程度上取决于一国特定的经济。

居民收入的变动既有独立于经济增长的一面(如社会资本数量与价格的变化、经济增长前阶段人力资本的数量与价格)也有与经济增长相关的一面,而后者又可以分解为正相关的一面(经济增长后阶段的人力资本数量与价格、经济增长前阶段的物质资本价格以及经济增长全过程的物质资本数量)与负相关的一面(经济增长后阶段物质资本价格)。考虑到个人收入变动与社会收入分配变动的一致性(注:社会收入分配的变动可以分解为无数个人收入分配的变动),经济增长与社会收入分配变动的关系也应呈现出多样化。所以经济增长并不必然造成收入差距的扩大,缩小收入分配差距也并不必然造成经济增长减速。

经济增长与平等分配在许多方面具有一致性,二者之间的冲突是可以避免的,追求经济快速增长并不一定与均等分配相矛盾,而是可以互补的。本章从理论上说明:通过制度变革和政策调整,可以形成这样一种局面,即在缩小收入差距的同时,提高经济的总体效率。

增长与分配的关系非常复杂,收入差距的变动并不仅仅与经济发展水平或收入水平相关,而是受一系列因素的影响。这些因素既可能导致收入差距扩大,又可能导致差距缩小。而这些因素的多数是可以通过政策调整和推进体制改革来进行调控的。一般认为,在公平和效率之间存在替代关系,增加收入分配的公平性会导致经济效率的下降。这在某些情况下是存在的。但另一方面,其中若干因素的调整,不仅不会导致效率损失,反而有助于提高效率。对于增长与分配的研究需要更加细化,并对增长与分配的关联因素进行深入分析。

第五章　增长与分配优先关系的
认识变迁与现实实践

如果将经济增长和收入分配作为经济发展追求的两个重要目标，那么收入公平分配应该成为发展战略的必要组成部分和评价经济发展成就的一个标准。但是对这一问题西方经济学经历了一个较长时间的认识过程，在实践中既有一些国家成功的案例，也有反面的教训。

一、对经济增长与收入分配关系的认识变迁

西方经济学界对经济增长与收入分配问题的研究由来已久。回顾经济学的发展，可以发现西方经济思想史一个带规律性的现象，就是理论界经历了一个从一开始只注重经济增长、重点关注生产、供给，忽视收入分配，继而到二者并重、再到转向重点关注分配、消费需求的理论研究重点的变迁过程，然后在继起的发展阶段，生产问题或者分配问题轮流凸显，这取决于经济发展的现实状况和需要。

（一）早期主流经济学对增长与分配的认识转变

在古典经济学时期，李嘉图第一次将收入分配作为政治经济学研究的主题，但是当时李嘉图研究收入分配的目的是为了揭示经济增长的动力和条件。在这里，收入分配服从和服务于经济增长。

西斯蒙第主张将收入分配与国民的幸福和福利联系起来，并将此作为他理论的基础和中心。在他看来，研究政治经济学的目的是增进人的物质福利。他反对李嘉图关于政治经济学无限制增加财富的观点，认为政治经济学的研

究对象是全民收入的确定及这种收入的分配。但这只是来自非主流学派的声音。①

　　一直到19世纪中叶,西方主流学派对西方国家发展过程中日益严重的两极分化都采取沉默与辩护的态度。巴斯夏的"经济和谐论"就认为当时收入分配领域也充满着和谐。他认为,资本来源于预见、智慧和节约,因而资本存在着一切伟大自然规律的无可怀疑的音调和标志——和谐。②

　　在主流经济学中,约翰·穆勒第一次提出了分配优先的看法。他从当时西方国家对经济产品的分配方式中看到了分配的不合理所带来的分配差距过大的弊端,提出了"最大多数人的最大幸福"这一伦理准则。认为放任自流的分配原则要有一定的限制,政府在经济活动中应有更大更多的权利。③ 他主张在不变更原有制度和生产基础的前提下,通过政策和法规等再分配措施来缓解日趋扩大的收入分配不均等问题。此后,收入分配不均等问题,成了经济学关注的重要问题。收入再分配成为西方经济学和政府用来对付已成痼疾的收入分配不均等现象的主要手段。

　　从李嘉图到约翰·穆勒,标志着西方主流经济学对增长与分配选择的一种转变。导致这一转变的根本原因,是当时的社会制度已经难以容忍由于收入分配差距过大引起的矛盾和冲突。西方学者自己道出了问题的严重性:如果一个自由社会的分配方式被普遍认为是不公平的,那么它就不可能维持长久。这也是战后西方国家纷纷走上福利国家道路的最根本和最直接的原因。

(二)福利经济理论对收入再分配的认识

　　庇古的福利经济学可以看成是现代福利国家政策的微观基础。庇古从基数效用论出发,提出两个基本的福利命题:国民收入总量愈大,社会经济福利就愈大;国民收入分配愈是均等化,社会经济福利就愈大。因此,要增加经济福利,在生产方面就必须增大国民收入总量,在分配方面必须消除国民收入分

　　① ［瑞士］西斯蒙第:《政治经济学新原理》,何钦译,商务印书馆1997年版,第40—48页。
　　② ［法］巴斯夏:《和谐经济论》,章爱民译,机械工业出版社2010年版。
　　③ ［美］小罗伯特·B.埃克伦德、罗伯特·F.赫伯特:《经济理论和方法史》,杨玉生译,中国人民大学出版社2001年版。

配的不均等。在上述命题基础上,庇古认为在国民收入总量不变的前提下,通过收入再分配手段,将富人的一部分收入转移给穷人也会增加社会福利。庇古一方面主张最适度地配置生产资源,使国民收入达到最大;另一方面主张通过收入转移包括累进税、遗产税和公共福利支出的政策,实现收入均等化。庇古的福利经济学实际上承认了这样一种情况,即国民收入的增长与社会福利的增长可能会不成比例,并希望国家来缓解这种矛盾。①

凯恩斯的理论可以看成现代福利国家政策的宏观基础。凯恩斯主义将反危机和解决失业问题作为主要目标,认为失业的原因是有效需求不足,而收入均等化能够提高社会的边际消费倾向,增加有效需求。政府在公共工程和社会福利设施方面的投资可以扩大总需求,刺激经济增长和就业增加,这些都构成福利国家的重要内容。因此凯恩斯的充分就业政策与福利国家政策是紧密相连的。

(三)发展经济学对增长与分配的认识及转变

到了 20 世纪 50—60 年代,由于经济增长理论获得了空前的发展,为研究收入分配问题提供了工具,于是掀起了研究增长与收入分配的热潮。

1. 理论发展

在发展经济学中,对经济增长和收入分配研究产生重大影响的两个理论分别由两位诺贝尔经济学奖的获得者提出:库兹涅茨的收入分配"倒 U 型假说"和刘易斯的二元经济理论。

20 世纪 50 年代,纳克斯和纳尔逊就提出发展中国家贫困落后的根源,是人均收入水平过低导致储蓄与投资不足,而储蓄与投资不足又使经济增长难以为继,反过来导致收入水平难以提高。因此,发展中国家极容易陷入贫困的恶性循环"或低水平的均衡陷阱"之中。那么,如何才能解决这个问题呢? 刘易斯的答案是:解决发展中国家的经济增长,只有使收入分配发生有利于现代产业部门发展的变化,或者说,在经济发展的初期阶段,必须牺牲均等分配来促进经济增长。库兹涅茨著名的"倒 U 型"假说②更是可以概括为"收入分配

---

① [美]斯坦利·L. 布鲁、兰迪·R. 格兰特:《经济思想史》,邸晓燕等译,北京大学出版社 2008 年版。

② 陈广汉:《增长与分配——发展中经济面临的选择》,武汉大学出版社 1994 年版。

随经济增长先恶化而后自动改善"。刘易斯认为,在二元经济结构发展模式下,要保证国民收入分配能够向利润倾斜,通过收入相对集中于少数人手中来加快资本积累,进而推动二元经济增长和二元结构的转变,因此收入不均等成为启动和加速二元经济增长的必要条件。① 据库兹涅茨估计,倒 U 曲线从上升到下降,在英国大致经历了 100 年,在美国和德国大约为 60—70 年的时间。

以上理论均认为,收入分配不均等既是经济增长的原因,又是经济增长早期的必然结果。这种被称为"先增长后再分配"的理论主张在二战结束至 20 世纪 60 年代末期在发展经济学中占据主导地位。这种观点的政策含义是,后发国政府无须劳心费神去改善收入分配,等到经济增长以后,增长的利益最终将惠及到全社会。

2. 认识转变

但是,从 20 世纪 70 年代开始,主张收入分配的改善与经济增长并重,即认为收入分配的改善是促进经济增长的前提条件的观点,逐步在发展经济学中占据主导地位。这种理论上的转变是建立在对过去发展战略反思的基础上的,因为发展并没能改善后发国家贫困者的状况。

20 世纪 80 年代以来特别是近年来,不公平经济增长理论逐渐受到批评。相反,在公平分配中实现经济增长的呼声越来越高。在 1994 年 1 月召开的美国经济学年会上,主流的声音是收入差距扩大不仅不是经济增长的结果,更不是经济增长的条件。有学者②甚至直截了当地提出了"公平经济学"的思想,认为经济增长加快同收入平等这两者并不矛盾。如果政府政策得当,就能既缩小贫富差距,又提高经济增长率。

1995 年的《哥本哈根社会发展宣言》明确指出:在社会群体和国家之间公平和非歧视性地分配增长利益,并使生活于贫穷中的人民获得生产性资源的渠道得以扩大。诺贝尔经济学奖获得者、英国经济学家詹姆斯·米德倡导"社会分红"理论。他认为,国家理应"将利润的一部分作为社会分红分给消费者";"社会分红"在经济萧条时期能够起到扩大消费的作用,因而是一种

---

① 陈广汉:《增长与分配——发展中经济面临的选择》,武汉大学出版社 1994 年版。
② 美洲开发银行副行长南希·伯索尔和威廉斯大学教授理查德·萨伯特。

"反周期"的政策工具。①

自此,发展中国家的发展战略也越来越多地从以经济增长为中心转向在公平分配中实现经济增长上来。

二、国外在收入分配问题上的实践

大多数国家在工业化过程中普遍出现过收入差距扩大的现象,不断恶化的贫富差距曾困扰着许多国家经济社会的健康发展。在解决这一问题的过程中,许多国家有过反面的教训,也积累了一些成功的经验。

(一)福利国家:欧美国家的实践

在欧美等发达国家的工业化过程中,经济增长曾在很长时间里被放在优先的位置。各国政府深受当时流行的发展理论的影响,普遍重增长、轻分配,严重忽视经济与社会的协调发展,致使高增长率与就业形势恶化及贫困并存。②

因此二战以后,欧美等国家开始实施大规模的收入再分配政策,来缓解收入分配不均等和贫困现象,以维持社会稳定和整体社会的利益。它的现代形式就是战后在发达国家风靡一时的"福利国家"。

一般认为"福利国家"正式诞生于 20 世纪 40 年代的英国。表现为公共福利支出快速增长,在国内生产总值中所占的平均比例超过了 20%。德国在 19 世纪推行全国性社会保障体系,成为日后许多国家群起模仿的滥觞。其历史机缘,并非德国已经在二次工业革命领先,相反是要弥合增长中越来越严重的矛盾。更有代表性的是,美国在 1929 年经济危机后,是"罗斯福新政"的"社会安全法案",使得国家走出沼泽。

美国在 20 世纪六七十年代就出现过巨大的贫富差距。为减小这种差距,

---

① 新加坡和中国香港、澳门和东莞在实际上也实施了发"大红包"的政策。近年来,俄罗斯员工的工资每年以 16% 速度增长,高于本国 GDP 的增长速度。美国阿拉斯加州用石油收入建立"政府资源基金",每一位阿拉斯加州的居民每年都能从基金带来的利润中获得分红。

② Louis Emmerij, El Desarrollo Económico y Social en los Umbrales del Siglo XXI, BID, Washington, D·C·, 1998, p. 5.

美国采取了股份共有的做法,让更多的资源、财富人民共同持有。美国先后两次制定法律,鼓励职工持有产权。进行税制改革、不断提高个人所得税也是各国常用的手段。在美国,个人所得税率最高的时候达到 50% 多,瑞典的个人所得税率甚至高至 70%—80%,英国、日本的遗产税最高税率曾高达 85%。同时通过完善的社会保障措施筑起社会安全网来保障穷人最基本的生活,实现了社会公平。

通过上述措施,欧美发达国家的贫富差距普遍都比较小,除美国外,基尼系数很少超过 0.3,瑞典、瑞士等国家更是极其公平,20% 的最富裕人口也仅占社会财富的 40% 左右。

(二)中等收入陷阱:拉美国家的反面教训

拉美国家历来存在严重的收入分配问题,被认为是世界上收入分配最不公平和两极分化最为严重的地区。早在 20 世纪 70 年代,拉美国家就被称为"有增长而无发展"的典型,危机频发成为突出表现之一。在经历了 20 世纪 50 至 80 年代的经济快速增长进入中等收入国家阶段之后,拉美国家受到经济增速滞缓、贫富差距拉大、外资依存度过高等一系列问题的困扰,而未能进入高收入国家行列,由此被称为陷入"中等收入陷阱"。

经济增长伴随着严重的贫困问题已经成了拉美经济发展的区域"特色",深刻影响了经济的健康发展,导致社会动荡不安和政治信任危机。2001 年阿根廷爆发货币危机后,一个月内五易政府。这说明,如果不关注收入分配问题,任由其恶化,就会导致一系列的恶性循环,以致付出高昂的政治和社会成本。

拉美问题的根源在于经济增长与社会全面发展之间的脱节,归根结底,这是拉美发展观念的严重缺陷所造成的。一些长期在拉美流行的发展理论,如"蛋糕论"、"积累优先论"、"发展主义"理论等,都割裂了经济增长同结构改善、经济发展与人和社会发展之间的关系,用这样的发展观念指导实践,必然产生严重的后果。

(三)边增长边分配:东亚国家的成功战略

自 20 世纪 60 年代以来,韩国、新加坡、中国台湾和中国香港等东亚后发国家(地区)经济持续高速增长,但同时收入差距基本保持稳定,甚至有所减少,基尼系数大体维持在0.3左右。东亚国家(地区)走出了一条与库兹涅茨"倒U假说"不相符甚至完全相反的路径。世界银行曾把其经济增长方式称为"东亚模式",是由传统农业社会向现代工业社会转型的成功典型。

其中,韩国在20世纪70年代中期收入差距曾有所扩大,基尼系数从0.33上升至0.39,主要原因是向重化工业升级过程中资本产出比的提高,以及这一时期通货膨胀率和房地产价格的上升,但是,收入差距的上升趋势很快即被扭转。进入20世纪80年代后韩国的基尼系数开始不断降低。多年来韩国不论经济发生什么样的波动,基尼系数一直没有超过0.4的警戒线。中国台湾的收入差距在20世纪80年代以前一直不断缩小,随后有所上升,但仍保持在较低水平上。① 日本用20年的经济增长抹平了大部分社会差距,在发展经济过程中,逐步实现了利益共享和共同繁荣的社会理想。与其他经济大国相比,日本贫富差距相对较小,国内经济社会发展水准相对均衡。因此,日本自称是"一亿总中流"的社会,也被称为公平社会或均质社会。

"边增长边分配"战略的实施是东亚国家能够保持经济增长与收入分配良性互动的主要原因。韩国经济的发展路径存在两大重要特征,第一是政府主导经济发展;第二是高度强调经济增长,同时注重公平分配。为此,韩国政府在收入初次分配和再分配方面发挥着重要作用,在收入分配的公平性上积累了丰富经验。台湾通过早期土地改革等措施确保了经济高速度增长过程中收入分配的公平,可以说是真正实现了经济增长的奇迹。

三、收入分配与经济增长的替代关系: 发展中国家的三种模式比较

收入分配与经济增长的终极目标相联系,这也符合以人为本的现代发展理念。但是20世纪50年代以来,许多发展中国家先后取得了较高的经济增长水平,但在减少贫困和缩小收入分配差距方面依然存在一些问题,出现了"均等分配"与"高速增长"间的替代关系。这种替代关系导致的结果是:许多

---

① 邓利娟:《试析台湾"均富型增长模式"的改变》,《台湾研究季刊》2005年第3期。

发展中国家在经济保持快速增长过程中,收入分配两极分化,大多数人并未从经济增长中获得福利,甚至造成社会动荡;还有一些发展中国家经济增长缓慢,收入分配不均等程度非常大。收入分配与经济增长的这种替代关系在经济实践中有以下三种具体模式:

(一)先增长后分配的增长导向型模式

这是 20 世纪 50、60 年代发展经济学主流学派的观点,可以从刘易斯和库兹涅茨的理论和统计分析中找到根据,也可以从发达国家发展的经历中获得经验支持。它在战后一些发展中国家得到过充分实践,如巴西,墨西哥和印度等国家。

1. 理论依据

这种模式的理论依据可以归纳为:一是经济增长是发展中国家摆脱贫困的唯一途径,而资本积累不足是制约经济增长的根本原因,这种观点在纳克斯(R. Nurkse)的"贫困恶性循环理论"和纳尔逊(R. R. Nelson)的"低水平均衡陷阱"理论中都得到了充分论证。

二是认为收入分配向储蓄阶层的倾斜可以提高资本积累率,推动经济增长,这意味着发展中国家在经济发展的早期阶段必须通过不均等分配来启动和加速经济增长。而且另一种占主流的观点是经济增长的早期阶段,收入差距必然扩大,因而分配不均等成了经济增长的结果。

三是经济增长最终会导致收入分配的改善。这是可以直接从库兹涅茨理论中得出的结论。库兹涅茨认为,经济增长对收入分配的这种积极影响可以从两方面理解:第一,经济增长可能通过纵向的"滴流"效应和横向的"扩散"效应自动地匀平经济利益,使收入分配改善。这种作用主要是通过市场机制来实现的。第二,经济增长增强了政府和国民的财力,为各种再分配政策奠定了物质基础。这种作用主要是通过政府干预来实现的。①

2. 政策选择及后果

这种战略导向下的政策选择是,追求经济快速增长成了首要甚至是唯一

---

① 参见陈广汉:《增长与分配——发展中经济面临的选择》,武汉大学出版社 1994 年版,第188—189 页。

的目标,分配和就业放在了次要位置。这些国家往往采用大型的资本和技术密集型产业政策,依靠财政赤字筹集资金,经济体制上过分强调国家干预。大规模收入再分配政策的实施是在二战以后,现代形式是在发达国家风靡一时的"福利国家"。其理论基础有庇古的福利经济学、斯德哥尔摩学派的"自由社会民主主义"经济制度理论和弗莱堡学派的"社会市场经济"理论。但是福利国家政策也遇到了一些问题,带来一些矛盾和冲突,如滞胀的出现等,因为这种政策在一定程度上削弱和损害了市场经济的运行机制。

但是发展中国家推行这种战略模式却并不一定有利于经济的持续和稳定增长,这已被发展中国家的实践所证明。主要表现是经济增长的背后收入分配差距拉大、贫困加剧,许多国家出现了"有增长而无发展"的"墨西哥病"[1]或者是出现"拉美陷阱"[2]。其原因在于:一是收入集中在少数人手里,并不必然导致高储蓄,或者即使有高的储蓄也并不能保证用于生产性投资。二是由于互补性生产要素的缺乏和不适应于本国资源禀赋的技术引进,使投资与产出、投资与就业不成比例。三是过大的收入差距和大多数人的低收入不利于经济的增长。

这种先增长后分配的战略模式要在发展中国家取得成功,必须满足下列条件:第一,有效控制工资上升;第二,确保少数人的高收入能够用于储蓄和生产投资;第三,产业的技术选择要符合本国资源禀赋的特点,以利于就业的增长;第四,产品要有足够的国际竞争力,可以利用国际市场来弥补本国居民由于收入过低和差距过大所致的内需不足;第五,政府要有足够的能力克服收入差距过大所导致的社会不稳定。如果不具备这种条件而是靠牺牲均等分配来谋求经济增长,经济增长过程也就容易呈现不稳定性和周期性。因为收入分

---

① 是指 20 世纪 70 年代,以墨西哥、巴西、印度等国家为代表,实行了重增长、轻分配或者先增长后分配的发展模式,结果导致两极分化严重,出现"有增长而无发展"的问题,也就是这些国家普遍患上了"墨西哥病"。

② "拉美陷阱"是指拉美的一些国家,在经济经历了一段快速增长之后,人均 GDP 超过 1000 美元,但是财富过度集中,加上大部分人不充分就业,导致收入差距越来越大。这时,为了缩小差距,缓解社会压力,这些国家过早地引入发达国家的一些社会福利制度,包括高税收高福利的政策等。结果导致高收入者的投资减少,各种经济增长因素逐渐消失,经济增长速度迅速下滑,收入来源也不断减少,低收入者的状况没有得到改善,同时国家外债不断增加,出现财政赤字,导致经济危机和社会危机,拉美的经济陷入一个不增长的陷阱中。

配的不均等不仅仅是收入分配领域的问题,还往往是经济畸形和不平衡发展的反映。

3. 我国的实践

目前我国可以说实行的就是这种模式,但实际上这 5 个条件在我国并不完全具备。首先,我国利润和高收入者的收入不能保证用于实业性投资,而是转向奢靡型消费或转向国外,导致消费的早熟,使国内收入转变成为国外商品的购买力。其次,工业部门的资本积累和经济增长并没有创造出充分的就业机会来,产业结构并没有充分发挥劳动力丰富的比较优势,反而出现了重工业下的资本深化趋向,使得我国就业面临严峻的形势,"奥肯定律"在我国失效,并由此造成宏观经济关系扭曲。另外,我国出口产品的国际竞争力不强,外需也不足以弥补国内经济增长对内需的需求。

所以,我国实行先增长后分配模式的条件并不充分。但是这些年我们过分关注 GDP 的增长,从中央到地方,GDP 的增长率是最重要的考核指标。强行实施这一模式的后果就是出现一系列问题:长期忽视收入分配,经济增长的"涓滴"与"扩散"机制没有形成,经济效益无法分润到各个阶层。收入差距快速扩大,经济增长没有带来经济发展,广大普通劳动群众并没有充分分享到经济增长所带来的好处。可以说我国经济中出现的许多问题都与此战略有关。

对于经济增长没有产生"涓滴"与"扩散"效应的原因,新古典理论认为,生产率增长的结果如果没有通过市场力量的作用扩散到整个社会,则应归咎于市场不完善、政府的扰乱性干预、工会与政治权力对市场的破坏等,否则经济体系将达到均衡状态。在均衡条件下,各种要素的报酬会根据其对生产过程的贡献而自动做出调整。[①] 在我国转型期,可以说以上因素都存在,但我国的情况又具有自身的特殊性。我国经济也处在一种均衡之中,但均衡并不意味着收入分配的均等,不均等也可以达到均衡,只不过这种均衡是一种扭曲的均衡,因而需要调整。

(二)重分配而轻增长的模式

这一战略模式注重公平收入分配,经济增长率却很低,典型实践者是斯里

---

① 刘力:《经济增长与收入分配关系的理论观点述评》,《广东外语外贸大学学报》2004 年第 4 期。

兰卡。20 世纪 70 年代前,斯里兰卡政府一直在粮食、教育和卫生等方面维持庞大的福利补贴开支,同时为支持农业的发展,实行保证价格和补贴。这些政策对改善收入分配和保障低收入者生活起到了很大作用,全国的文化教育和医疗卫生水平也高于同等发展水平的国家。但是,由于各种福利费用过大,严重影响了投资的增长,经济增长停滞。长期的低经济增长也使高福利政策失去了基础,贫困人口也出现了轻微的反弹,1963—1982 年,斯里兰卡的贫困人口增加了 2 万人,这实际上是重分配而轻增长的结果。

(三)边增长边分配的模式

这是一种快速增长与公平分配互动型模式,以新加坡、韩国和中国台湾为代表。将收入分配与经济增长作为经济发展追求的两个重要目标,那么收入分配应该成为发展战略的必要组成部分和评价经济发展成就的一个标准。边增长边分配就是一种反映发展中国家(地区)经济特征、把收入分配与经济增长结合起来分析的结构和理论模式。这种模式的实践是基于这样一种思路:对收入分配的关切不能只注意收入份额的变动,更重要的是要关心低收入群体的收入水平和增长。收入分配的目标不能被看成是独立于经济增长目标的,而应该根据不同社会经济群体满意的收入增长率进行动态的安排。

这种战略在选择合适的发展道路、致力于经济快速增长的同时,通过建立一种有指导的市场经济体制,积极发展科技和教育,扶持农业发展,推行土地改革和其他社会改良措施,调节收入分配,改善贫困人口生活状况。这种"边增长边分配"的模式不仅使这些国家和地区保持着长期的经济高速增长,同时收入差距也控制在较低程度。据分析,20 世纪 50—80 年代,整个亚洲"四小龙"在经济高速发展中并未伴随收入分配不均等的加剧和恶化,而是有所改进,尤其是中国台湾最为典型。20 世纪 50—70 年代,台湾人均收入从 1964 年的 500 美元上升到 1974 年的 1000 多美元,年均增长率为 6.6%。基尼系数却从 1953 年的 0.57 下降到 1972 年的 0.29。[①]

这种边增长边分配的战略模式有以下几个方面的特点:第一,从发展中国家(地区)的实际出发,注意到发展中国家(地区)社会经济结构上的刚性,部

---

① Fei,Ranis,Growth with Equity:The Taiwan Case,Oxford University Press,1979.

门之间结构上的差异性和不同经济群体经济行为的特殊性。如经济社会的二元结构；劳动力自由流动的限制；由于历史文化传统差异引起的发展和教育资源分布的不均衡；不同社会群体储蓄行为的差别；人口增长的差别等等。

第二，政策和战略上具有改良主义特征。这种模式的出发点是认为以收入分配差距的拉大来换取经济高增长是不足取的，发展中国家（地区）对发展战略要重新定向，将收入分配作为发展战略的一部分。要提高低收入者的收入，必须改变物质资本和人力资本高度集中的状况。但是不主张对现有高度集中的资产进行再分配，而是通过发展方式的调整，在经济增长过程中实现资产的再分配。这是一种渐进式改良主义政策。

第三，战略实施中要充分发挥政府的作用。由于发展中国家（地区），特别是处于转型期的经济结构具有二元特征，劳动与资本市场扭曲，生产要素之间替代弹性很低，大量的劳动人口处在体制之外，那么通过价格和市场机制的调节，推动劳动密集型产业的发展和就业的增加，来缓解贫困和收入分配不均的政策效果是十分有限的。因此，政府要通过投资转移，使资源发生有利于劳动密集型部门的直接配置来解决。对于这一问题，后面的章节中还要详细论述。

全球社会发展正处于一个结构性的转型过程中，中国也面临社会发展模式的战略转型问题。作为发展中大国的中国社会发展模式，是无法用哪一个西方既定的社会经济发展理论和模型来进行诠释的。历史经验证明：资本主义的发展是遵循"李嘉图定律"和"库兹涅茨假说"的。李嘉图定律的实质是：生产力发展和社会发展与构成整个这一发展基础的劳动群众的利益相矛盾，并以牺牲后者的利益为代价；而库兹涅茨所谓的倒"U"型曲线规律，即人均财富差异和不平等是不可避免的必然规律，则把这一定律模型化；可以说，中心—外围理论正是李嘉图定律在国际空间上的拓展和运用，熊彼特的"创新性毁灭"理论为它粉饰和包装。它们反映出西方社会及其发展模式的制度性缺陷和内在的根本性矛盾。

四、实践模式的启示

理论和实践两方面都启示我们：重视收入分配，经济就可能持续健康发展,反之,任由分配状况恶化,经济增长和社会发展都会出现问题,甚至难以为继。

(一)经济增长并不是必须以收入分配差距的扩大为代价

虽然西方国家的长期资料确实似乎支持库兹涅茨的观点,但以托达罗等人为代表的一些发展经济学家却证明了大约 90% 的被调查国家都是不存在"倒 U 型曲线"关系的。战后日本等亚洲新兴经济体的发展充分显示了经济增长与收入平等间的正相关关系。一方面保持经济稳定增长,一方面国民收入分配越是公平。这一事例也常被经济学家作为反驳"倒 U 型曲线"假说的最好例证。

同时,收入分配状况的恶化并不必然促进经济增长。那种以为高度的收入分配不均等有利于增加储蓄从而促进增长的观点显然忽视了这样一个事实:即许多后发国家的富裕阶层既不节俭,也不想将其相当一部分收入储蓄起来并用于本国经济投资。他们或将收入用于大量奢侈性消费,或将资本转移到国外。①

改革开放后的相当长时间内,我国一直"重增长、轻分配",导致收入分配持续恶化,经济社会面临"中等收入陷阱"的危险。韩国、台湾等东亚国家(地区)在收入分配问题上的成功实践告诉我们,在蛋糕没有做大之前,也可以分好蛋糕。甚至在蛋糕变小后,如果能分好蛋糕,蛋糕还能继续做大。其间的因果轻重,固然不能一概而论,但中国经济的增长已经带来国家财富的大量增长,建立起更为合理的收入分配体制机制,虽非一蹴而就,但是已经亟须破题。

(二)增长不会自动导致公平分配,政策调节是关键

拉美国家几十年的经历证明,发展不会自动导致公平分配,需要政府通过相应的制度安排和政策措施来对分配进行调节。发达国家的历史轨迹中也没有显示消除分配不均等会是经济持续增长的自然结果,经济增长的成果不会自动惠及大众。

---

① [美]迈克尔·p. 托达罗:《经济发展与第三世界》,中国经济出版社 1992 年版,第 146 页。

根据先发国家的经验,一国由贫穷向着富裕转变的过程中,市场经济内在机制会使收入差距出现扩大,而是否会缩小则依赖于能否建立起缩小收入差距的体制机制。赖特的制度假设理论认为,市场力量不是决定收入分配的唯一因素,最主要因素还是制度安排和政策战略。①

一般来讲,制度和政策从以下几个方面影响收入分配:一是决策者对增长和分配的不同偏好对应不同的战略措施,会导致初次分配的不合理。初次分配造成的收入差距仅靠再分配来进行调整是不够的,且会付出较大的社会经济成本和代价。二是非均衡的政策战略会导致城乡、地区及行业间发展的差异,发展不均衡是造成收入分配差距的直接原因。三是制度政策直接决定再分配的力度和效果,从而影响收入差距。

从长期来看,我国要改善收入分配还需要政府加快革除阻碍社会公平分配的体制性问题,特别是要严厉打击各种形式的腐败现象,消除经营垄断,整顿分配秩序。

(三)共享式增长理念对改善我国收入分配至关重要

强调分配的重要性并不意味着增长不重要,特别是在我们这样一个人均GDP还非常低的国家,实现经济的持续调整增长仍然是第一位的任务。但我们应该反思的是,我们需要什么样的增长?

拉美国家先增长、后分配的现代化发展模式给我们留下了深刻教训,这源于其指导理念上的偏差、政策运用的失误导致了收入分配状况的恶化。而东亚国家(地区)在经济增长过程中始终坚持分享增长的原则。在这样的原则指导下,国家在制定目标时,将经济增长与公平分配放在了同等重要的位置,所采取的政策也都是为实现经济增长和公平分配的双重目标。经济增长改善了收入分配,公平的收入分配又反过来促进了经济增长,形成经济增长与公平分配相互促进的良性循环。

共享式增长(后被译为"包容式增长")基本含义是指基于资源平等配置的增长,社会各个部门皆能享受到增长所带来的利益,经济发展成果惠及所有人群,在可持续发展中实现经济社会协调发展。共享式增长强调机会平等的

---

① 邓利娟:《试析台湾"均富型增长模式"的改变》,《台湾研究季刊》2005年第3期。

增长,消除部分"不能分享者"的"分享"问题。改善收入分配是共享式增长的应有之义。

单纯追求经济增长无助于一个国家整体竞争力的提高,必须在保证经济增长的同时,从制度层面上确立效率和公平的平衡点,推动社会经济的共同发展。共享式增长理念是改善我国收入分配状况和保证经济持续稳定发展的必要条件。

一个经济体的收入分配状况与其经济发展战略有内在的联系。收入分配的中心问题产生于社会生产过程内部,收入分配的差距是由分配的模式决定的。经济结构、生产要素的分配方式以及资源配置方式,而不是经济增长的水平或速率,是收入分配模式的基本决定因素。可见,在经济由传统的农业社会向现代化工业社会转变时,是存在经济增长和收入分配二者兼顾和相互促进的发展模式的。虽然这种模式的实行需要一定的条件,但仍然为我国的选择提供了有益的启示。

"先增长,后分配"是经济发展的自然趋势,而"边增长,边分配"则是社会分配的行政措施。如果我们要固守西方经济学理论,自然便只能坚持前者而摈弃后者。但是,如果我们从实际的需要出发则只能改变传统的分配模式,因为经济发展的国际环境已经发生了很大的变化。

五、"中等收入陷阱"问题再探讨

作为一个经历了30多年改革开放、高速发展的新兴经济体,中国经济发展的过程,同时也是矛盾不断积累、利益格局急剧变化的过程。经济结构调整和发展模式转变,最终都会引起社会不同阶层成员的利益消长,从而导致进一步改革的举步维艰。在当今中国经济发展和社会进步所面临的挑战、遭遇的障碍当中,引起公众广泛关注的就是所谓"中等收入陷阱"。

(一)"中等收入陷阱"拷问发展模式

1."中等收入陷阱"辨析

"中等收入陷阱"这一提法最早出现于世界银行的东亚经济发展报告中。2006年,世界银行《东亚经济发展报告(2006)》率先提出了"中等收入陷阱"

的概念。它是指一个经济体人均收入达到世界中等水平后,从中等收入向高收入迈进的过程中,由于不能顺利实现发展战略和发展方式的转变,导致新的增长动力特别是内生动力不足,经济长期停滞不前;同时,快速发展中积聚的问题和矛盾长期得不到解决,造成贫富分化加剧、产业升级艰难、城市化进程受阻、社会矛盾凸显等。

从世界经济发展的历史实践经验看,二战以后,许多国家经过努力,都先后从低收入国家成功进入中等收入国家行列。但由于大多数国家在向高收入经济体攀升过程中,经济增长仍然依赖从低收入经济体成长为中等收入经济体的发展战略,进一步的经济增长被原有增长机制锁定,人均国民收入难以突破10000美元上限,导致这些国家一直徘徊在中等收入水平线上,即"中等收入陷阱"。从发展中国家的发展实践看,拉丁美洲、东南亚的一些国家和地区早就进入了中等收入国家的行列,但至今仍未能进入高收入国家行列,被视为陷入中等收入陷阱之中。

2."中等收入陷阱"产生的原因

是什么原因导致这些国家落入"中等收入陷阱"而难以持续增长?

第一,城市化与工业化发展脱节。制造业和基础设施发展严重滞后于城市化速度,而城市化则缺少必要的物质基础和财力的支撑,因而随着农村居民大量盲目涌入城市,就业问题、住房问题、收入问题及社会保障问题凸显,难以遏止。在拉美等国,农村土地是私有的,高度集中于庄园主和地主之手,致使缺地和无地农民大量涌入城市谋生。城市手工业、服务业需要大量人手,也吸引了农村人口向城市集聚。因而早在1970年代,拉美的城市人口就占总人口的6成以上,进入21世纪比率更高过78%,成为发展中国家城市化率最高和上升最快的地区。

第二,城乡、行业和各阶层之间的收入分配很悬殊,贫富差距拉大,存在着"增长性贫困"化。美洲开发银行的一项研究报告称:本世纪初,拉美地区城市人口的平均实际收入已退回至上个世纪90年代中期的水平,致使贫困人口陡增了2000多万,总数达到2.27亿,占拉美总人口的44%。其中赤贫人口约1亿,将近总人口的20%。分析还指出,30%的拉美地区穷困人口只拥有国民收入的7.5%,而占人口10%的富人则拥有国民收入的40%。一些地区和国家的基尼系数高达0.6,超出0.4的国际警戒底线的一半,远超欧洲0.25——

0.3 和亚洲 0.31—0.44 的平均系数,创造了世界最不均等收入之"最"。

第三,以"新自由主义"为理念,以市场化和私有化为导向的改革,使社会保障责任过分依赖于市场商业保险和个人储蓄,这一改革加剧了穷人和社会底层弱势群族生活的艰难程度。在这种体制下,养老金、退休金等社会保障更多取决于参保人的收入水平和个人市场投资的回报额,贫困的失业者、待业者和低收入者被排除在社会保障大门之外。即使政府发放一些救济金,也因量小式微而无法解决生活保障问题。

第四,不少国家出台对社会大企业和富有阶层有利的财税政策,以缓解资金外逃,支撑经济景气。同时,为缓解财政赤字,增加生产性、福利性的投入,不得不开动印钞机,增加流动性,导致社会通胀严重。社会投资力不强,公益工程建设迟缓。为了摆脱财政困境,不少政府不得不"寅吃卯粮",大肆举债并依赖于外资外债。资料显示,不少拉美国家平均偿债率多年都在 20%以上。

第五,收入分配不公和贫富差距拉大导致经济增长动力不足,内需萎缩,从而使粗放的增长方式和失衡的产业结构长期得不到有效调整,经济失衡。由于社会矛盾激化,政府更迭加快,不同届政府的政策缺乏连续性、有效性。更有甚者,社会风气与治安恶化,生态环境恶化,政府公权力恶化,贪腐现象倍增。

当前,在全球金融危机冲击下,"中等收入陷阱"现象更加严重,将使中等收入国家更难以摆脱。一些中等收入国家政府也在探索避免陷入"拉美陷阱覆辙"的应困之策,有的已做出一定的成效(如巴西)。

综上所述,某些拉美国家落入"中等收入陷阱"的原因固然是多方面的,但是,没有处理好国民收入分配关系,是一个根本的要害所在。

早在 20 世纪 60 年代末期,从经济发展的数量指标看,发展中国家所预定的增长目标基本都实现了,有些国家还超过了经济发达国家同期的工业增长水平。然而,由于片面地理解和实施工业化的发展战略,导致了"有增长无发展"的现象普遍发生。即当工业化和经济取得高速增长,从而人均收入也有普遍提高时,仍然伴随着贫困、失业、城乡和地区差别的扩大,生活在贫困线以下的人口普遍增加,占人口中最大多数的贫困人口生活不仅没有得到改善,而且在总收入中所得的分配比重反而不断减少。经济增长成果和所带来的好处只使社会的富裕阶层得益。以巴西和墨西哥为例,这些国家的经济实现了高速增长,都有不俗的表现,以传统的发展理论来衡量,可以说是取得了明显的成就。但其国内各阶层的收入分配差距更为悬殊,两极分化进一步加剧。正如当时的美国海外开发委员会主席 J. P. 格兰特指出的那样:按照传统的标准看,墨西哥是非常成功的:它的国民生产总值曾经在 15 年时间里每年上升 6% 或 7% 。但是与此同时,墨西哥的失业却一直在增加,而且富人与穷人之间的收入差距一直在明显扩大。在 1950 年到 1969 年这段时间里,就提高了 16 倍。这种情况的普遍存在,引发了发展经济学界的深入思考,对于既往的发展理论和发展战略重新审视,认识到经济增长并不等同于经济发展,并对传统的工业化发展战略提出质疑,钱纳里和斯特劳特提出了"边增长、边分红"的新思路,并在此基础上逐步形成了以满足基本需求、缩小收入分配差距和注重消除贫困为特征的满足人民基本需要的发展战略。

(二)中国经济发展与"中等收入陷阱"

随着中国总量 GDP 和人均 GDP 的不断增长,经济和社会的风险也在不断积聚。2010 年,中国的人均 GDP 突破了 4000 美元大关,实现了从低收入国家向中等收入国家的成功跃升,与此同时,如何避免跌入中等收入陷阱的严峻挑战也接踵而来。按照发展经济学的传统看法,一国人均 GDP 超过 3000 美元时,将面临一个敏感的社会矛盾多发时期,凸显诸多复杂的技术、社会和政治挑战。在这一阶段,如果政策不当,施政不慎,就可能落入经济下滑和社会停滞,并难有持续作为的陷阱。

中等收入陷阱在目前已成为中国社会广为关注的热点问题甚至焦点问题,一方面反映出社会公众对于中国经济持续增长和社会稳定运行的强烈渴望;另一方面又反映了对于长期以来所积累的经济风险与社会矛盾埋伏下潜在危机的深切忧患。在经历了 30 多年改革开放并取得了辉煌成就以后,当今中国的经济发展与社会进步正处于一个转折的关口,经济结构调整、发展模式转变、政治体制改革、社会格局变迁,以及中国在世界舞台上角色的重塑,使中国正在经历一个重要的发展阶段。

从中等收入阶段向高收入阶段转型,完全不同于从低收入到中等收入阶段的转型,此时的内外部环境已经发生根本变化,中等收入发展阶段是中国仍可以大有作为的重要战略机遇期,也是各种社会矛盾明显增多的陷阱密布期。改革开放30多年来,中国取得了举世瞩目的成绩,但赶超型的经济发展战略弊端日益凸显,迫切需要经济发展方式、社会治理模式、政府管理方式、商业运行模式的转变与创新。现行经济发展模式难以释放就业压力,能源资源成为发展的瓶颈,环境承载力不足,技术空壳化导致产业低端自锁,等等。正是在这种背景下,《人民论坛》在征求50位国内知名专家意见的基础上,列出了"中等收入陷阱"国家10个方面的特征,包括经济增长回落或停滞、民主乱象、贫富分化、腐败多发、过度城市化、社会公共服务短缺、就业困难、社会动荡、信仰缺失、金融体系脆弱等。在中国专家学者的眼里,中等收入陷阱的内容远比世界银行学者官员所认知的要丰富得多。在中国专家学者的界定中,中等收入陷阱几乎囊括了当代中国所面临的所有矛盾和问题。对中国而言,除"转型陷阱"、"拉美陷阱"和"福利陷阱"之外,还面临着诸如"金融陷阱"的风险、"美元陷阱"的考验、"民主陷阱"的诱因、"失衡陷阱"的危险等,甚至还包括主要来自房地产市场的"资产泡沫陷阱"和来自国际舞台的各种各样的"恶意捧杀陷阱"等。这些大大小小陷阱,构成了中国独有的中等收入阶段的"阶段性新特征",形成了前所未有的"中国式"的"中等收入陷阱"的严峻挑战。

中国经济是一个复杂的经济,如何避免陷入中等收入陷阱的问题在中国也演变得异常复杂。一些学者简单地断言中国不会陷入中等收入陷阱,表现得过于乐观。从目前中国经济的现状和发展趋势来看,要实现这一目标,需要付出非常艰辛的努力。况且中等收入陷阱不仅涉及经济发展,还涉及政治、社会等众多领域。从发展经济学的角度来考察,要应对中等收入陷阱的挑战,必须要处理好两个问题:一是保持经济的稳健增长,二是实现收入的公平分配。

经济发展的成果在社会成员之间得不到公正的分配,这是中等收入陷阱最典型的表现。只有这个问题得到了妥善的解决,财富得到了公平的分配,社会公正得到了弘扬,第二阶段的经济增长才能获得持续的动力。这既是发展经济学理论的经典内容,更得到了正反两个方面发展案例的反复印证。

在政策层面,包容性增长理念的引入,为缩小收入差距、维护社会公平、避免陷入中等收入陷阱,提供了有力的保证。"包容性增长"是亚洲开发银行基于中国加入WTO后经济与社会二者负向发展而提出的一个经济学术语。它的含义是：只有更加全面、均衡的发展，才能使经济增长和社会进步、民众生活的改善同步，从而克服单纯发展经济的弊端。它是科学发展观和构建和谐社会理念在经济发展领域具体而生动的表达。包容性增长注重民生，提倡共享，强调和谐，关注弱势群体，是在新的发展时期促进经济增长与社会进步的核心理念。

今后一个时期里，中国经济无疑还会增长，但是能否跨越"中等收入陷阱"，顺利进入高收入国家行列，关键是要看经济结构能否实现战略调整，社会结构能否顺利转型。调整经济结构、推动社会结构转型，已经形成全民共识。但是，现行经济社会发展中，从体制、政策等方面，都对经济结构调整和社会结构转型形成了极大的掣肘，要想避免"中等收入陷阱"，成功迈向高收入国家行列，必须调整发展战略，并采取综合性的对策思路。

第六章　中国收入分配问题的特殊性
与差距的适度性

目前中国收入分配的现实格局实际上并不是单一的收入分配本身的问题,其中的城乡不平等、地区不平等在很大程度上已经通过不完善的资本市场、缺乏透明度的政治体制以及不完善的市场竞争等机制和渠道对经济增长和社会发展产生了较大作用和影响。中国的收入分配与经济增长问题有其自身的特殊性,不能生硬照搬别的国家处理这一问题的经验。对收入分配差距大小的特殊性与适度性等问题应作具体分析。

一、我国收入分配问题的特殊性

我国收入分配问题有自身的特殊性,突出表现在城乡差距、地区差距及行业差距上,三个方面的差距构成了我国收入差距的主体。改革开放以前,由于实行统一的工资政策,地区、行业居民之间收入差距非常小,在农村,同一个地区内的收入差距也相对较小,但城乡间有比较大的收入差距。在改革初期的1980年,中国的基尼系数为0.320,世界范围内收入差距排序属于中低水平。经过上世纪80年代初的农村改革,农民收入提高,城乡收入差距缩小,1984年,基尼系数曾一度下降到0.257,进入收入较为平等的国家行列。但在随后的经济改革期间,虽然经济增长加速,人均收入迅速提高,但同时我国城乡间、区域间、各社会阶层间的居民收入差距也迅速扩大了。[1]

---

① 数据来自世界银行,2004;世界发展经济学研究所,2004.

（一）城乡差距

中国城乡发展失衡、差距日趋扩大，是当前我国经济生活中存在的突出矛盾之一。根据 Kanbur et al(1999)的结论，城乡收入差距贡献了总收入差距的70%左右，是我国收入差距最主要的因素。[①] 李实等(1998)认为城乡收入差距对总体收入差距的贡献由 1988 年的 38.2% 下降到 1995 年的 34.2%，这一比重虽然低于 Kanbur et al 的测算，但同样肯定了城乡收入差距扩大对整体收入差距扩大的巨大贡献。

1. 现状

目前，学界普遍认为，我国基尼系数过大的问题，主要是由城乡差距拉大引起的。根据已有的研究，尽管我国的基尼系数已经高达 0.47，然而，如果分城乡来进一步计算各自的基尼系数的话，则分别是 0.34 和 0.36，显著低于总体的基尼系数。这表明，城乡之间的收入差距是导致我国基尼系数迅速上升的重要因素。

中国的收入分配最具特色的是城乡差距，这在世界上也是少见的。林毅夫等(1998)采用 Theil Entropy 分解法考察了农村内部、城镇内部和城乡之间的人均收入差距及其对总体地区收入差距变化所起的作用，结果发现，城乡间差距对总体差距的影响最大，始终保持在一半左右，农村和城镇内部差距的作用则占另外一半。中国社科院经济研究所根据泰尔指数所进行的居民收入差距分解结果表明，1988 年全国居民收入差距的 40% 左右来自于城乡间的收入差距(李实,1998)；到 1995 年，虽然城乡之间收入差距占全国收入差距的比重有所下降，但仍然占到 1/3 左右，同期城乡之间收入差距的增量大约占全国收入差距增量的 16.5%(李实,1999)；而 2010 年，城乡收入差距大概可以解释全国收入差距的 40%，又基本回复到了 20 世纪 80 年代末的水平，说明我国的城乡收入差距并未出现根本性的逆转，仍然处于高水平循环状态。

而且目前我国的城乡收入差距还在不断上升之中，1996 年城镇居民人均可支配收入与农村居民人均纯收入之比为 2.50∶1，2006 年又进一步扩大为 3.28∶1，2011 年为 3.13∶1(改革以来差距比见表 6-1)。

---

① Kanbur Ravi,Zhang Xiaobo. Which Regional Inequality? The Evolution of Rural-Urban and Inland-Coastal Inequality in China from 1983 to 1995 [J]. Journal of Comparative Economics,1999 (27):686-701.

表6-1 改革以来中国城乡居民收入分配差距的演变

年 份	城镇居民人均可支配收 入（元）	农村居民人均纯收入（元）	城乡收入差距比（农村为1）	绝对差额（元）
1978	343	134	2.56	209
1979	387	160	2.44	227
1980	478	191	2.50	287
1981	492	223	2.22	269
1982	527	270	1.96	257
1983	564	310	1.82	254
1984	651	424	1.54	227
1985	739	398	1.85	341
1986	900	424	2.13	476
1987	1002	463	2.17	539
1988	1181	545	2.17	636
1989	1376	602	2.27	774
1990	1510	686	2.22	824
1991	1701	709	2.38	992
1992	2027	784	2.56	1243
1993	2577	923	2.78	1654
1994	3496	1221	2.86	2275
1995	4283	1578	2.70	2705
1996	4839	1926	2.50	2913
1997	5160	2090	2.50	3070
1998	5425	2162	2.50	3263
1999	5854	2210	2.63	3644
2000	6280	2253	2.78	4027
2001	6860	2366	2.94	4494
2002	7703	2476	3.13	5227
2003	8472	2622	3.23	5850
2004	9421	2936	3.23	6485
2005	10493	3255	3.23	7238
2006	11759	3587	3.33	8172
2007	13786	4140	3.33	9646

续表

年　份	城镇居民人均 可支配收入(元)	农村居民人均 纯收入(元)	城乡收入差距比 (农村为1)	绝对差额(元)
2008	15781	4761	3.33	11020
2009	17175	5153	3.33	12022
2010	19109	5919	3.23	13190
2011	21810	6977	3.13	14833

资料来源:据历年《中国统计年鉴》及中华人民共和国历年经济和社会发展《统计公报》相关数据计算。

　　城镇居民的可支配收入没有涵盖城市居民所享有的各种各样的实物性补贴。如果把城镇居民的实物性补贴(医疗、教育、养老金保障、失业保险、最低生活费救济等等)考虑进去,城乡收入差距可能要达到4倍、5倍,甚至是6倍。

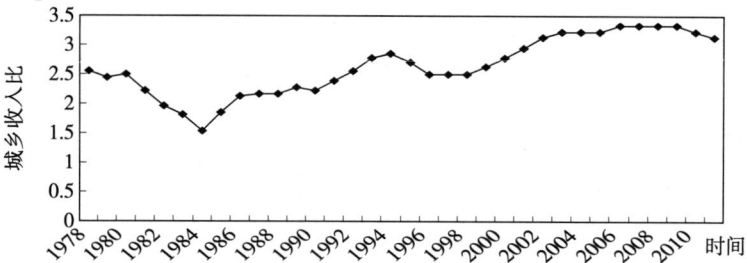

图 6-1　1978—2011 年城乡居民收入比率

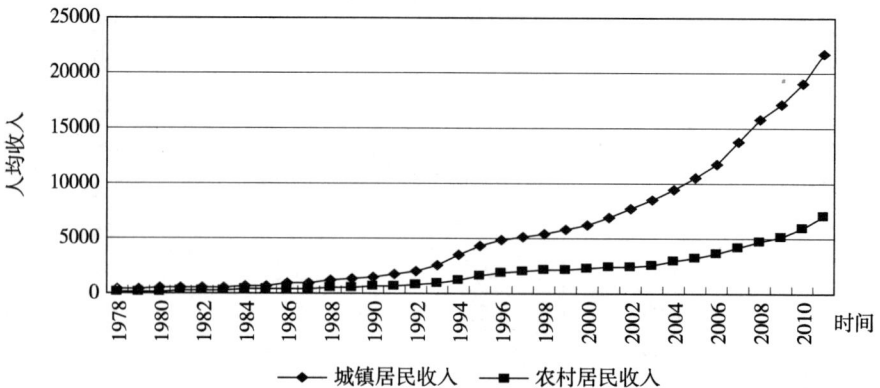

图 6-2　1978—2011 年我国城乡居民实际收入对比

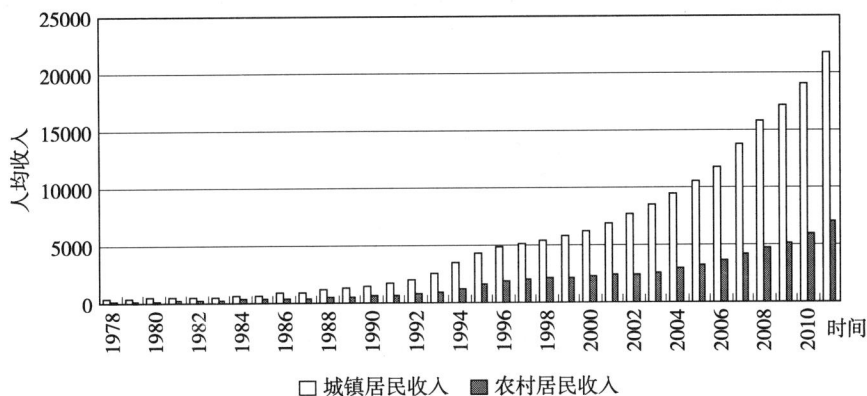

图6-3 1978—2011年我国城乡收入对比柱状图

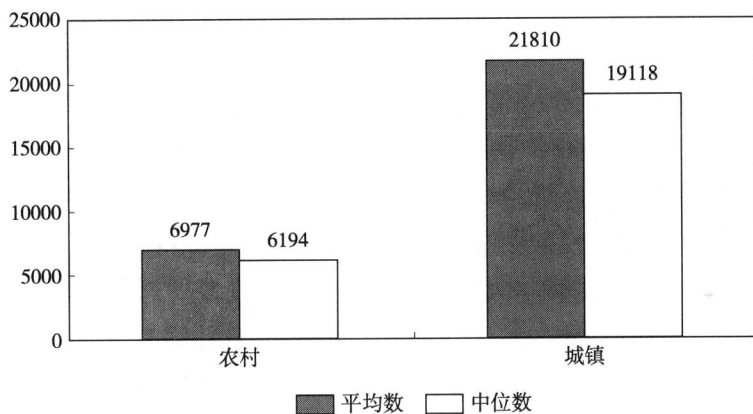

图6-4 2011年城乡居民收入差距

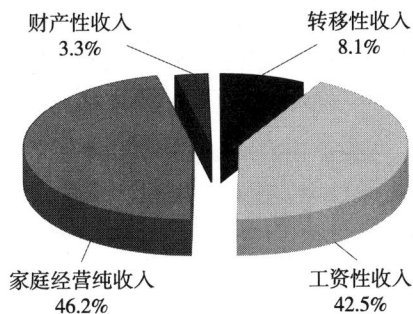

图6-5 2011年农村居民收入构成

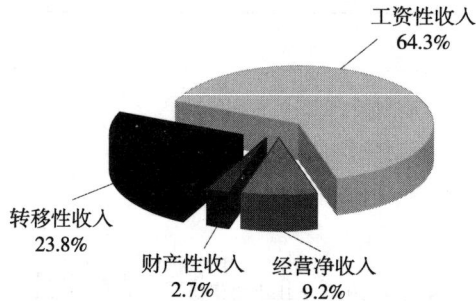

图6-6　2011年城镇居民收入构成

注:城镇居民使用人均可支配收入,农村居民使用人均纯收入。以农村人均纯收入为1进行比较。①

　　按照国际经验,城乡居民收入差距1.7倍为安全,2倍为基本安全,2.5倍

---

①　1.主要指标解释

农村常住人口:指全年经常在家或在家居住6个月以上,而且经济和生活与本户连成一体的人口。外出从业人员在外居住时间虽然在6个月以上,但收入主要带回家中,经济与本户连为一体,仍视为家庭常住人口。

农村居民纯收入:指农村住户当年从各个来源得到的总收入相应地扣除有关费用性支出后的收入总和。等于工资性收入、经营总收入、财产性收入、转移性收入之和,再减去生产经营费用和固定资产折旧、税费支出和赠送农村亲友支出。在实际调查过程中,长期外出农民工的工资收入主要是寄回、带回收入。农村居民人均纯收入=调查户纯收入/调查户常住人口

城镇常住人口:指在城镇居住半年以上的人口。在实际调查过程中,由于流动性大、隐私意识强或工作繁忙,抽中外来人口和高收入户配合程度相对较低。因此,调查样本中外来人口和高收入户的比重存在一定程度的偏低。

城镇居民可支配收入:指将家庭总收入扣除交纳的个人所得税和个人交纳的各项社会保障支出后的收入。等于工资性收入、经营净收入、财产性收入、转移性收入之和,再减去交纳的个人所得税和个人交纳的社会保障支出。目前城镇居民可支配收入中只包括城镇居民以现金形式获得的收入。城镇居民人均纯收入=调查户可支配收入/调查户常住人口

人均收入中位数:指将所有调查户按人均收入水平从低到高顺序排列,处于最中间位置的调查户的人均收入。

2.数据来源

农村居民人均纯收入和城镇居民人均可支配收入数据来源于国家统计局各级调查队组织实施的农村住户收支调查和城镇住户收支调查。农村住户收支调查是在全国31个省(区、市),采用分层多阶段随机抽样方法抽取896个县的7.4万农村住户,通过记账方式,收集家庭现金收支、实物收支及家庭经营情况等资料。城镇住户收支调查是在全国31个省(区、市),采用分层两相随机抽样方法抽取476个市、县的6.6万城镇住户,通过记账方式,收集家庭收入、支出、就业及住房基本情况等资料。调查的原始数据由市、县级调查队编码录入审核后直接上报,由国家统计局直接汇总出全国和分省的收支数据。

有风险,3 倍有重大风险,3.5 倍及以上出现社会稳定危机(如表6-2)。国际惯例是,当人均 GDP 达到 800 至 1000 美元时其城乡收入差别为 1.7∶1。

表 6-2　国际人均差距 800—1000 美元时的城乡收入差距警戒线(农村居民为 1)

社会稳定程度	安全	基本安全	有风险	有重大风险	社会稳定危机
城镇居民收入为农村居民收入的倍数	1.7	2	2.5	3	3.5 及以上

考虑到实际情况,许多学者提出了我国城乡收入差别的警戒线为 2.5∶1。但是,据国家统计局农调队的调查统计,若按可支配收入计算,我国城乡差距为 3∶1,若只考虑货币收入,差距扩大为 4∶1,若考虑城市居民的各种福利性补贴及公共产品费用,差距将进一步拉大到 6∶1。

我国的城乡差距在世界上是最高的。根据国际劳工组织公布的 36 个国家的资料,绝大多数国家的城乡人均收入比都小于 1.6,只有 3 个国家超过了 2,中国是其中之一。美国经济学会前会长、芝加哥大学经济系教授 D. 盖尔·约翰逊(2001)指出,减少农民、农村人口集中(或乡镇厂区集中)、突破物质资本和人力资本投资歧视将非常有利于经济增长。

表 6-3　城乡基尼系数对比

时间	城镇基尼系数	农村基尼系数	时间	城镇基尼系数	农村基尼系数	时间	城镇基尼系数	农村基尼系数
1978	0.16	0.21	1988	0.23	0.30	1998	0.30	0.35
1979	0.16	0.24	1989	0.23	0.30	1999	0.31	0.38
1980	0.16	0.24	1990	0.23	0.31	2000	0.33	0.39
1981	0.15	0.24	1991	0.24	0.31	2001	0.33	0.38
1982	0.15	0.23	1992	0.25	0.31	2002	0.32	0.37
1983	0.15	0.25	1993	0.27	0.32	2003	0.39	0.38
1984	0.16	0.26	1994	0.30	0.33	2004	0.41	0.39
1985	0.19	0.26	1995	0.28	0.34	2005	0.43	0.40
1986	0.19	0.29	1996	0.28	0.34			
1987	0.20	0.29	1997	0.29	0.33			

资料来源:历年《中国统计年鉴》,及刘振彪、尹剑锋:《收入分配差距影响中国经济增长的实证分析》,《深圳大学学报(人文社科版)》2005 年第 5 期。

全国基尼系数、城镇基尼系数与农村基尼系数变化对比图示如下:

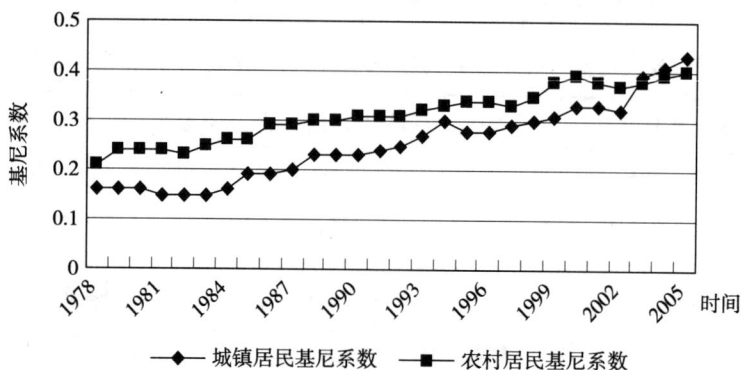

图6-7　改革以来我国城镇居民与农村居民收入差距变化图

　　按照经济理论,经济发展过程中,城乡差距总是先逐步扩大,然后缩小的。20世纪90年代以来,我国城乡居民的收入差距也经历了一个"由缩小到扩大"的变化过程,近年来扩大速率加快。但城乡差距过大,会不可避免地带来政治、社会等诸多方面的矛盾。美国经历了70年的努力,工农收入才趋向平衡。改革开放以来,随着我国经济的快速发展,城乡经济基本处于一种非均衡的发展态势,这种不均衡为打造国际化大都市,加快城市化、现代化进程打下了基础。目前,在我国人均GDP已经达到4000美元,接近低中等发达国家水平的情况下,城乡非均衡发展还会继续惯性推进,城乡之间的差距以及农村内部的差距还有进一步扩大的趋势。

　　农业本来就是一个低产出行业,我国60%的农业人口只产出12%的GDP,农民的人均产出平均起来不及城里人的1/10(12/60∶88/40＝0.2∶2.2＝9%)。加上农民进城务工收入,农村人均收入是城市人均收入的33%(2011年)。农村内部的基尼系数是0.39,城市内部的是0.32,但是把农村和城市统一起来比较,基尼系数就到了0.45。可见差距主要发生在城乡之间。

　　尽管近几年农民收入增长的速度较快,但仍然低于城镇居民收入的增长速度,城乡居民收入增长的相对差距和绝对差距仍在扩大。2000年城乡居民收入比分别为2.78∶1,2011年扩大到3.13∶1,绝对额的收入差距达到14833元。农民持续增收的长效机制还没有完全建立起来,促进农民增收的任务还非常艰巨。

2. 原因

对于中国自 1978 年以来城乡收入差距拉大的原因,目前普遍的看法是:二元收入分配不均等对经济增长的影响。约翰逊(2001)指出,限制城乡劳动力流动、人力资本投资的差别和物质资本投资的差别是造成城乡收入差别的主要原因。减少农民、农村人口集中、突破物质资本和人力资本投资歧视等缩小城乡二元收入分配不平等的政策将非常有利于经济增长。约翰逊还特别指出,一项研究发现,乡镇企业与城市地区的距离对产出、就业和资本存量有很强的影响。与城镇的距离下降 1 个百分点,产出和就业将分别增加 25% 和 20%(其他变量如劳动力、公路密度等保持不变)。也就是说,与城市距离的远近将对乡镇企业的发展产生巨大的影响。

城乡收入差距的扩大,实际上也就是农业人口和非农业人口之间、农业与非农业收入之间差异的扩大。中国从事农业生产的劳动力过多,农村内部存在大量的无效劳动与剩余劳动,如图 6-8 所示。图中横轴表示农业劳动,纵轴表示边际生产力,W 为农业劳动工资,DEB 为农业劳动边际生产力曲线。OC 为全部农业劳动,BC 为边际产力为零的劳动,AB 为边际生产力大于零低于农业工资的劳动。按照边际收益等于边际成本决定最佳劳动需求量的原则,全部 AC 的劳动都是过剩劳动。大量过剩劳动的存在使得农民收入水平偏低。

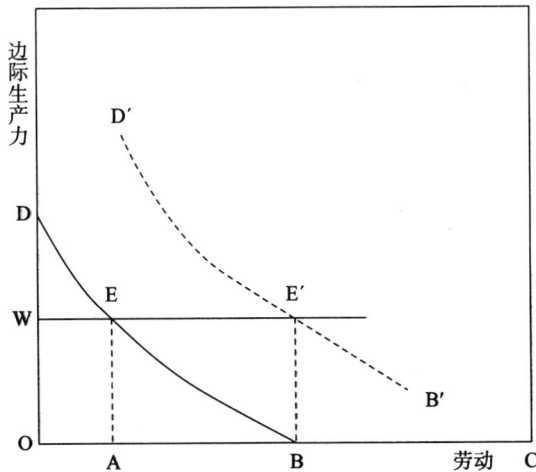

图 6-8　农村剩余劳动变化图

我国目前城市劳动人口的登记失业率为 5%,农村劳动人口的失业率没有人计算出来,抛开进城务工的 1.3 亿劳动力不算,留在农村的 4 亿劳动力的利用率也只有 50% 左右。

在日本,由农业和工业之间生产率差异扩大引起的农业和非农家庭之间的收入差异扩大,是造成二战前日本不平等的一个主要因素。二战后日本农业——非农业相对收入的迅速改善,部分来自于由农业保护政策引起的贸易条件的改善,但更主要的是农户非农收入显著增加的结果(Hsyami,1988)。

当前我国在发展中出现的农业和非农业收入差距的扩大,可能比日本历史上的差距更为显著。部分原因在于片面引进劳动节约技术强化了二元经济结构的制度因素,使现代部门劳动吸收能力更弱了。另一个原因是在农业生产中人口对有限土地资源的压力显著增强。战前的日本,增加的人口几乎完全被非农产业吸收了,以致农业人口保持不变,每个农业劳动力占有的农业用地面积还略有增长(速水佑次郎,1995)。相反,我国正在经历农业人口的绝对增长,每个农业劳动力占有的农地面积在下降。

在人口对土地压力愈来愈大的情形下,需要用土地节约技术的迅速进步来防止农业劳动生产率相对于工业劳动生产率的过快下降。通过技术进步将农业的潜力适当开发出来,是可以做到的,需要一定的投入。但是,近年来我国的公共政策只照顾到了城市,没能惠及农村,使得农民教育、农业研究、灌溉、道路和其他基础设施建设方面缺少投资而发展缓慢,农业还停留在技术落后的传统农业阶段,短期内这种潜力是不可能成为现实的。所以今后切实增加农业开发投资对于改善农民收入以及对收入分配的趋势将会产生决定性的影响。

近年来,农民收入增长的主要来源是工资性收入,也就是农民进城务工收入。近年来,我国农民人均收入实际增长的部分主要来源于工资性收入,对农民人均纯收入增量的贡献率达 60% 以上,这也充分说明了农业对农民收入增长贡献的下降。

但是目前我国农民进城务工却存在着很多障碍。詹姆斯·C.斯科特(1976)指出,在"安全第一"的生存伦理下,农民追求的绝不是收入最大化,而是较低风险分担与较高的生存保障。R. H. 托尼 1996 年就有一个形象的比喻:中国有些地区农村人口的境况,就像一个人长久地站在齐脖深的河水中,只要一阵细浪,就会陷入灭顶之灾。这种情况现在并没有多大改变。这说明,农民收入低下的问题还应该在农民以外找原因,比如严重的城乡二元分割制度。

另外,我国目前的金融结构对我国城乡收入差距有强化作用,这实际上也是我国就业问题严峻的一个主要原因。以四大国有商业银行为主的金融机构运用的人民币资金占到整个金融体系运用总量的75%,这种大银行为主的金融结构,使得中小企业尤其是小企业几乎得不到任何贷款。在缺乏金融服务的情况下,劳动力密集型的中小企业发展相对不足,最明显的例证是2006年以劳动力密集型的中小企业为主体的服务业,占我国国内生产总值的比重从2005年的40%下降到39.5%,世界上同样发展程度国家的平均水平是53%,这使得劳动力密集型的中小企业,包括服务业和制造业发展相对不足,减少了大量的就业机会,农村大量剩余劳动力无法转移到非农产业。在同样发展程度的国家,银行贷款利息至少应该是10%,我国则只有6%左右。一般国家存贷利差只在1%左右,我国存贷利差超过3%。实际的结果是储蓄者以低储蓄利率给贷款者和银行补贴,这导致一系列不良的后果:对能借到钱的企业,资金价格低,会提高其投资项目的资本密集程度,单位资本能创造的就业减少。能从大银行借到钱的企业相对富有,其借得的资金得到补贴,补贴的资金来自于相对较穷的储蓄者。于是,城乡差距和收入不均的情况更加恶化。

3. 解决城乡收入差距要依靠制度设计

自然因素虽然会促使城乡居民收入差距缩小,但缩小的进程以及缩小到何种程度是不确定的。仅仅依靠自然因素的作用来缩小城乡居民收入差距是远远不够的,制度因素即政府干预对于缩小城乡居民收入差距具有不可替代的作用。并且制度因素对于城乡居民收入差距缩小需要经历多长时间、什么样的过程、城乡居民收入差距最终能够回复到什么状态等等,都具有较强的控制与把握。政府干预时机、调节力度的选择等都会对此产生十分重要的影响。政府所推行的保护和支持农民、农业和农村的政策措施力度越大,城乡居民收入差距水平会越小;力度越小,城乡居民收入差距水平会越大。尽管到了工业化后期,各种自然因素的作用会促使城乡居民收入差距缩小,但是制度因素对于城乡居民收入差距的缩小具有不可替代的作用。

促使城乡居民收入差距缩小的具体制度因素包括很多方面,但实质无非是在整个社会范围内形成有利于农民的收入分配制度。制度因素会影响甚至是决定拐点出现时间的迟早,即工业化过程中城乡居民收入差距由扩大转向缩小的时点。如果把由自然因素决定的城乡居民收入差距由扩大转向缩小的拐点称为自然拐点,把存在制度因素作用的城乡居民收入差距由扩大转向缩小的拐点称为实际拐点,那么制度因素则既可能导致实际拐点的出现早于自然拐点,也可能导致实际拐点出现的时间晚于自然拐点。如果向城市和工业倾斜的战略尽早得到纠正,政府支农惠农、工业反哺农业的政策措施有力和到位,实际拐点出现的时间可以早于自然拐点。如果任由现状持续,对农民、农业和农村问题听之任之,不进行支持和保护,实际拐点出现的时间就会晚于自然拐点。

单纯从经济方面看,缓解城乡收入差距的办法主要是加速农民进城。每一个农民从农村进入城市,就减少一个农产品生产者,增加一个农产品消费者,农民收入就能有所提高。但据外国经验,人口工业化的过程一般需要二三百年,很难快起来。我国工业化进程比西方发达国家快,但从过去30多年的经验看,也还需要相当长的时间。要缩短这个过程,必须加快城市创造就业机会的速度。帮助中小企业成长,从面有助于加快农民进城。

如果农业劳动力向非农劳动力的转移不能有效地进行,将会产生很大的扭曲,引发很多社会矛盾。实际情况中,在有效转移剩余劳动力比较困难的情况下,就必须加强农业保护,二者必居其一。可以预见,城乡收入分配的巨大差距可以有所收缩,而这种收入差距的缩小可以不以牺牲经济增长为代价,相反,将是经济增长的一个重大机遇。

(二)地区差距

地区间的发展不平衡是中国国情的基本特征之一。从国际比较看,中国是世界上自然地理、人口资源、经济社会差异最大的国家之一。改革开放以来,从绝对意义上说,我国所有地区都获得了较大发展。但是,在经济高速增长的过程中,各地区经济增长率呈现出显著的差异,地区间收入绝对差距不断扩大,欠发达地区发展相对落后。地区间经济发展不平衡其实也是各国经济发展中的普遍现象,只要存在自然的、经济的、社会的等方面的差异,特别是要素生产率以及要素配置方式的差异,就会出现地区发展不平衡的现象。

1. 现状

从以往统计数据中可以看出,我国大部分省份的基尼系数都在0.4以下,有的省份是0.35甚至0.3,但全国平均就超过了0.4。即地区内部收入差距较小,地区间差距较大;从发展趋势来看,地区内部的差距有缩小趋势,而地区间差距却在扩大。30多年来,我国总体居民地区收入差距在经济的快速增长中迅速拉大,在体制改革中呈现阶梯形波动特征。30多年来,我国农民收入差距悬殊而且在不断扩大,全国居民收入差距程度扩大和缩小,均与农民收入增长快慢有关(高连水,2009)。

也有学者计算得出,在全国基尼系数上升的部分,有30%—50%与区域差距相关。同一个国家内不同地区之间这种区域关系,几乎完全不同于国家之间的区域关系。如果地区差距过大,有可能发生地区实际分裂、变相分裂等公共危机。从统计上讲,地区差距大,并不意味着收入差距必然大。从另一方面说,即使地区差距不大,收入分配差距也不一定小。所以对于地区差距的问题要进行具体分析。

我国地区之间居民收入差距的扩大特别反映在东部和中西部地区①之间差距的扩大上。改革开放以来,东部沿海经济发达地区与中西部内陆地区收入差距拉大,收入水平呈现出阶梯式的变化。近年来差距更是以加速度在扩大。(见表6-4)

在地区差距理论研究方面,巴罗、萨拉伊马丁等人的研究最为著名。但是,他们进行地区实证研究的时候其实并没有很好的对应理论支持,因为其理论部分仍然主要建立在国别经济增长基础之上而不是国内的地区经济增长基础之上。对于改革开放来中国地区差距问题的研究主要体现在实证工作方面,有时体现在不同地区的学者、官员从本地利益角度的论证方面。中国也有不少学者对地区差距问题有研究,比较有影响力的如林毅夫、蔡昉、周国富(2001)等等。许多学者研究分析的结果是,20世纪80年代的地区差距基本上是收敛的,90年代则呈现发散趋势(胡鞍钢,1995;林毅夫,1999)。进入21世纪以来,总体居民地区收入差距又有所扩大,这一趋势持续到2005年,这同

---

①　东部地区包括:辽宁、北京、天津、河北、山东、江苏、浙江、上海、福建、广东、广西11个省(市、区);中部地区包括黑龙江、吉林、内蒙古、山西、河南、湖北、湖南、安徽、江西9个省(市、区);西部地区包括新疆、青海、甘肃、宁夏、陕西、云南、贵州、四川、西藏9个省(市、区)。

样与农村居民收入增速慢于城镇有关。从2000年到2005年,农民人均纯收入年均实际增长率为6.3%,2006—2009年4年中,总体居民地区收入差距出现小幅下降。这一时期,农村居民人均纯收入年均实际增长8.8%,城镇居民人均可支配收入则年均实际增长8.7%,略微低于农民收入增长速度。农民和城镇居民收入增长速度的相似,使得居民总体地区收入差距出现小幅下降(高连水,尹碧波,刘明,2012)。①

2. 原因

在对地区间居民收入差距产生的原因的分析方面,学者们主要从以下几个方面进行了探讨:

一是资源禀赋说。认为经济发展和收入水平与资源禀赋具有很密切的关系,尤其是人力资源的作用变得日益重要,资源禀赋不同是地区收入差距产生的重要原因,因资源分布不均等所形成的地区差异对收入分配的影响很明显。中国现行的"东部、中部、西部"地区的划分便是这种差距的自然反映。2010年我国职工工资②收入最高与最低的三个省(直辖市、自治区)的收入及其差距为:

表6-4 2010年职工工资最高的三个省(市) 职工工资最低的三个省

单位:元/年

北京市	50415	贵州	30523
上海市	46757	甘肃	29588
广东省	40358	黑龙江	26535

注:西藏因其特殊性未列入比较对象之中。

资料来源:《中国统计摘要》,中国统计出版社2011。

2010年,全国城镇非私营单位在岗职工年平均工资为37147元。从表中可以看出,工资收入最高的北京与最低的黑龙江省差距差距达到了1.9倍,相比于2009年的1.8倍差距在加速扩大。

二是结构变动说。认为在各种因素中,对各地区人口收入水平产生影响

---

① 高连水、尹碧波、刘明:《我国居民地区收入差距的变动趋势及其解释》,《中央财经大学学报》2012年第3期。

② 职工工资是指城镇单位在岗职工,或者城镇非私营单位在职职工。

最突出的因素是地区产业结构。较发达沿海地区的产业结构相对处于高端，西部地区承接东部产业转移，在产业链条中处于低端。正因为如此，他们认为不必过分担心区域间农民收入差距的扩大，这种趋势会随着经济结构调整的到位而自动减缓。

三是战略与体制因素说。认为中国的地区收入差异与经济发展战略、政策因素有很大关系，把地区间的差距归结为改革开放以来我国实行的地区不平衡发展战略。这种战略有利于先开放的东部地区吸引国外先进设备、技术和国内的优秀人才及其他经济资源，也有利于东部地区产业结构不断升级，加工工业迅速发展，从而扩大了地区收入差距。

瑞典经济学家缪尔达尔提出一个用于说明一国地区不平衡发展的累积因果循环原理。假设最初一个国家每个地区都处于静止的落后状态，各地区的收入水平和利润率都相差无几。如果其中一个或几个地区因优越的自然条件或历史偶发事件或国家的倾斜政策而开始出现增长，收入和利润率差别就会拉大。要素的趋利性使得具有较高技能的劳动者、资本、技术等要素纷纷从报酬较低的落后地区流向报酬较高的发达地区。这样，一方面，形成了先进地区收入水平和利润率越来越高的良性累积因果循环；另一方面，形成了落后地区收入水平和利润率相对越来越低的恶性因果累积循环。

我国在改革开放之初的 1978 年，东、中、西三大地带的收入水平相差无几，但三大地带在自然条件和历史文化等方面存在明显差异。一方面，东部沿海地区，自然条件优越，对内特别是对外交往便利。另一方面，东部地区在发展近现代工业方面，历史更长，基础更好，商品经济的意识和氛围更浓。加上改革开放之初，国家实行了经济效率更高的东部沿海地区优先发展的非均衡区域发展战略，使我国的区域发展格局完全符合缪尔达尔在提出累积因果循环原理时所假设的初始条件。20 多年的发展也证实了，我国三大地带尤其是东西部之间已经形成甚至还在延续上述这种累积因果循环。物质资本和人力资本等要素报酬上不断扩大的差距必然会明显扩大收入分配的地区差距。

3. 对经济增长的影响

对于我国地区差距对经济增长的影响，目前普遍的看法是认为差距已经过大，容易导致地区冲突和民族分裂，影响社会稳定和经济增长。但也有不同的观点，司志宾、尔东辉(2007)对地区收入差距与经济增长的关系进行了实证研究。他们构建了一个用于检验地区间农村居民收入差距对经济增长影响的模型：

$$\ell n Y = C + \alpha \ell n K + \beta \ell n L + \gamma \sum (\lambda_{it} |a_{it} - a_t|) + \mu$$

其中，C 为常数项，L 为随即扰动项。

利用 1985—2010 年中国经济增长的相关数据对模型的系数进行的经验估计结果表明，中国地区间农村居民收入差距对经济增长的影响趋向于正向影响。这说明，在目前农村居民收入状况下，在其他条件保持不变的情况下，这种差距对于经济增长有促进作用。也就是说，在目前收入分配格局和不同地区间农村居民的收入水平下，来自不同地区间的农村居民收入差距并不对总体经济增长产生负面影响，这种地域间的收入差距仍保持在对于经济增长的积极作用范围之内。但实证结果同时也表明，其显著性并不高。[①]

地区差距问题将始终构成现代化进程的基本障碍，这样的障碍不解决，其他障碍总是不断起作用。在地区差距比较大的前提下，要实施全国统一的社会保障体系几乎不可能。缺乏统一的社会保障体系，后果要么是人口流动受到严格限制，影响要素配置；要么反而因为人口自由流动过度，持续潜伏社会治安和相关问题。地区差距是收入分配矛盾的集中体现。在地区差距比较小的情况下，全国或者一个地区居民收入分配不均等程度也可能比较高，但此时问题比较容易解决，办法包括以地区为单元，提供本地基本的公共物品、救济、社会保障等等再分配措施。在地区差距比较大的情况下，收入分配不均等程度肯定高，不但全国居民收入分配不均等程度不可能低，而且各地区的实际居民收入分配不平等程度难以缩小。因而地区差距问题是必须首先解决的问题。缩小地区差距应该是一项持续的任务。

（三）行业差距

近年来，我国行业之间收入水平的差别越来越大。人保部数据显示，初次分配不公造成行业差距越拉越大。目前中国行业收入差距已达 15 倍，超越巴西登世界首位。改革开放以前，我国行业之间的收入几乎没有差距。但改革

---

① 司志宾、张东辉：《地区收入差距与经济增长——基于中国统计数据的实证分析》，《东岳论丛》2007 年第 5 期。

开放以来,我国各行业之间、不同所有制企业、行业内部以及不同行业在地区间的收入差距均呈扩大趋势,其中垄断行业工资过高,国有垄断行业工资增长幅度明显高于其他行业。1990 年最高收入行业的平均工资是最低收入行业的 1.29 倍,1999 年是 2.49 倍,2003 年是 3.98 倍,到 2010 年则扩大到 15 倍。

从表 6-5 中可以看出,各行业工资水平排行中,工资最高的行业为金融业,最低的为农林牧渔业,前者的年工资水平是后者的 4.71 倍。若以金融业中工资最高的证券业来计算,则这种工资行业倍差更是高达 6.82 倍。除了金融业以外,信息传输、计算机服务和软件业以及科学研究、技术服务和地质勘查业等行业都是收入居于前列的行业,而居民服务和其他服务业、住宿和餐饮业以及建筑业等行业则是工资处于最低水平的行业。总体而言,处于垄断地位的行业工资水平通常较高,而处于激烈竞争状态的行业则工资收入相对较低。

据测算,在行业收入差距中,有 20% 是由垄断因素带来的。1990—2010 年,金融保险业、邮电通信业以及电力煤气等行业的职工平均工资增长速度明显高于采掘业、建筑业和农林牧渔业等行业。国有单位增长较快的根本原因是它们资源分配上占有一定的优势,国有企业中有相当一部分是垄断行业,垄断行业利润获得相对容易,所以工资增长也就比较快。发改委的报告称,如果进一步考虑到高收入行业集中的垄断行业的工资外收入和员工福利大量存在的现状,差距将会更大。

与垄断行业职工工资快速增长形成巨大反差的是企业普通职工工资增长缓慢。这部分人群主要是非国有、集体企业的一般职工和农民工,他们的工资增长缓慢。因为供过于求仍然是劳动力市场的现实。2009 年的数据也表明,平均工资排在前 10 位的行业,工资增长率都超过了 10% 。而同时,平均工资水平排在后 10 位的行业,增长率都比较低。

表 6-5 全部行业平均工资对比(前 5 位与后 5 位)

行 业 名 称	平均工资(元/年) 全国	平均工资(元/年) 北京	按平均工资 高低排序
金融业	70265	80816	1
计算机软件、信息传输	59919	98016	2

续表

行业名称	平均工资(元/年)全国	平均工资(元/年)北京	按平均工资高低排序
科研、技术服务	50866	81358	3
电力、燃气及自来水	42668	78712	4
文化体育娱乐	38319	71034	5
居民服务和其他服务业	25704	25198	89
建筑业	24625	42723	90
水利、环境	24551	38237	91
住宿和餐馆业	21193	29211	92
农林牧渔业	14911	27231	93

资料来源:《中国统计年鉴》。

形成行业收入差距的原因主要是就业机会的不平等。由于我国劳动力市场依然存在较为严重的行业分隔、部门分隔、地区分隔与城乡分隔,就业机会不均等,失业问题突出,造成了一定程度的收入差距。在一些部门和一些垄断行业,并未形成市场化的用工机制,内部人把持,关系型就业严重,无法获得就业机会成为城市收入差距扩大的重要原因。

(四)中国收入差距中制度因素的实证检验

制度性因素对收入差距的影响主要表现在二元经济社会结构、户籍制度等造成的过大的城乡收入差距上。从上面的分析可以看出,在对收入差距形成的贡献中占比份额较大的是城乡收入差距,可以说,目前城乡收入的较大差距是由人为的制度因素造成的。下面本文将在对经济增长影响收入差距进行分析的基础上,引入二元结构因素,建立模型,对我国收入差距的形成进行实证检验。

1. 变量的引入

第四章中对经济增长影响收入差距的关系进行了数量分析,结果表明经济增长是造成收入差距扩大的一个因素。显然,除了经济增长因素外,还有其他许多比较重要的变量在影响收入分配,对这些变量,本文主要归结为制度因素。下面,将对制度因素对经济增长的影响进行数量分析。

由于制度因素对收入差距的影响主要表现为造成城乡收入差距扩大上,而城乡收入差距又是构成我国收入差距的主要方面,所以,本文中运用城乡收入差距来粗略地表示制度因素对收入分配的影响,用城乡收入比来表示二元经济结构等制度变量。

2. 模型的建立

构造如下模型:

$$Gini = a + bGDP + cGDP^2 + dRI + \varepsilon$$

式中,Gini 为收入分配差距,用基尼系数来表示;GDP 为经济增长,用人均 GDP 来表示;RI 为城乡收入差距因素,用城乡人均可支配收入比来表示;a 为截距,b、c 为系数,ε 为随机扰动项。

3. 回归分析

利用表 6-1 中的数据,运用 SPSS 统计软件进行回归分析。回归结果如下:

表6-6　回归结果

解释变量	变量值	T 值	R^2	F 值
截距值 a	0.534	22.337		
人均 GDP	5.236E-06	3.749	0.959	102.677
人均 GDP^2	−1.404E-10	−0.912		
城乡收入比	−0.701	−8.874		

回归结果中,R^2 的值为 0.959,表明模型的解释能力较强。城乡收入比的系数为负,说明城乡收入比与基尼系数之间呈负相关关系,即城乡收入比越大(也就是城乡收入差距越小),整体的收入差距越小,城乡收入差距的减小有利于缩小整体居民收入差距。

从以上的分析可以看出,对于转型中的中国,仅仅从经济增长或发展的角度来分析收入差距的变化是不够全面的。必须看到在经济发展背后制度的复杂性对于收入分配的巨大影响力,这样才能解释清楚中国收入分配差距变动的前因后果。因此从制度变迁角度来分析制度因素对我国居民收入分配差距变动的效应,可以得出深化分配制度改革的基本思路。

二、收入分配差距的适度性分析

发展经济学认为,成功的经济发展不仅要以高速增长为特征,而且也要注意收入分配状况的改善。在一个社会中,如果存在着收入分配的极度不均等,只有少数人口能从市场转型和经济增长中获利,而更多的人无法分享经济增长的成果,造成穷者越穷、富者越富的不平等现象,必然会导致社会的不稳定,降低整个社会的运行效率。但是如果绝对均等,同样会影响经济效率,这方面我们曾经有过深刻的教训。

要进一步分析收入分配差距对经济增长到底是起促进还是阻碍作用,关键在于对收入分配均等程度的把握。过高或过低的均等状态,都可能对经济增长不利,只有适度的收入分配差距,才会有利于经济效率的提高。在我国现阶段,既不能以牺牲经济增长为代价片面追求收入分配的均等,也不能以收入分配差距过大为代价换取一时的经济增长,而应在经济增长与收入分配之间找到一个平衡点,实现持续的经济增长与公平的收入分配的有机结合。

理论上分析,存在一个收入差距大小的"点",在这个点上,收入差距既能促进经济的增长,又不至于因过早或过高的福利水平而减少就业机会、拖累经济增长。这个平衡点到底在哪里,寻找平衡点的依据是什么,是一个值得探讨的问题。本文尝试探求一个基于是否符合经济效率、适应经济不同发展阶段、反映收入分配差距适度与否的动态评判准则,并以此来对我国目前收入差距大小的适度性做一个判断。

(一)收入差距的测度

研究适度收入差距的最终目的,是为了在差异成因和政策研究之间建立一个必要的桥梁,使政策研究结论更加可靠与令人信服,从而帮助有关部门更科学有效地监测和管理收入差距。因此,只有使适度收入差距的判断和标准数量化,才会具有实践意义。然而,由于适度与否的判断标准依据难以统一,要量化适度收入差距的评价指标,就有很大困难。判断适度收入差距的标准不是单一的,不可能期望通过建立单一的指标来量化标准,因而应该使用一组标准进行评价,主要用关系式来表示。

差距适度性评判与差距大小的测量是两个不同的概念。差距程度适度与否的评判,是对差距性质的规范性分析。而基尼系数、等分法等对差距大小的测量,则是单纯的数量上的分析。当然,二者也不是毫不相关的。某一时点的差距程度的适度与否,总对应着具体的差距大小的数量表示,这其中有差距总体的、也有具体表现的差距大小的数量表示。在确定了差距程度适度与否后,便可以确定差距的调节方向,之后,对其调节效果的判断,又很大程度上借助于差距大小的数量上的变化。

学术理论界对居民收入分配差距的总体描述通常采用两种方法:一是五等分法;二是基尼系数法。国际上对居民收入分配差距的研究,很少采用单个指标。因为单个指标的分析很难全面地反映收入差距状况,并且单个指标存在的缺陷也影响到其反映的收入差距状况的准确性。可以通过采取不同类型收入差距分析方法、离差分析方法和分层收入差距分析方法等来尽量对分配状况有一个全面系统的认识。

Ⅰ、五等分法

五等分法是将所要分析的居民按收入的高低依次排序分成五等份组,用20%的最高收入家庭与20%的最低收入家庭之比的倍数来说明总体收入差距程度。五等分法又称收入不良指数。这种测量收入分配公平与否的方式,目前在欧美国家中比较流行,我国也常采用。最高档收入占全部国民财富比重越大,说明居民收入分配差距越大,收入分配越不均等,反之,收入分配差距越小,收入分配越均等。①

Ⅱ、基尼系数的计算方法

关于基尼系数的计算方法有很多,如等分法,万分法,差值法,分层加权法,城乡加权法,分步加权法,差别累加法及其他一些方法等。② 不过计算方法的选择必须考虑资料的可得性和数据口径,有些方法理论上可能很有优越性,但是所要求的资料不可得或口径不对,因而是无法运用的。

在诸多研究收入分配差距的文献中,基尼系数的使用最为广泛。原因是其具有 4 个优点。第一,基尼系数能以具体数值量化收入分配差距状况,便于

---

① 易锋杰:《"基尼系数"质疑》,《财经理论与实践》2002 年第 4 期。

② 关于基尼系数的测算方法具体可参见陈宗胜(1991)及其他学者,如赵人伟、李实等(1994)的研究。

比较不同研究主体之间关于收入分配差距的状况;第二,国际理论界关于基尼系数的研究相对成熟,计算方法相对较多,便于利用所能收集到的资料进行差异比较;第三,基尼系数能满足规模不变性,从而可以比较不同人口数量主体之间的差异程度;第四,基尼系数是国际学术界最普遍采用的指标,具有普适性和可比性,有利于对各国、各地区或各个时期的收入分配差距情况进行比较。

基尼系数的缺点,是在不同收入组居民之间无法完全分解。总体基尼系数的计算,除了包括各个组内差距外,还应包括组间差距和相互作用项,用公式表示为:

$$G = \sum W_j G_j + I_b + \varepsilon(f_j)$$

其中,G 是总体基尼系数,G_j 是组内部的基尼系数,W_j 是权数,I_b 是组间的收入差距的指数,$\varepsilon(f_j)$ 代表各收入组之间的相互作用,即各个分组之间收入分布的重叠程度。只有当各分组之间的收入分布完全不重叠时,总体基尼系数才能被分解为组内差距和组间差距。但是,对于 ε 的计算和准确的经济含义,目前国内外的经济学家和统计学家还没有达成共识。另外,基尼系数对于中等收入组比较敏感,而对于两极收入组却缺乏敏感性,因此还应引进收入不良指数等对于两极化反映比较敏感的判断指标作为补充。

Ⅲ、其他指标的计算

收入差距的大小也可以直接用一定百分比人口的收入份额来表示。常用的有库兹涅茨指数、阿鲁瓦利亚指数和收入不良指数。

收入不良指数和库兹涅茨指数均属于份额比例测度,即属于人口收入份额度量方法,亦是统计学界比较熟知的指数。其计算方式来源于五分法(或十分法),就是用一定人口收入份额反映收入差距,因而其在国际上是政府统计中的常用工具之一。收入不良指数可以用以观察居民收入是否存在两极分化现象,通常是用最富有的 20%(或 10%)的那部分人的平均收入除以最贫穷 20%(或 10%)的那部分人的平均收入。指数的数值越大,表示居民收入分配的差异越大。库兹涅茨指数同收入不良指数相似,是以 20% 最富有人口的收入在总收入中所占的比重份额来描述居民收入分配差距问题。该指数的最低值为 0.2,指数越高,收入差距越大。

采用这两种指数进行测度的优点是:计算简便,适合对群体内部收入分配差异进行初步的量化判断。它们的计算过程更能直接体现收入分配差距两极分化的程度,克服了基尼系数对两极收入变化缺乏敏感性的问题。此外,它们对数据的完整性要求不高,无需具体的个人数据就可以计算收入分配差异程度,而且其计算结果可以进行不同收入分配主体之间的收入分配差异程度静态和动态比较。

阿鲁瓦利亚指数是以40%最贫穷人口的收入份额来表示,该指数的最高值为0.4,指数越低,收入差距越大。收入不良指数是以20%最高收入人口的收入份额与20%最低收入人口的收入份额之比来表示,该指数的最低值为1,指数越高,收入差距越大。这几种指数的优点是计算简单,便于分层考察和进行具体分析,缺点是不能综合反映各个阶层收入分配差距的变动情况。在实际分析中,可以根据不同需要将上述各种指标和指数结合起来运用。

表6-7　用不同指标表示的我国收入差距

年份	基尼系数	库兹涅茨指数	阿鲁瓦利亚指数	收入不良指数	绝对极值比
1995	0.253	0.45	0.27	2.81	3.92
1996	0.253	0.45	0.27	2.81	3.91
1997	0.298	0.46	0.24	3.29	4.22
1998	0.297	0.47	0.24	3.36	4.43
1999	0.298	0.48	0.24	3.43	4.62
2000	0.298	0.48	0.24	3.43	5.21
2001	0.33	0.49	0.23	3.83	5.39
2002	0.39	0.54	0.19	5.4	7.7
2003	0.411	0.55	0.18	5.4	8.4
2004	0.412	0.56	0.18	5.6	8.87

数据来源:历年《中国统计年鉴》相关数据计算。

另外,有学者用差值法计算了城乡混合基尼系数,他们给出的测度城乡居民收入差距的计算公式如下:

$Gtr = It - Pt = Pr - Ir$

其中,It和Pt分别表示城镇居民收入占全国总收入的比重和城镇居民人口占全国总人口的比重,Ir和Pr分别表示农村居民收入占全国总收入的比重和农村居民人口占全国总人口的比重。①

iv、不同指标及计算方法的比较

收入分配差距的各种测度指标各有其不同特点。其中,基尼系数的取值介于 0 和 1 之间,并且其本身具有含义;而其他指标的大小则取决于样本数据所处的区间,计算的数值也只是一个刻度,具体的数值没有实质含义。在收入分配绝对平等的情况下,10% 的人口应该拥有 10% 的收入,但如果 10% 的人拥有 25% 的收入,这两个百分比的差额 15% 就是基尼系数;它对富裕阶层收入的观察值比较敏感,如果样本中最富裕人群收入数据误差较大,那么基尼系数的估算就很不可靠了。收入不良指数和库兹涅茨指数对于两极化的反映比较灵敏,克服了基尼系数在对两极收入变化缺乏敏感性的问题,对于数据的要求较低,可以包容数据的残缺,但是其计算往往与实际收入差距相差较大,夸大了收入分配差异的结果。可见,不同的测算统计指标各有千秋,有其优劣之处,因而在实际使用中应结合具体的实际情况和统计目的,有选择地单项应用或综合使用。

(二)设置收入分配差距动态评判标准的原则

虽然学者们可以从不同的角度来研究收入差距问题,并得出见仁见智的结论,但他们几乎无法回避当前收入差距是太大还是太小、是该扩大还是该缩小的问题。从目前的研究来看,对这一问题的回答多从主观或非经济的角度出发,并没有一个公认的标准。

在收入差距大小问题的衡量上,由于各国国情不同,以及一国国内不同时期的不同情况,试图以一个精确数值来衡量是否适度,具有很大的局限性。因此,本书认为,收入差距适度性的判断标准可以按照一般与特殊相结合、具有较强通用性、可比性和可操作性的原则来进行选择。

个人收入分配是各个社会成员经济利益分配的最终体现,具有很强的社会敏感性。一般而言,判断一种收入差距合理与否的标准有两条:一是伦理学意义上的,从公平观、平等观出发,从天赋平等权出发,着重强调收入分配结果的均等化。收入分配是否合理,会直接影响社会成员的社会心态的平和程度、

---

① 陈宗胜、周云波:《再论改革与发展中的收入分配》,经济科学出版社 2002 年版。

社会关系的协调程度以及社会形势的稳定程度。社会收入分配不合理对社会稳定的影响,是通过对社会成员主观心理感受的影响,进而形成一定的社会行为来实现的。因此,可以说社会成员的主观心理承受力高低是衡量社会稳定程度的重要尺度和晴雨表。

二是从效率原则出发,以促进社会生产力发展和经济效益的提高为目标,强调收入分配效率优先。

这两个原则有其合理性的一面,但是都忽视了一点,就是对低收入者生存与发展状况的判断。如果低收入者的生活问题能够得到基本保证,并且个人有较好的发展机会,即使收入差距较大,这种差距也是良性的,一定程度上也可以说是合理的。基于这种考虑,本书认为,判断分配差距是否合理,应该从两个方面来看:

一是看是否有利于经济增长,即看这种差距的大小是否影响了经济增长,在多大程度上产生了积极影响,多大程度上产生了消极影响。也就是说,应该从是否有利于经济增长角度出发来衡量收入差距是否合理。

具体来说,首先就是要看收入差距程度是否符合发展的目标,即社会总需求和总供给关系相协调、需求层次分布合理、对生产供给的拉动有效、经济持续快速发展。这是首位的,因为没有经济的增长,其他的发展问题都谈不上。

其次是收入差距是否影响到了经济快速增长所需要的条件或环境。如果已经影响到经济增长本身,表明这种差距已经过大,或者说这种收入差距程度就是不合理的。如果收入分配差距虽然较大但有利于增长本身,或者说分配差距产生的积极作用明显大于消极作用,就说明这种差距状况是合理的。

用经济增长标准来判断收入差距是否合理,既反映了收入分配与经济增长的内在互动机制,又能兼顾效率与公平。另一方面,如果差距过小已经对经济的高速增长产生了消极影响,尤其是损害了其他要素所有者的积极性,这种差距大小也需要调整。

二是看低收入者是否处在合理的生存与发展状态。这其实也是一种公平的目标,即保证社会所有成员,特别是低收入群体,在参与市场活动中有相对平等的竞争机会,或者为其能够获得平等的竞争机会创造必要的条件。因为收入差距的缩小取决于低收入者收入水平的快速提高。长期来看,低收入群体需要维持一定的生活水平,要有能力进行人力资本的投资,即需要一定的教育机会。这样才有可能在将来获得较高的收入水平,缩小与高收入者的收入差距。

在社会经济发展的某一时段,只要收入分配差距的程度满足这样一些条件,促进社会经济的持续、平稳、快速的发展,无论收入分配差距的数量衡量的绝对水平有多大,都应该是合理的。

其实,单纯地分析收入差距过大或过小是没有任何实质性意义的,即判断的标准并不在于差距水平的高低,而是要看差距形成的原因,并结合差距对其他相关因素造成的影响来分析。收入分配对经济增长的效应有两种,或者是积极的或者是消极的,积极作用大于消极作用的收入差距就是合理的。

(三)综合指标的设置

据此,可以将基尼系数作为一个单项的基本参考指标,同时设置一套综合指标体系作为评判收入分配差距的综合指标和适度性判断的参考。

1. 基尼系数

作为衡量财产与收入分配不平等程度的指标,基尼系数只是一个实证性数据,而不是一个规范性判断。它本身只是对收入差距的一种量化,仅仅是用来衡量收入差距大小的工具和尺度,只能用于衡量收入差距的大小和收入分配偏离绝对平均状况的程度,并不能反映出各个国家不同的发展阶段和收入水平,及社会状态及发展路径的差异,更不能说明其反映出的收入差距是否公平、合理。

因此,对基尼系数适度性的认识不应过于简单化,基尼系数合理区间的规定属经验性判断,未必具有普遍意义。同一水平的基尼系数在不同发展阶段和同一时期的不同国家中所蕴涵的意义是不尽一致的,仅以单一的基尼系数值来说明一个国家或地区一定时期内的收入差距是过大、过小,是否适度,其依据是不充分的。因此,不能将其作为判断收入差距适度性的唯一标准。

我国基尼系数扩大更多的是转型的结果和转型过程中体制约束与制度障碍的折射,市场化进程和体制改革速度的差异与区域要素禀赋的结合,使得我国非均衡发展模式在扩大区域和城乡之间收入差距的同时,也扩大了基尼系数,基尼系数表现得比实际收入分配差距更大。尽管市场化进程扩大着原本就存在的城乡收入差距,但农村市场经济发展的不完善,与相对封闭的二元经济社会结构，又能够在相当程度上减弱基尼系数所应反映出来的实际差距状况。

在我国基尼系数值非常混乱，对同一研究对象，不同的研究机构、不同的学者得出的数值大不一样，并且在国际比较中，如果不排除不可比因素而进行直接比较，就不可能得出确切的结论。特别是我国目前的基尼系数基本上是按照合法的货币收入计算，而很多实物收入、社会福利收入都没有计算。另外，城市居民能够享受的社会福利和农村居民是不同的，现有研究既有高估的因素，也有低估的因素。

而且，同一经济体在不同的时期，收入差距的"警戒线"是不同的，要确定出一个普遍适用的绝对不可逾越的数量界限是困难的。所谓"国际标准"并不是严格的标准，只能作为各国判别居民收入差距大小的参考，经验事实也没有提供 0.4 的基尼系数值作为居民收入分配的警戒线的充分证据。在经济发展的不同阶段、不同的历史、文化、宗教和不同的国际政治、经济背景下，相同程度的居民收入差距对经济发展、社会稳定所造成的影响并不相同。[①] 因此，基尼系数的指标，只能是有弹性的参考指标，而不是绝对指标。

虽然不应拘泥于基尼系数的标准，而应当根据我国当前的实际和经济发展的目标要求，来做出具体的判断。但用基尼系数来反映收入分配差距的变化状况简便易行，基尼系数的大小毕竟也是有界限的，是有经验数据标准参考的。因此，适当的比较仍有助于我们的判断。

2. 到达拐点时的人均收入水平

按照著名的库兹涅茨"倒 U"假说，居民人均收入在 300—500 美元[②]之间，收入分配不均等程度达到最高顶点，即收入分配"倒 U"曲线的拐点。由此，拐点出现时的人均收入水平（300～500 美元）就成为人们判断收入差距适度性的又一尺度。

按照这一标准，目前我国的人均收入水平已到 4000 美元，[③]按实际购买力计算，也已经超过了"倒 U"曲线的拐点区。但这是否意味着目前中国收入

---

①　曾国安：《关于居民收入差距的几个问题的思考》，《当代财经》2002 年第 6 期。

②　此数据的提出是在几十年以前，与今天对比一应考虑通货膨胀的因素，用货币的实际购买力比较；二是由于经济发展的实际环境已经大不相同，此数据应该有所调整。

③　2011 年数据。

差距的水平已超过了适度的界限？本书认为，对这一问题需要从两个方面认识。一方面，"倒U"理论是以对处于增长初期国家中的传统部门（农业）和现代部门（工业）的劳动力及资金转移形成的某种收入分配规律为依据的。而我国居民收入差距的变动，有着更为复杂的背景，因此不能简单地套用。另一方面，前文已经讨论过，从实际情况看，"倒U"规律并不适用于所有国家，包括我国在内。

从我国改革开放后20多年间居民收入差距的变动轨迹看，虽然有波动，但整体收入差距是在快速上升的，并且还呈现出未来继续扩大的趋势。至于"拐点"何时出现，还需要进行深入的探讨。因此，以"倒U"理论中的拐点为依据，对中国城镇收入差距的适度性进行判断，还缺乏足够的说服力，只能用来作为参考。

3. 经济增长因素

由于收入分配影响投资与消费，影响人力资本状况等，最终影响到供给和需求的经济均衡与经济效率，从而对经济增长产生一定的影响。因此，经济增长因素可以作为判断收入差距大小合适与否的一个标准。

具体说来，收入差距是否合理，要看这种差距程度是否影响到了经济增长速度。要保持经济持续、快速、健康地发展，在拉动经济增长的"三驾马车"中，虽然不同的形势下可以不同，但是一般来说，消费的拉动应该是主要的。收入差距的程度要能够保证全社会维持一定的消费水平，并保持供给与需求的平衡。

同时，在居民收入的增长上，应满足以下条件：一是个人收入总量与国民收入增长相适应；二是劳动报酬增长与劳动生产率提高相适应；三是个人收入增长与国家收入、企业收入增长相适应。以上三个方面均应确定保持一定比例，并根据经济形势进行动态调整。

4. 社会稳定因素

在社会经济差异不断扩大的时期，不同的人所感受到的不公平感或相对剥夺感是有差异的。一般来说，处于社会底层的人或社会经济地位下降的人的不公平感要强烈一些，而处于社会上层的人、社会经济地位稳定而波动不大的人或社会经济地位上升的人这种感受相对要弱一些。个体对贫富差距状况的认知和判断取决于其社会地位和对未来自身社会地位的预期。

在一个社会中,如果人们因为对收入分配差距产生不满而普遍积聚了较多的怨恨情绪,不论这种差距与别的国家相比是大还是小,政府都应该采取措施来调整收入分配。因为不满情绪是社会的不稳定因素,在一个不稳定的社会中,经济的发展是没有办法得到保证的。对于这一标准,从具体操作上看,并没有一个明确的界限,只能从经验出发来进行,或者可以参照社会学等其他学科的社会稳定指标。

5. 低收入者正常生存和发展

可以设置很多具体的指标,包括贫困人口的比例及其变动、贫困人口的医疗及养老等社会保障、低收入者的收入增长速度、日均生活费用、低收入者接受基础教育及高等教育的程度、低收入者进入高收入行业的几率、城市化的快慢等等。在一个经济快速发展和人均收入水平不断提高的社会中,贫困人口的比例应该不断下降,低收入者的生活水平和受教育的程度都是应该不断提高的。如果这些指标没有随着经济增长而改善,只能意味着收入差距的扩大。

(四)收入差距的适度性与合理性是一个动态的历史过程

确定居民收入分配的适度标准是收入分配研究领域的一大难题。差距大小的标准是动态的和不断变动的,个人收入占国民收入的比重受经济发展水平和经济体制等众多因素影响,在经济发展的不同阶段存在不同的合理界限。而且不同经济体以及同一经济体的不同发展阶段对差距大小的承受能力都是不同的,不可能寻求一个永恒不变的标准。

从目前我们社会的整体情况来看,扩大的基尼系数并没有引起社会的大规模动荡和社会危机,引起的只是人们对收入差距现象带来的一系列社会问题的诟病。也就是说,是社会心态在决定着收入差距合理与否的主观判断。

在中国社会转型期,由于市场经济的结构性转变、民主政治的体制性改革、地区性或群体性贫富差距、经济增长与社会公平分配之间的失衡,以及与上述情况复杂纠缠着的社会各阶层,最终影响着人们在文化价值心理等方面的差异和失衡。这种失衡的社会心态必定要通过一定的载体来完成它所要达到的目标。而随着经济社会文化等的发展,大众的社会心态也必定是在不断变动的。这也决定了人们对于分配差距大小的评判和接受程度是在不断变化的。

由于经济均衡处在不断的变化过程之中,这从另一个方面说明收入差距适度性的标准是不断变化的。但经济均衡的标准并不是绝对的,均衡并不意味着收入分配差距程度一定低。收入差距程度低的时候,可以处于均衡状态,收入差距程度比较高的时候,同样可能处于均衡状态。

随着经济社会的发展,决定收入差距适度与否的因素都会发生变化,如低收入者绝对收入水平的提高促进总需求和有效需求的增长,民众社会心理的成熟等。收入分配差距适度与否的评判准则也必将是动态变化的,而不是仅仅取决于差距的大小。

三、对我国收入差距现状的基本 判断及未来发展趋势的预测

由于在整个转型时期,制度建设尚不完善,各方面关系没有理顺,许多问题相互关联,相互影响,错综复杂,很多时候解决一个问题必须以另一个问题的解决为前提。对收入差距适度性与合理性问题要具体分析,适度并不意味着合理,合理的差距也许是不适度的。本文只是基于适度问题的分析,也就是基于对经济增长是否有利的分析基础之上,不过多涉及合理与否的价值判断。

(一)对我国现实基尼系数问题的再探讨

中国的基尼系数到底是多少? 近年来,这个问题成了一个悬疑,各方莫衷一是。我国自从 2000 年公布全国基尼系数为 0.412 之后,十多年来,国家统计局再也没有对这项统计公布过具体数字。对于不公布的理由,2011 年,国家统计局给出的官方解释是"难以获得高收入者的信息"。这也引起了许多学者的强烈质疑。

2012 年 1 月,国家统计局发布《中国全面建设小康社会进程统计监测报告(2011)》称,从 5 项监测指标来看,2010 年基尼系数略高于 2000 年的0.412,实现程度为 79.8%。但现在社会相对接受的基尼系数是 2007 年北京师范大学收入分配与贫困研究中心主任李实计算出的 0.48。在过去 20 多年间,李实课题组共进行了 4 次关于基尼指数的大型调查和测算,结果分别为:1988 年 0.382,1995 年 0.455,2002 年 0.454,2007 年 0.48。考虑到大量未被

统计的隐性收入,中国实际的基尼系数要高于这个数据。大多数学者认为,加上对高收入人群的收入估算,我国目前的基尼系数可能上升到 0.52-0.53。李实估计,2010 年,中国的基尼系数已经达到 0.50 的水平。

另外根据中国改革基金会国民经济研究所副所长王小鲁在 2010 年发布的《灰色收入与国民收入分配》研究报告,2008 年,中国居民的"隐性收入"为 9.3 万亿元,其中"灰色收入"为 5.4 万亿元。中国收入最高的 10% 家庭与收入最低的 10% 家庭的人均收入相差 65 倍。当然此研究存在一些问题,使得隐性收入和灰色收入被严重高估,但是考虑到灰色收入的因素,中国基尼系数可能会超过 0.55。

计算基尼系数,理想情况下应该是对全国所有居民的收入进行详细的统计后进行。而由于对分别在广大范围内,流动性较强的 10 几亿人进行收入考察可操作性极低,不论是统计局还是社科院课题组的基尼系数都是在对部分居民收入抽查而不是普查的基础上计算得来的。

这样由于极高收入人群在全部居民的比例低,不太可能被几万人甚至 10 几万人的样本抽查到,因此,公布的基尼系数会比真实情况要低。

由于没有官方权威的基尼系数统计,各方对于基尼系数的猜测高低不同,但有一点是相同的,那就是,中国的基尼系数早已超过了国际公认的警戒线 0.4。

(二)我国现阶段收入差距的适度性

在前面的分析基础上,本书对我国收入分配的现状作出以下基本判断:

从实现发展的目标来看,我国的总供求虽然存在不合理之处,但基本上是平衡的。只是结构上存在一些问题,表现为经济增长过度依赖投资与净出口,内需对经济增长的拉动作用依然不够。对于我国这样一个庞大的经济体来说,依靠内需应该成为今后经济增长的主要动力目标。从这个角度来看,我国收入差距在今后一个时期不宜再扩大。对于因经济增长的内在规律造成的差距继续扩大冲动,应从制度政策上予以调整。所以对于我国来说,收入差距已经处于不适当的边缘,为了保持经济的持续快速增长,现在就应该着手对收入分配进行调整。

从低收入者的生存与发展状况来看,我国的情况也不乐观。在一些地区特别是农村地区,人们的生活水平多年来一直没有得到很明显的改善,很多人仅仅限于维持温饱的状态,贫困人口和弱势群体大量存在,而没有得到社会很好的救助。更多的人没有能力进行较高水平的人力资本投资,从而陷入一种贫困的恶性循环当中。从这个角度看,我国的收入差距程度已经过大,收入分配政策应该向低收入者倾斜。

从稳定与公平的目标来看,社会上已经出现了一些不稳定因素,如由于城乡差距而致的社会治安与犯罪问题、由于地区差距而致的地区分裂趋向等。我国社会公平目标的实现可以说任重而道远,公平的收入分配需要多方面的改革与调整,不会一下子就完成,也不会是一劳永逸的。在这些基本的矛盾与问题解决之前,基于稳定与公平标准的收入差距适度性判断从根本上看是不科学的,因为这两个目标的达到是以其他方面的扭曲为代价的。

考虑到历史文化传统等因素,对收入差距状况进行全面的判断,可以依据三个层面的问题:一是收入差距水平是否已经在不合理的范围内,二是收入差距是否在居民可承受的范围内,三是收入差距变动是否在政府的控制能力范围内。基于上文对我国现状的分析,本文作出如下判断:

一是目前我国的收入差距已处于中等偏上的水平,出现了一定程度的贫富差距,但还没有达到两极分化的程度。且我国的收入差距很大程度上是由转型时期的不合理因素(如城乡分割、地区差异、行业垄断等),甚至是非法因素如腐败造成的。因而我国的收入差距正趋近于不合理,但还没到明显不合理的程度。就这一点而言,我们现在应该开始认真地考虑如何防止收入差距进一步扩大的问题。

二是对承受力的判断标准,更多的是基于差距产生的后果,一是宏观上,是否对经济社会发展造成了破坏性的影响,引发经济波动甚至经济危机;二是微观上,是否超过了居民的心理承受能力,引发社会冲突甚至社会动荡。本文的判断是:我国的收入差距水平仍在社会可承受范围内,除对居民的心理形成一定冲击外,还没有对经济社会的稳定造成明显的负面影响,但已成为潜在的社会风险因素。

三是对差距可控性的判断标准,主要体现在调节手段的有效性上。收入差距问题说到底是一个制度问题,对于我国目前来说,市场化的转型还没有最后完成,政府对经济社会的控制能力较强,通过一定的制度供给是可以把差距控制在一个合适的范围之内的。

（三）历史文化差异影响对收入差距的主观感受

研究收入分配差距不仅仅是简单的计算基尼系数，更重要的是要分析和判定人们对现实收入不平等所产生的态度与反应，并以此来分析判断这种不平等究竟产生了什么影响和效应，特别是对经济增长和社会发展产生了何等性质、程度的影响。

目前收入分配问题在我国已经成为了突出问题，这是与我国的经济发展水平和阶段，以及历史文化传统都有关系的。我国社会公众对于差距的接受程度比较低，这一点可以与美国做一个对比。美国企业研究所（AEI）在 20 世纪 80 年代末和 90 年代初进行了一项社会调查显示，绝大多数美国公众都接受收入不均等的事实。虽然至少有 2/3 以上的美国人认为收入不平等确实扩大了，但是同时认为这并不是非常严重的问题，所以不主张政府采取一些政策措施来消除收入不平等。而且从美国经济政策来看，也很少将减小收入差距作为经济政策的中心目标。收入分配不均等在美国从来都没有成为热点问题，美国理论界和媒体更关心的问题是犯罪、移民、环境保护、疾病、恐怖主义袭击等，收入不平等则居于比较次要的位置。

但是，从我国的情况来看，我国的收入差距程度与美国相比比较接近，单就基尼系数来看，还略低于美国。而我国社会公众包括普通老百姓对收入差距的反应明显比美国居民强烈，抱怨和不满情绪非常普遍，认为政府应当着手加以解决。从 20 世纪 90 年代中后期开始，社会各界都对中国收入分配问题表现出担忧。学术界也开始予以关注，许多学者呼吁应当采取措施，缩小贫富差距，对收入分配问题的研究成为热点。

就其原因来看，一是平均主义的思想。平均主义在我国历史上是有渊源的，我国历史上就有"天下大同"、"不患寡而患不均"、"均贫富"等等思想，这些思想对人们对待收入差距的态度产生了深远的影响。

西方经济学中有一种所谓的"收入的外部效应"，就是指一个人对收入的满足感并不仅仅取决于绝对收入，同时也取决于相对收入，即与其他人收入的相对水平。大多数人具有嫉妒型的偏好函数，别人的收入与他的幸福感"负相关"，别人的收入越高，特别是相对于自己而言的收入越多，他就越不幸福，越感到痛苦和不满。这实际上也是平均主义的一种表现形式。

改革开放以来，我国人民生活水平有了很大提高，绝对收入都增加了，同时人们的收入差距也拉开了。差距的拉大意味着一部分人绝对收入并没有下降，但相对收入下降了，由此引起了许多社会成员的不满。而且我国目前的收入差距在很大程度上是由不合理、不合法因素造成的，这更加剧了人们的愤恨与不满，这就是人们为什么会"端起碗吃肉，放下筷子骂娘"的重要原因。美国史学泰斗汤因比曾经指出：人不仅仅是靠面包过活的。在我国，社会公平更多地表现为一种精神上的需求，无论物质生活被提得多高，也无法代替这种精神上的需求。所以人们在生活水平提高的同时，对收入分配不均等的不满情绪却有所增加。

二是与西方发达国家的契约型社会不同，我国长期以来都保持着一种身份型的社会形态，表现为社会成员之间存在着凝固化的身份差别，不同的身份代表着不同的权利和待遇。改革开放以前，我国实行的是高度集中的计划经济体制和平均主义的分配方式，这种体制和方式强化了身份差别（导致职业地位上的差别）对收入差距的作用，并成为人们关于收入分配方面的一种基本常识和普遍得到认同的观念。同样，人们对相同身份的收入差别也难以接受，认为同一种身份就应该得到相同的报酬，而不管其能力及贡献的大小。这种观念的潜移默化导致人们对待收入差距的态度，不是想办法去纠正这种不合理的制度因素，而是想办法如何去改变对自己不利的身份与职业地位。

三是我国的收入差距是在短期内迅速扩大的，人们在心理上的接受与适应都有一个过程。从平均主义分配到 0.4 以上的收入分配差距，在西方成熟的市场经济国家都经历了上百甚至几百年的时间，而我国只用了短短二十几年的时间，还没有经历一代人，人们会感觉到变化太剧烈。

四是我国目前的收入差距是在低收入水平基础上的差距，高低收入群体的生活水平对比太过明显。经济发展的水平不同，对差距的承受能力是绝对不同的。月收入 1 万与月收入 10 万的人生活水平可能并没有实质的不同，但月收入 1 千与月收入 1 万的人，同样是 10 倍的差距，生活水平是有很大差别的。目前我国的差别正是 1 千与 1 万的差别，所以问题显得突出。

五是我国收入差距的很大部分是由不合理甚至不合法的因素形成的，这也引起了人们的不满。

收入差距对人们心理的影响是一个复杂的过程。如果收入差距扩大来自于人们认可的一些原因,如劳动贡献、知识能力、个人天赋、甚至个人机遇,人们会试着接受这种状况,适当的收入差距也会成为提高效率的激励因素。反之,通过利用一些非法手段,借助于权力和垄断力量来获取个人私利的行为,从数量上来看其对全国收入差距的影响不是太大,但是人们在心理上产生的不满效应却是巨大的。因此,缩小收入差距,特别是消除人们对收入分配差别的不满情绪,远不是通过经济体制改革和经济政策调整能够达到的,必须要借助于政治体制改革来完成。

(四)纠正一种观点:盲目照搬国际通用的标准

国际上0.4的收入分配贫富差距"警戒线",只是根据西方国家的实践得出的结论,并没有充分考虑各国的实际情况。实际上,各国的情况千差万别。不仅面积、人口不一,经济和社会发展状况也相差巨大,简单地将0.4作为国际通用的警戒线未必适当。当前,各国之间的收入差距极大。1999年,世界的基尼系数已经远远超过了0.4这一警戒线,46%的国家更是高于警戒线水平,警戒线的意义就要打个折扣。

基于我国的特殊国情,虽然基尼系数在扩大,但是基尼系数只是观察收入差距的一个指标,大于0.4的基尼系数给人们带来的实际差距并不像数字显示的那样大,量化上的"警戒线"也没有像理论所预期的那样带来社会整体动荡和经济的大幅度衰退。同时,也没有谁会愿意为缩小收入差距,而退回到改革开放前的平均主义社会。因为高速经济增长,哪怕是最低收入人群也能改善生活,收入差距扩大并不一定意味着直接演变为社会不稳定。

一些发达国家居民收入差距比我国大,但并没有引发内需不足等其他问题,正因为这样,国内许多经济学家对中国的总体收入分配不均等不以为然。然而目前中国的地区差距和城乡二元经济格局的实际情况相当于欧共体和非洲的差别。这种差距的基础决定因素是两种形式的地区差距:沿海与内地、城市与乡村。这种城乡二元经济格局在很大程度上是一种制度约束,已经陷入"僵局"。部分西部地区和农村地区既难以贡献现代产品和传统产品,也难以形成购买力,从而制约了有效需求,影响了经济增长,使得低工资格局得以维持。

因而可以说我国目前差距过大,却没有给经济增长带来显著负面影响,背后的深层次原因正是城乡以及地区分割的二元体制等所致的扭曲。收入差距的国际"警戒线"显然并不能简单的照搬过来,用以衡量我国的情况。一个显著的事实是,虽然我国的基尼系数已经远远超过了0.4,经济社会却并没有处于危险的边缘。一个社会是否发生动荡,不仅有客观因素,而且有主观心理因素。中国人的确具有强烈的平等意识,但也有高度的安定意识和忍耐性。自古以来,中国人就将社会安定视为最大的国家利益,将生活安定看做最大的个人利益。因此,中国人对贫富分化的心理承受力与其他民族相比是一个较大值的保险系数,对社会发生动荡的缓冲作用较强。另外,国民的独立自主意识还不甚强烈,采取社会行动反对收入分配不公的可能性不大,这就为国家进一步推进改革开放,加大发展力度提供了回旋的空间,为国家制定积极政策,缓解贫富差距日益悬殊的问题保留了余地。

但这同时也并不意味着我国的收入分配现状不需要调整,相反,我国分配领域存在着远较成熟的市场经济国家严重和复杂的问题。调整的过程也将是艰难的和长期的,既不能照搬发达国家处理此类问题的经验,也不能重复发达国家走过的道路,而应该结合我国的实际情况,走出一条适合我国国情的路子来。

(五)关于两极分化

要对分配形势有一个正确的估计,就应该对当前是否出现了两极分化应作出正确的判断。并不是任何一种收入差距的扩大都可以称之为两极分化,两极分化是马克思在分析资本主义积累的一般规律时提出来的论断。现实经济生活中,关于分配标准的确定不仅是一个事实判断,同时也是一个价值判断,需要针对具体问题做深入分析。

对于我国目前是否已经达到两极分化,不同学者之间分歧很大,主要原因在于人们对两极分化的含义理解不同。按照马克思的定义,所谓两极分化是指少数人依靠垄断资料,剥削和压榨广大劳动者,从而导致富者愈富、贫者愈贫的状况。但是现代一些学者认为,收入两极分化的本质内涵是,一个初始收入分配比较均等的群体日益分裂成两个群体,并且群内差距越小、群间差距越大,群的规模越势均力敌,两极分化便越严重。因此两极分化是一个有别于收入不平等和贫富差距的概念。①

有的学者提出用两个标准来判断两极分化的存在:第一个是静态标准,即居民的财富(收入)差距已达到很高的程度,可以用基尼系数来考察;第二个标准是动态标准,即社会上已经产生两个具有相当规模的"极端"阶层,而且富裕阶层占有社会总财富(收入)的比重在扩大,贫困阶层所占社会总财富(收入)的比重在减少。"两极"大小的确定,在我国采用十分法或二十分法较宜。

从公认的统计指标看,我国的基尼系数至今未达到作为两极分化判断标准的 0.5 及其以上。再用十等分法来看贫富两极的状况,并与两极分化的美国进行对比。目前,中国城镇居民 10% 最富有家庭拥有的财富占城镇全部家庭财产的比重为 35.3%,美国 10% 最富有家庭拥有的财富占全美国财富的 66.8%。同年,中国城镇居民 10% 最贫穷家庭拥有的财富占城镇全部家庭财产的比重为 2.4%,美国 10% 最贫穷家庭平均负债为 7075 美元。同样,中国城镇居民 20% 最富有家庭平均收入是 20% 最贫困家庭平均收入的 2.99 倍,而美国 20% 最富有家庭平均收入是 20% 最贫困家庭平均收入的 13.65 倍。这一指标所反映的贫富分化状况仍大大低于美国的水平。因而,目前主流的观点是我国的收入分配并没有达到两极分化的程度。

(六)对我国收入差距未来变动趋势的进一步预测

以上分析的影响收入分配差距的多种指标,对收入差距大小的形成和影响方向是不同的。在不同的经济体和同一经济体的不同发展阶段会产生不同的作用,一些社会经济因素可以抑制居民收入分配差距的扩大,有些因素则起相反作用,会缩小收入差距。库兹涅茨、阿鲁瓦利亚、阿德尔曼和毛瑞斯等人的研究也得出了大体相同的结果。

对我国收入差距的变动趋势,本书做出如下预测:收入差距在较长的一段时间内还会继续上升,但将来一定是会下降的。至于什么时候会下降,上升到什么程度会下降,也就是说什么时候会到"拐点",就是"倒 U 曲线"的拐点,这

---

① 洪兴建、李金昌:《两极分化测度方法述评与中国居民收入两极分化》,《经济研究》2007年第 11 期。

个"拐点"到底有多高,这些都还无法预测,取决于多种因素。其中很重要的一点就是制度因素。现在可以确定的只有一点,就是这个过程的完成会是一个相当长的时间。

做出这个预测的依据有很多,如我国经济正处在快速上升的通道当中,我国的收分配领域还存很多扭曲,分配制度也不合理等,这些调整都需要相当长的时间。因为在未来一段时间内,促使收入差别扩大因素的力量可能会超过促使其缩小的因素的力量。陈宗胜、周云波更是预测到,我国可能在 2010 年前后达到假定存在的公有经济"倒 U 曲线"的顶点,其后开始越过倒 U 曲线拐点向右。但目前来看,这种预测并不符合实际情况,因为直到 2011 年底,我国的收入差距还在扩大之中。全国居民正常收入差别的基尼系数大致在0.45~0.5 左右,这种状况可能会持续一个阶段,即中国居民正常收入的总体差别很可能会在高位上运行若干年份,然后才会转而缓慢降低。

但现实收入差距变化并不是无条件地随着人均 GDP 水平的逐步提高而先升后降,它还要受当时一系列经济、政治、社会和人口条件的较大影响,而这些因素是动态变化的,即使是同一因素,对收入差别的作用也可能是双重的,在不同时期可能发挥的主导作用是完全相反的。目前,缩小我国居民收入差距的主导因素尚未形成,而扩大的因素却在较大范围内存在。目前失业是造成城市贫困的主要原因之一,城市内部的贫富差距将继续扩大。由于农村居民收入增长的困难,城乡差距短期内仍将扩大。由于基础设施、市场化程度、产业发展自身惯性等原因,2010 年前后,我国国民收入倒 U 曲线的拐点,不易出现。对此,我们要有足够的思想准备。

小　结

目前中国居民收入分配差距形成与扩大有其自身的特殊性,城乡差距对我国收入差距的贡献占到了一半以上,其次是地区差距与行业差距。这是与我国转型期的背景相适应的:既有我国自身的历史文化等原因,也与我国的体制改革有关。体制改革本身带来了收入差距的扩大,从时间上来看,改革开放后出现的收入分配差距扩大的成因,很大程度上是基于那些改革开放之前就已存在的、至今尚未得到纠正的各种制度性与非制度性成因。制度转型中的不合理因素加剧了收入差距特殊分布格局的形成。

在我国目前的收入分配格局形式下,判断收入差距的合理性与适度性问题就不能照搬国外一些发达国家的经验和标准,必须制定出自身的标准。对于收入差距适度性与合理性问题的判断是一个难题,不同学者之间的分歧非常大。本文在对我国相关情况进行分析的基础上,提出保证我国经济增长与低收入者生活与发展的收入差距适度性评判标准,并且认为收入差距的适度性是动态的和不断变化的。运用这一动态标准对我国的分配状况进行分析判断,本文认为,我国当前的收入分配虽然没有达到两极分化,但是差距已经非常大,经济社会处在了危险的边缘。而且在未来的一段时间内,我国收入分配的差距还会继续扩大。现在就应该采取措施进行治理,以促使收入差距由正转负的"拐点"早日到来。

第七章　我国收入分配中的政府
职能与政策建议

　　经济增长和收入分配是经济发展过程中非常重要的目标,是推动经济发展的两个车轮,它们不仅应该结合,而且应该有机结合。从上文的分析可以看出,较大的收入分配差距不仅仅是收入分配领域的问题,还往往是经济畸形和不平衡发展的反映。一旦这种差距过大的分配格局形成以后,政府要进行调整会付出更大的代价,甚至积重难返。对我国来说,在现存社会条件下,对扭曲的分配结构进行改造比最初建立一种合理的分配格局更困难,相对于经济结构和发展战略调整,政治和权力结构的变化显得尤为重要。

一、收入分配的政府调节

　　由于物质资本、人力资本和基础设施的缺乏是限制低收入群体收入增长的主要因素,那么,公共资源的再分配便提供了一种改变这种限制的强有力的机制。同时收入分配的各种制度和政策并不是互相排斥的,可以通过制度供给来缓解。

(一)两种调节方式——政府调节与市场调节
　　对收入分配的调节实际上是一种利益的再分配,即资源的再配置,只是这种配置发生在分配领域。与资源配置的主体一样,收入分配的调节主体也无外乎两个:市场与政府。市场经济条件下,收入分配应该经由市场进行调节,还是应该经由政府进行调节呢? 对这一问题存在着不同的看法。

228

1.理论争议

作为一名激进的资产阶级自由主义者,哈耶克反对国家对收入分配的任何形式的调节,认为用国家的行政手段去实现"平等",不仅人为地破坏了市场的自然秩序,损害了效率,而且最终也无法实现平等。

同哈耶克一样,弗里德曼也主张市场优先、效率优先。认为自由市场具有足够的能力来解决生产和分配问题,反对政府对经济的干预及以政府为主对收入分配进行的调节,因为政府干预只能导致无效率、腐败和危害个人自由。弗里德曼认为自由并不与平等相冲突,机会均等是自由的重要组成部分,而市场机制是自由与平等的充分结合。他指出:凡是容许自由市场起作用的地方,凡是存在着机会均等的地方,居民的生活都能达到过去不曾有过的水平。相反,正是在那些不允许自由市场发挥作用的社会里,贫富之间的鸿沟不断加宽,富人越来越富,穷人越来越穷。

罗尔斯和德沃金等思想家则认为,尽管市场在进行资源配置上具有不可替代的作用,但是市场并不是万能的,它不可能产生符合现代社会要求的合乎正义的分配。自由市场体制所强调的机会均等并不是真正的公平,在资本分布、天赋状态及教育水平等方面都不具备平等意义的条件下,机会具有很大的盲目性。如果任由市场自由运作,必然导致人们之间分配上的巨大差异,这种贫富上的分化对人的尊严、社会的稳定以及人类的生存都会造成威胁。因此,在市场分配之外,应该通过国家的经济干预、制定新的合乎正义的制度等手段对分配进行调节。

L·泰勒(1991)在其著作《收入分配、通货膨胀和增长:结构主义宏观经济学讲义》中明确提出,需要建立起结构主义收入分配的系列模式,以表现储蓄倾向、消费与投资行为、资产选择以及对价格形成的支配力等方面与发达国家相比有所不同。D·雷伊(1998)在其《发展经济学》中强调,市场不存在或者市场功能不足不仅在于"创造广泛的外部性",还在于消失的市场具有一个基本含义,这就是收入或财富分配不平等在许多发展难题中起着关键性的作用。雷伊的观点清楚地表明,发展中国家的不完善市场无法自身解决收入分配的不平等问题,而收入不平等往往构成发展中国家经济发展的主要障碍。

市场发挥调节作用暗含着一个前提:存在集体选择制度。这种集体选择制度相当于一个"立宪式契约",它明确了每个人的权利和行为约束。如果没有制度约束,市场经济下的利己追求只能是一种"自然分配",这种分配会产生于一种霍布斯式状态中(丹尼斯·C.缪勒,1999)。要摆脱霍布斯的自然形态,必须有一种确立每个人产权和行为约束的"立宪式契约",这种"立宪式契约"构成一种自愿交换的制度,而产权的存在无疑是制定"立宪式契约"的必要条件。西方经济学研究的正是在经济中具有明确产权的个人的经济行为及由此产生的各种现象。萨缪尔森认为,产权制度和实施产权的程序是一种纯公共物品,它具有"每个人的消费不会减少任何其他人对这种物品消费"的特性(伊特韦尔,1996)。这些具有非竞争性的纯公共物品,都是由政府提供的,从这个意义上讲,市场选择内生出政府选择。我国的体制转轨显然是在市场选择这一前提条件并不满足的条件下,即个人权利并不完善的情况下进行的,也就是说,市场经济体制的建立内生出政府的权力作用,它不仅具有保护产权"第三方"的职能,更重要的是能对产权进行界定,这是建立市场经济的前提和基础。

新古典主义相信市场力量能够促使收入分配差距趋于缩小,结构主义则强调结构刚性与发展中国家的市场不完善,阻碍了市场对收入分配的调节能力。对于收入分配机制的认识不同必然反映在旨在调节收入分配的政策作用方向上,因而形成不同的调节收入分配的政策体系,而这些政策反过来也可能成为各国不平等程度差异的影响因素。从某种意义上讲,经济增长过程中收入分配问题是一个政策调控问题。

2. 对收入分配应实行政府调节

现代经济学对政府经济职能的界定以市场失灵为逻辑起点,并以此来确认政府干预的合理性和职能范围。市场选择的过程有可能出现盲目波动,外部性、垄断等问题会导致资源配置缺乏效率,市场经济本身更是难以保证公平的收入分配,会出现两极分化的趋势,这些都是市场经济制度本身的功能性缺陷。当存在市场失灵时,如果政府能对这些市场失灵进行补救,并提高经济效益,就会显示出政府的作用。因此,对市场失灵进行补救引发了政府的经济职能,即稳定整个经济,对经济资源进行再配置,调节收入分配等。从这个意义上讲,市场选择需要以政府选择作为补充。

在中国经济转型时期,如果把发达国家市场运行中存在的市场失灵作为政府弥补、调节和干预经济运行的原因,用以解释中国转型经济中面临的主要矛盾和问题,就会在理论上和实践中产生巨大的偏差。事实上,在中国的转型经济中,关于市场失灵的理论前提可以说是虚幻的,或者说是不切实际的。因为在转轨过程中,由于改革不到位所造成的市场缺陷远远大于市场本身的功能性缺陷(市场失灵),所以,政府的作用不是一般地去校正市场失灵,而是要加强有效制度的供给,构建市场运行的规则和制度框架,通过扩张和发育市场,实现在一定程度上、一定阶段内政府对市场的部分替代。

在解决收入差距过大问题上,市场的作用十分有限。市场经济具有较强的资源配置能力,会促使生产要素向收益率较高的行业和地区流动,市场机制分配的优势在于效率功能的充分体现。换言之,市场分配整个过程的基调在于效率,它往往并不寻求社会意义上的公平。因而,对收入分配的调节而言,市场机制具有很大的局限性。

市场经济不存在收入分配的自动调节机制,经济发展达到一定高度以后的收入差距缩小,主要在于国家政府当局在对收入差距扩大和经济增长作出权衡之后的政府选择和调控能力的增强。很多发展中国家收入差距持续扩大,看起来似乎是经济发展未达到一定高度之前的一种阶段性现象,但实际上是这些国家的政府对收入分配的政策选择和调控能力不强。市场经济条件下,收入分配差距持续拉大的趋势并不会随着经济发展水平的提高而自动出现逆转,即收入分配差距是非自动收敛的。

市场、市场机制在利益分配中具有基本渠道和积极的导向功能,但并不是说全部利益分配活动都应该交给市场,实际上这是不可能的。一方面因为利益分配不能由市场一次完成,也不能由市场单独完成。另一方面市场机制不但不会自动缩短贫富之间的距离,而且会产生收入分配的"马太效应",①使贫者更贫、富者更富,这一点已被改革开放20多年来我国收入差距扩大的结果所证明。特别是当前我国调节收入分配的市场机制还不具备应有的完善功能,体制性、机制性矛盾较为突出。从这个意义上说,我国居民收入差距源于改革的实行,收入差距问题的解决也只能依赖于改革的成功推进,而改革的成

① 在《圣经》中的"马太福音"第二十五章有这么几句话:"凡有的,还要加给他叫他多余。没有的,连他所有的也要夺过来。"1973年,美国科学史研究者默顿用这几句话来概括一种社会心理现象:"对已有相当声誉的科学家做出的科学贡献给予的荣誉越来越多,而对那些未出名的科学家则不承认他们的成绩。"默顿将这种社会心理现象命名为"马太效应"。

功推进则离不开政府的作用。

收入分配问题实际上是一个制度问题,这一点前文已经多次提及,这是收入分配的一个特点。另一方面,收入分配本身还是公共物品,符合公共物品具有的非竞争性和非排他性的特点,因而收入分配不只是经济问题,还是政治问题。

收入分配既然是制度问题,还是公共物品,那么对其的调整与供给都要由政府来进行。尽管中国社会制度变迁的背景、路径、模式使收入分配具有特殊性,但贫富差距作为经济增长中的问题和社会发展中的矛盾,无论如何都应该是社会尤其是政府必须关注的大问题。在重视培育完善市场的导向功能的同时,以必要的调节、控制、规范手段介入收入分配,遏制收入差距悬殊、防止"两极分化"的固化并促其收敛,是政府的应尽之责。

(二)政府调节中存在的问题

然而,我国现阶段经济转型尚未完成,尤其是政府体制改革还未有实质性的突破。因而政府管理和经济调控中的疏漏和失当仍然大量存在,表现在收入分配方面,就是对收入差距的调节不力。

1. 收入分配调节政策不合理

不合理性表现在:首先,在初次分配领域,缺乏有效的限制垄断、鼓励平等竞争的政策。造成传统体制中延续下来的各种各样的社会强势集团及行业,凭借其曾经拥有的有利地位,甚至依托政府保护,利用不平等的价格、垄断地位和政府背景、垄断市场,获得垄断利润。其次,政府缺乏对违法非法收入的严厉打击和取缔,致使收入分配差距因为各种非法违法收入而不断恶化。第三,在收入差距急剧扩大的情况下,政府又缺乏完善的对弱势群体的强制性社会保障,使得低收入者的基本生活往往得不到保证。2005 年,全国征收的个人所得税占各项税收的比例只有 7.3%,占居民总收入的比例只有 2.5%。同期,在政府财政支出中,用于抚恤、社会福利和社会保障支出的费用占居民总收入的比例只有 3%。缺乏有效的一整套干预再分配的政策体系和手段,致使收入不平等在初次分配扭曲的基础上,在再分配上进一步恶化。

规范和调整全社会的收入分配,保证公平、合理的分配秩序是政府的主要职责。而政府一般是通过制定特定的收入分配政策,并实际保证这些政策能够得到实施,来实现社会的利益分配的。因此制定收入分配政策、并执行这些政策就成为任何一个有效、负责、公正的政府的重要工作内容。

2. 政府过多卷入投资和生产

从初次分配来看,在1990年代以来所形成的政府主导、投资驱动的经济增长模式下,经济高速增长导致税收超速增长。同时也由于地方政府在经济发展中的作用越来越大,直接地卷入投资和生产过程,整个社会的初次分配向政府倾斜——政府的财政收入增长速度始终远高于GDP增长速度,更高于居民收入增长速度,也向地方政府所偏爱、所支持的企业倾斜。

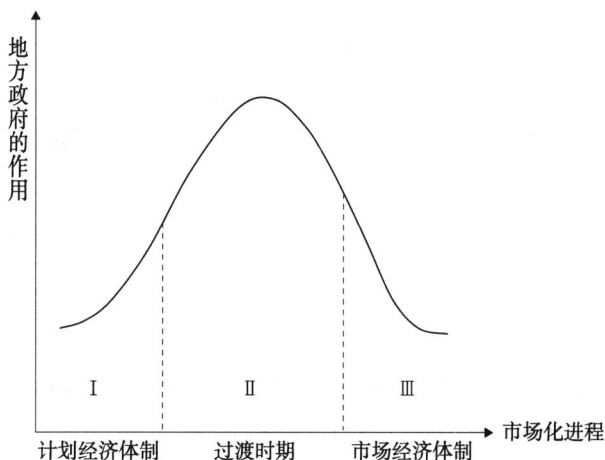

图7-1　市场经济进程中地方政府作用的演化

在再分配环节,政府的主要收入来源是所得税和社保缴款,主要支出是社会保障、社会福利、社会补助和其他。统计分析显示,政府特别是地方政府在再分配环节取得了正的收入,换言之,作为一个总体,政府的收支并没有很好发挥改善收入分配格局的积极作用。另外,我国政府特别是地方政府还有大量未统计的收入。如果把这一部分加进来,政府收入上升的趋势就更为显著了。

3. 公共产品的提供不足

政府在调节收入差距方面的职能不仅表现在完善税收制度、建立社会保障体系,更应体现在为贫困人群提供公共产品,保障其有获得收入的平等机会上,包括基础设施建设,教育和人力资本投入,提供公共信息,保障要素自由流动的权利等。政府职能的实现靠公共财政,也需要相关的公共政策。其中最重要的是加大对落后地区公共产品的投资,和鼓励要素在区域间的合理流动。

然而我国的现实情况却是:社会保障乏力、教育机会不均等。我国的社会保障面太窄,只涵盖了国家机关、事业单位、国有企业和部分大型集体所有制职工,而广大的农村居民、私营企业、乡镇企业、外资企业的中方员工却不在保障范围之内。这种在享受社会保障方面的不均等性,使城乡之间、城镇居民内部的收入差距进一步拉大。国家教育投资明显不足,教育投资的不足又会进一步加剧城乡之间以及东西部地区之间的收入分配差距,形成一种恶性循环。

从上面的分析可以看出,在收入分配方面,政府职能的错位和行为的失当导致了市场机制作用的扭曲,也导致了利益关系的扭曲。在这种情况下,经济主体往往把眼光投向政府,着眼于从政府控制的资源中获取更多的份额,其行为特征也就是倾向于分配性努力。通过制度创新、技术创新实现利益目标的动力衰减,影响经济增长。

转型期政府干预收入分配有其特殊的依存条件、现实基础和运行路径。政府过多地将资源集中于少数发达地区,牺牲多数地区,过于人为保护城镇地区,牺牲农村地区,人口难以自由流动。这种模式注定要加强政府对收入分配的调节而不是减少政府调节,但不合理的政府干预有很大弊端,需要进一步加以调整。

(三)收入分配制度改革与政府职责

我国的收入分配制度改革导致了收入差距扩大和分配不公等不良现象,但是它对公平与效率增进的效果却是显著的。之所以出现如此成效,坚持社会主义基本经济制度、市场化改革和政府的主导作用是根本原因。

1. 改革开放以来我国收入分配制度改革的路径与成效

分配格局和分配结构均用来表征国民收入在政府部门、企业和居民之间的分布状况,这种收入分布状况是政府对收入分配结果的预期,更是对收入分配的宏观调控目标。在 1980 年代,政府对分配格局(或结构)的调整主要集中于国家、集体和个人之间利益的协调上。国民收入增量的分配比例明显倾斜于企业和国家。此后,由于国家放权让利战略的推行,政府在收入分配上的权力逐步下放给了微观企业。1990 年代,国家调整了分配格局(或结构)过于向企业和国家倾斜的做法,转而注重居民收入的绝对和相对提高。由于市场化改革的不彻底和旧体制的惯性作用,1990 年代末、21 世纪初出现了日渐扩大的收入差距和分配不公,整个社会呈现出金字塔形收入分配格局(或结构),这是政府始料不及的。所幸的是,政府意识到了这种倾向,并于在此后强调要进行收入分配改革,不断增加居民收入,特别是提高低收入者的收入水平,扩大中等收入者比重,以形成一种两头小、中间大的橄榄型收入分配格局(或结构)。①

改革开放之初,分配政策的重点是理顺国家与企业之间的分配关系。1985 年后,国家开始注重工资改革,1985 年的政府工作报告提出要初步建立起能够较好地体现按劳分配原则的新的工资制度。1987、1988 年的政府工作报告将重点转移到企业内部的分配关系上,提出企业内部分配的具体形式和办法由企业自主决定。

此后,国家在福利制度方面进行了改革。福利制度改革是持续推进的,1991 年之后几乎每年的政府工作报告都提出要建立健全社会保障体系,这是政府在再分配领域维护社会公平的重要举措。

30 多年来我国收入分配制度改革的最大成就莫过于正确认识并处理了平均主义分配方式的弊端。从改革开放之初提出"克服平均主义倾向,以提高经济效益为中心"到"效率优先、兼顾公平"的分配原则,中间只是经历了短短一年的"兼顾效率与公平"时期,可以说,效率导向的收入分配制度改革占据了改革过程的绝大部分时间,它对经济增长率、生产力、资源配置效率等绝对指标和对成本收益率、投入产出率等相对指标都有举世公认的促进作用。

收入分配制度改革的目的不仅在于促进分配效率的提高,而且对生产效率、经济效率和社会效率的正面作用也很大,这种目的需要借助市场化改革而实现。市场化改革的总体性要求是市场在资源配置中起基础性作用,因而"市场机制在收入分配中的基础性作用不断增强"。在市场化改革过程中,国家、集体与个人的利益关系通过价格机制、竞争机制、供求机制而得到有效的调整,分配格局和分配结构反映了资源与收入的重新分布,同时,积累与消费、

---

① 刘承礼:《改革开放以来我国收入分配制度改革的路径与成效—以公平与效率的双重标准为视角》,《北京行政学院学报》2009 年第 1 期。

投资与消费之间的关系也随着市场机制的运行而进行了深度改革。在垄断性行业与竞争性行业、城市与农村、东部与中西部的收入分配结果的比较中,很容易得出现行分配格局(或结构)失衡的结论来,这既有分配制度和分配政策的缺陷,又有市场化改革不彻底的原因。

2. 政府在收入分配改革中的作用

政府在收入分配制度改革中起着十分重要的作用。有学者提出,"收入分配制度改革都与政府行为有关,政府是否能够约束自己的行为成为改革成败的关键。"[①]在分配制度上,政府的主导作用表现在:(1)坚持生产资料的社会主义公有制以及公有制的主体地位,并由此而决定了我国分配方式将以按劳分配为主体,这就最大限度地保证了分配的公平性,同时引入生产要素按贡献参与分配的分配方式,提高分配活动对经济发展的激励作用;(2)维护分配秩序是确保收入分配公平公正的前提,特别是十六届六中全会通过的《中共中央关于构建社会主义和谐社会若干重大问题的决定》提出"提高低收入者收入水平,逐步扩大中等收入者比重,有效调节过高收入,坚决取缔非法收入"更是对收入分配秩序的完善;(3)坚决贯彻收入分配政策,创造条件让一部分人、一部分地区依靠诚实劳动和合法经营先富起来,提倡先富带动和帮助后富,逐步实现共同富裕的政策;(4)公务员工资制度改革成为全社会工资制度改革的标杆,企业、事业单位的工资制度改革因此而发生联动;(5)政府在再分配和三次分配领域都发挥着重要的调节作用,有意识地加强分配公平的分量

二、再分配政策与制度供给

国际经验证明,对因市场经济的竞争而造成的收入分配差距,主要是通过对高收入者征税,对低收入者进行有效的转移支付来进行调节的,但从我国现实情况看,我们再分配的调节手段和功能严重不足。一是对高收入者的调节不力,致使高收入群体的"逃税"或"避税"极为普遍。二是对低收入者缺乏有效保护。在政府对低收入者未能实施有效的转移支付,而且某些形式的转移

---

① 汪玉凯:《分配制度改革取决于政府能否约束自身》,《中华工商时报》2006年9月4日。

支付制度明显向高收入者倾斜。三是许多形式的再分配存在"逆向调节"特征。这一问题的最突出表现是住房、医疗等福利分配体制。此外,一些税赋政策的实际结果也不是在缩小差距,而是在扩大差距。

(一)我国再分配政策的有效性分析

再分配与生产要素无关,是一种以保障基本生活条件为目的的公平分配,调节收入差距过大,会增进社会合作,但因缺乏对生产的刺激力而可能会降低效率。

从差距的构成来看,我国与其他大多数国家不同的是,我国收入差距的很大一部分来自于城乡之间和地区之间的差距。而且,这种状况在过去30年改革过程中并没有得到改变。对于这样一种较为特殊的收入分配格局来说,仅仅依靠政府的收入再分配政策是远远不够的。通过政府的投资政策向中西部倾斜来缩小地区间居民收入差距是否能够取得成效,也是值得怀疑的(Tsui Kai-yuen,1998)。

目前过大的收入差距,许多是来自机会平等前提下各人能力和贡献的不同,也有很多是由人们对公共财富和公共产品关系上机会的不平等造成的。大众所最不满意的,也正是这种由机会不平等造成的贫富分化,而腐败和垄断,就是机会不平等的主要表现。腐败的具体数额往往难以直接度量。南开大学的陈宗胜教授提供过一个间接的数据,即不计非法收入,1997年中国居民收入的整体基尼系数是0.42;计入偷税漏税、官员腐败和其他非法收入后,上升为0.49——二者之差为0.07。0.07看似不是一个很大的数字,但很可能正是"压垮骆驼的最后一根稻草"。

由这种机会不平等造成的收入差距,只能靠政治和经济领域的制度变革来进行。

对于某些垄断部门或垄断企业利用自己对市场或公共资源的垄断权力取得高额收入,再分配政策也无能为力。20世纪90年代后期之前,中国各级政府曾在大约30个产业分别设置了程度不等的进入限制,部分企业由此获得了大量垄断性暴利。而政府的反垄断执法不力,甚至没有采取任何应对措施。这种原因造成的收入差距扩大,再分配政策也是起不到多大作用的。

城乡差距和地区差距问题属于经济发展过程当中产生的问题。大量的劳动力没有从农村中转移出来,农民的收入很难提高,转移出来的大量农民工,由于竞争有限的岗位导致收入水平也很难提高。我国的总劳动力中大概有80%的劳动力属于低收入水平,甚至没有达到税收的门槛。从其他国家的经验以及本书的分析结果来看,缩小城乡之间和地区之间收入差距的更为有效的办法是加快发展更加具有开放性、流动性的劳动力市场。通过劳动力的自由流动来平抑区域之间的工资率以及相应的收入差距。发展劳动力市场不仅意味着城镇劳动力市场应该公平地向农村劳动力开放,而且也意味着农村内部应该打破地区之间劳动力市场的相互分割。完全用社会收入再分配的方法,用税收、补贴的办法,使所有成员得到一个相对平均的收入水平是很难的,所以再分配政策对这一类问题的效果非常有限。

区域间收入差距仅仅依赖于收入再分配政策也是不够的,而且实施这些政策所需的成本也是巨大的。

中国的收入差距过大问题主要并不是由经济增长造成的,因而也不能仅仅依靠经济手段来解决,制度与政治因素起到重要甚至是决定性的作用。对于收入差距形成的不同原因,体制方面、发展方面、公共政策方面,要用不同的方法去解决,而不能仅靠再分配政策的调节。

(二)我国再分配领域的政策缺位

再分配政策对于收入差距缩小的作用有限,是相对而言的,而且是在我国转型期的特殊背景下而言的。而对于成熟的市场经济国家,则又另当别论。但是从另一方面看,不合理的再分配政策却能对收入差距的扩大起到很大的负面作用。因而,不能忽视正确的再分配政策的设计与运用。

财税政策是政府对居民收入进行再分配的主要手段,即运用国家力量进行的强制性的"重要的重新分配收入的手段",以保证社会生活的健康、稳定,也是市场经济条件下政府调节经济运行的主要工具之一。基本内容是"损有余而补不足",实现全社会尽可能多的人都能够过上基本生活水平得到保障的生活。以财税政策为主要内容的再分配政策,能够有效地发挥政府对社会成员收入的再调节功能,从全社会共同和长远利益的角度,平抑收入差距,缩小贫富分化。

我国目前收入分配秩序的基础——平等、合理的社会和市场环境是远不能令人满意的,因而必然造成初次分配的畸高畸低。由于初次分配的不尽合理,政府必须加强再分配领域的政策配套和力度,以尽可能地弥补初次分配所造成的不合理局面。但是,目前政府的再分配政策——主要是税收政策,不仅主体上没有起到调节收入差距的作用,反而维持、甚至扩张了既存的个人之间的收入差距,因此,目前我国的税收制度从实际功能的角度看,可能会有助于国家财政收入的增长,但很难说同时起到了调节个人收入差距的作用。而一个不能够调节居民收入差距的税收制度,对收入分配制度而言,是不完备的,存在着很多政策缺位。

这种再分配政策的不完备表现在如下一些方面:

第一,在高低收入者之间的居民税负方面,高收入者的税负相对轻于低收入者。目前,我国在城镇居民个人收入的税收调节方面,主要实行个人所得税制度,且起征点较低,这样就把很多较低收入水平的居民也纳入了个人所得税的征收范围,导致税收负担对其实际收入的影响要远远超过对高收入居民的影响。这样一来,个人所得税不仅不能起到调节收入差距的作用,有时反而起了逆向调节的作用。同样,在农村居民中,各种税费的征收也具有累退的性质:收入越高,税负却越轻。因此目前的税收制度客观上并没有将调节居民收入差距作为一个重要的政策内容,当然也就无法发挥税收所应当发挥的平抑收入差距的基本作用。

第二,低收入者的最低生活保障实际上很难得到保证。低收入者的最低生活保障问题无论在发达国家还是在欠发达国家都是存在的。有学者指出,无论是发达国家还是发展中国家的经验都表明,由劳动者的体能、技能和知识经验等因素所导致的工资收入差距并没有达到极度悬殊的程度,实际生活中的收入分配的高度不均等往往是资产分配的不均等和收入分配的不均等相互促进的结果。在目前,我国很多低收入者的贫困生活状态是改革开放特定政策背景下的产物,这在城镇贫困者身上表现得尤其明显。在造成低收入者贫困的诸种因素中,低收入者的个人因素占多大的比重,是很难一概而论的。

目前我国的经济发展和国民收入水平已经达到了能够解决大部分低收入者最低生活保障的程度。我国总体经济实力已居世界前列,国民收入水平也达到了一定的程度,这些都为解决低收入者的最低生活保障问题提供了物质基础。

(三)再分配制度设计的出发点

目前在中国处于转型期,存在各种扭曲的情形下,政府在收入分配方面的职责,不应仅仅局限于通过再分配调节收入差距,而是在更高层次上的制度供给。

特别需要指出的是,中国城乡分割的二元结构也体现在再分配机制上。无论是救济性再分配、补偿性再分配、还是保险性再分配,着眼点都放在城镇居民身上,基本上忽略了农村居民。后者还没有被视为与前者在权益上完全平等的公民。

在现阶段,应该实行较为适度的收入再分配政策,其要义是收入再分配政策不应该阻碍市场经济体系的建立,不应该造成市场的扭曲,不应该以牺牲效率为代价,不应该影响社会经济发展的可持续性,不应该违背绝大多数人认可的收入分配的基本原则。政府再分配政策的目标是保证经济的公平、公正和平等,包括人们参与市场权利的公平、竞争规则的公平和收入分配结果的相对平等。

运用财税等再分配政策调节个人收入分配是一项十分复杂的系统工程,这要求我们在确定有关政策时必须首先明确客观、可行的原则。综合我国的现期情况和市场经济运行一般规律,确定调节个人收入分配的财税政策应遵守如下几项原则:

第一,财政部门应确立加大个人转移支付支出占总支出比重的指导思想。市场经济条件下公共财政的职能特征是宏观调控,这种调控可体现在对经济运行趋势和收入分配两方面。从市场经济国家的经验来看,个人收入分配调节的作用越来越强化。因为在市场经济条件下,财政对经济运行趋势的调控作用不会过度扩大,这是由税收总额增长不能过多挤占个人和企业收入增长空间所导致的财政支出总额占总需求比重有限来决定的。同时,经济运行趋势又直接受制于私人投资预期,而对个人收入分配格局的调节,市场和任何私人机构(赢利或非赢利机构)都不可能也没有责任进行,只能靠政府。政府调节个人收入一是靠制度安排(如确定最低工资)。二是靠财政收支手段,这其中更为重要的是支出。因为对中国这样一个发展中国家来讲,税收的收入调节功能远比支出见效慢。各级政府财政加大个人转移支付支出占总支出的比重,从根本上说是要为全社会经济发展创造一个稳定、安全的环境。

第二,调节收入分配必须讲求效率。收入分配调节是一项艰巨的任务,资金需求量大且难以测定。因此,在我国这样一个财政支出压力大、税收不确定性强的国家里,收入分配调节必须讲求效率,就是要让有限的资金发挥出应有的效应。只有讲求效率,我国的收入分配调节才能持久展开,才能真正达到预期目标。

第三,调节收入分配必须多管齐下。在确定调节收入分配的财税政策时,应从现金、实物、消费和就业等多方面入手,同时注意"分配环境"治理和"分配结果"调节两方面关系的平衡。只有如此,才能切实做到标本兼治、综合约束。事实上坚持这一原则,也就是要使我们的调节收入分配的财税政策能够与收入分配中的问题成因的复杂性相适应,与分配中矛盾的联系性相对应。

为了实现长治久安,必须建立一套行之有效的再分配机制。这套再分配机制至少应该救助最困难的社会群体、补偿那些利益受到损害的人。除此之外,它还应为大多数人提供收入保障,使之不会因失业、患病、年迈而陷入贫困。

三、收入分配调整的思路——政府政策选择的范围

收入分配政策应当是一个完整的体系,特别是在市场经济条件下,由于社会生活的复杂化、利益的多元化以及社会成员权利意识的普及,利益的分配也呈现出高度的复杂性。因此政府的收入分配政策也必然是高度复杂、全面的,要包括一系列完备、严密的法律和政策,这些法律和政策应当能够覆盖、统辖整个社会的收入分配过程,而不能仅仅只涵盖某一环节、某一部分的法律和政策。只有这样,政府才有可能发挥对全社会收入分配实行规范和管理的职责。

(一)解决收入差距问题的原则与方向

就收入分配的调节而言,存在着两种意义和水平上的方式,一是就收入本身进行的调整,例如政府的转移支付、对底层群众实施救济和基本生活保障等,这些措施是重要的,但都属于低水平的。二是通过完善竞争制度、公平竞争环境、培养竞争能力来实现,这属于高水平的调节,能从根本上阻止收入分配的扩大趋势。

对于要素占有和机遇不同而形成的收入差别,政策上应作适当调节,但不宜作抹平处理。否则开放条件下的要素外流将十分严重,市场经济中客观需要的创新、冒险精神也将受到极大抑制。对于体制性明规则、潜规则不周全、不合理造成的收入差别,在明确需有所调节、抑制的同时,关键是以政策和制度建设推动改革深化、机制转变,追求制度的合理与规范,再配之以必要的再分配调节。

具体来看,解决我国收入分配问题,应坚持以下几个原则:

第一,由于我国的总体收入水平还很低,因而目前的主要任务还是加快发展,提高整个社会的收入水平。不能以牺牲经济增长为代价来换取收入分配差距的人为缩小,调动一切积极因素、保持较快的经济增长速度仍然是非常重要的。

第二,缩小收入差距的有效手段不是压制高收入者的收入,而是提高低收入者的收入水平。低收入群体主要是由农民组成,这也彰显出"三农"问题的严峻性。20%的低收入阶层高度集中于农村社会,不解决这部分群众的收入问题,居民收入差距缩小的"拐点"不会自动到来。因而缩小城乡差距是今后长期而艰巨的任务。

第三,短时期内要容忍因财产性收入的增加等原因造成的收入分配差距的暂时继续扩大,但同时应重视收入分配问题,逐步采取措施,抑制收入差距的扩大趋势。

为了实现"共同富裕"的目标,政府需要定期不定期地主动调整不合理的因素造成的收入分配差距。比如,减少非法非正常收入、对税收等政策给予重新评价,更多的公平公正措施,有利于收入分配。从长期视野来看,这或许正是经济大幅度增长以后,居民收入分配差距有可能下降的重要途径。主动解决收入分配中的不合理问题,有利于避免社会动荡。

(二)以初次分配为重点调整收入分配政策

传统的思路是把对收入分配调整的重点放在再分配领域,通过收入的转移和完善的社会保障制度来实现。但是从上文的分析也可以看到,对于我国这样一个处于改革与发展中的大国来说,将实现收入差距缩小这一目标的措施和希望,仅仅放在分配或寄托于收入再分配政策是难以办到的,也就是说,实现经济增长与均等收入分配的基础不应该放在收入分配领域。因为当初次分配的各种因素导致初次分配差距过大时,再分配措施要想在不损害效率的前提下实现均等是难以办到的,并且还可能引起社会的不稳定。

从一些走市场经济道路的发展中国家和地区的发展经历看,当生产要素占有严重不均衡,经济发展战略——增长的构成同本国和本地资源禀赋特征不符合时,初次分配中出现的收入分配的不均等,难以通过再分配来调整和缓解。这种情况下,如果利用再分配措施维持均等分配,必然会损害微观的效率。

在初次分配领域调整收入分配,不能脱离开生产要素分配、产业的构成和经济发展战略,而在这几个层次上,充分发挥政府的作用是其中关键的一个环节。具体说来:

第一,实行消费转移政策。政府通过税收等手段从高收入者手里转移一部分收入给低收入者。如果转移给低收入者的收入只用于消费而不用于生产,在开始一段时间内,由于政府的干预,低收入者的收入水平得到提高,生活条件有所改善,消费增加,对于经济稳定发展和维持社会公平是有利的。但是这种转移也减少了高收入者的积累,这种减少对于经济增长的影响有多大,不同情况的经济体是不同的。在我国目前阶段,支撑经济增长的资金供给充足,高收入者减少的积累并不会对经济造成大的影响,而且我国目前内需不足,这种情况下消费转移政策对经济增长总体是有利的。

第二,实行投资再分配政策。从我国的现实情况看,政府应该通过投资转移政策增加低收入群体的资本积累,提高他们的生产能力,改变资本中高度集中的状况,从而进一步改善收入分配状况。政府将所支配的资源不是直接用于低收入者的消费,而是进行投资,增加低收入者的资本,提高其生产能力,以达到提高收入水平的目的。这些投资包括提供信贷、物质投入和对基础设施和人力资本的投资、提高穷人所占有的资本的劳动生产率的投资等等。这种投资所增加的产出完全由低收入者占有。这种政策所面临的问题是:这种收入转移所形成的资本的生产率可能会低于按市场规律配置所形成的资本生产率,也就是高收入群体所占有的资本的产出比率。这种政策在开始实施时,低收入者的人均消费水平提高比较慢,但它可以在较长的一段时间内自我持续下去。

第三,调整要素等经济增长因素。政府应该根据本国资源禀赋条件,调节生产过程中要素的组合比例和经济增长道路,实现消费与积累、经济增长与就业创造的统一。

由于比较合理的生产要素分配将为较均等的收入分配创造条件,所以政府可以通过各种政策对要素市场进行调整,进而影响收入分配。因为政策因素决定要素价格、要素利用水平和要素的收入。对要素市场的调整一方面会影响要素的收入,另一方面会影响生产过程中生产要素的组合比例和就业机会的创造。政府可以通过货币政策、贸易政策和投资政策来调节要素的相对价格,使之能反映一个国家一定时期所拥有的生产要素的相对稀缺性。

对人力资本状况进行调整。人力资源的分配状况是决定收入分配的重要因素。政府在人力资本的形成与分配上,可以发挥更大的作用,甚至是主导性作用。政府可以通过扩大人力资本投资,增加人力资本存量,也可以调整人力资本投资的方向和构成,来实现人力资源的均等分配。其中,由教育投资总量和结构所决定的教育普及程度和教育体制的结构对人力资源分配起决定性作用。

对商品市场进行调节。因为,最终需求的商品构成影响要素的需求形式和要素的收入,收入分配又通过消费形式反过来直接决定商品的需求。对商品市场的干预就是通过税收、补贴和各种形式的数量限制来影响产出的类型和相对价格的,对生产、消费、进口和出口进行鼓励和限制,使收入分配发生有利于目标群体的变化。

四、政策建议

在一定时期内,经济增长是我国经济发展追求的主要目标,但同时也应重视收入分配问题所导致的潜在不稳定因素。综合运用多种政策和手段,调节收入分配,以促进平等,提高经济运行的效率,实现经济增长和收入分配的动态协调。本章前文的分析,已经提出了一些政策建议。在以上分析的基础上,再强调以下几点:

(一)对初次分配领域进行调整

市场经济条件下,初次分配是依据人们的"生产要素投入"进行的,当生产资料不再由国家垄断后,初次分配不可能是平等的。在初次分配问题上,政府并不是无所作为的。通过必要的制度安排,将初次分配的不平等程度限制在一定范围内,是完全可以做到的,而且是非常重要的。

为低收入者提供一个平等的、可以促进自身发展的机会与条件,从而提高其自我发展能力,是一个更为重要的问题,应当放到与再分配政策调整同等重要甚至更加重要的位置。政策设计不是简单的削高补低,而是应该加强对初次分配的调整,如增加居民收入在国民收入中的比重、完善要素市场与要素价格的形成机制等。这种调整并不意味着政府直接参与生产的过程,而是通过制度设计,理顺居民个人在生产中的关系,提供均等的机会与环境,改变扭曲的初次分配格局。

(二)进一步完善市场经济体制

主要是资本、劳动力等要素的自由流通机制,生产经营中的公平竞争机制和合理的价格机制。具体来讲,就是要彻底取消行业垄断和权力干预等非经济因素,保证要素贡献与要素分配相符合的分配机制的正常运行。在宏观财政和货币等政策方面,加大对中小城镇建设的国家投资,加大对科技型和有长远发展前途的中小企业的融资支持,加大对农业科技成果的研发和转化的扶持;在区域经济发展的具体战略方向选择上,优先发展具有自身资源、科技相对禀赋的地区和行业,形成多个发展极;着重发展具有历史、文化、科技等特色的高附加值稀缺型服务产业,使不掌握资本要素的劳动者收入大幅提高。

(三)消除体制性障碍,创造公平与平等的机会

如果从权利公平、起点公平、过程公平(意在公正)的角度来看,各种机会平等比收入平等更重要,收入不平等只是经济发展的一个结果,而以起点和过程不公平为标志的机会不平等,却折射出中国50多年来公共政策选择上的偏差。

一些发达国家的经验也说明,在立法和执法机制健全的情况下,由于资本积聚导致的贫富差距扩大,也可以通过税收等等制度的调节使之保持在社会能够普遍接受的范围内。市场经济也会导致一部分人失业和收入过低,特别是教育程度低、缺乏专业技能,以及其他处于不利条件下的人群。这方面的问

题是可以通过收入再分配、健全社会保障和公共服务体系,以及税收等政策的调整来解决的。

改革各种限制劳动力流动的政策,逐步消除劳动力流动的种种障碍,促进劳动力的流动。改革开放以来的事实已经证明,劳动力流动,特别是城乡之间劳动力的流动,已经在缩小收入差距上起了显著的作用。当然,我们也应该看到,计划经济时代对劳动力流动严格限制所造成的原有格局,并不是短期内就能改变的,阻碍劳动力流动的制度性障碍,如户籍制度、福利制度、住房制度、用工制度等,虽然在迄今为止的改革中已经改善了很多,但离市场经济的要求还相差甚远。因此,培育和健全劳动力市场,特别是城乡之间可以自由流动的劳动力市场,仍然是今后宏观经济政策的一个重要方面。

改革教育制度。不平等的权力分配和经济、社会分层决定了教育上的倾斜,而这种教育体制反过来又强化了不平等的权利、经济和社会结构。在我国目前的教育资金分配上,一方面义务教育的资金严重不足,基层财政负担严重,另一方面,中央财政对高等教育的投资和补贴逐步增多,而能进入高等学校读书的又多是富家子弟,众多农家子弟面对高额的教育收费,也只能是望大学而兴叹。教育本身正趋向于增加社会鸿沟,扩大阶层差别。据周文兴的研究表明,教育因子对于促进经济增长和缩小收入分配差距都有明显的正相关作用。[1]

(四)扩大就业供给

在强烈的人口压力下制止收入分配不均等加剧的最有效办法,是以比人口和劳动力增长更快的速度扩大劳动力的需求。因而,在农村发展劳动密集型的中小制造企业,并逐渐提高农业的技术水平,实现农业的现代化是非常重要的。否则倒 U 型曲线的不均等阶段可能会变得非常陡,以致会出现难以爬跃的困难。

一个国家就业的增长取决于经济增长所创造的就业机会,但扩大就业不能仅依赖于经济增长,而需要实施积极的就业政策。我国局部地区过度依赖

---

[1] 周文兴:《中国城镇居民收入分配与经济增长关系的实证分析》,《经济科学》2002 年第 1 期。

资本密集型和技术密集型产业,而忽视了对劳动密集型产业的扶持,这会直接导致当地劳动力的就业压力。劳动和社会保障部提供的统计数据显示,今后几年,中国城镇每年需要就业的人口都将超过2400万人,而新增的就业岗位加上自然减员也只有1100万个,供大于求的缺口在1300万个以上,矛盾十分尖锐。特别是在中西部地区、资源枯竭的城市,就业问题更加突出。在农村,现有劳动力4.97亿人,除去已经转移就业的两亿多人以及农村需要务农的1.8亿人,尚有1亿左右的富余劳动力。

政府应采取进一步推动创业的积极政策,营造一种鼓励和扶植创业的良好社会环境,为创业者提供更加优惠的条件。一方面,应以优先就业作为今后发展战略的重要选择,大力发展劳动密集型产业,特别是劳动密集型的中小企业,努力创造适应中小企业生存的环境,和尽可能多的就业机会,使更多的劳动力参与到工业化进程中来并获得相应的收入。优先就业的战略选择是我国未来缩小收入差距的保障。另一方面,还要促进劳动力要素的平等,包括促进劳动力市场机会的平等和劳动力素质和身份的平等,这需要打破垄断和城乡分割,加强教育投入等。

(五)加大对教育资源的投入力度,完善人力资本培育的合理制度

随着经济发展进入工业化后期和信息化阶段,技术、管理等要素在生产中的地位越来越重要,其所获取的要素分配额也越来越多,成为影响收入的主要因素。要使低收入者收入持续而有保证的增加,必须增加其人力资本的竞争力,因而必须对现有的人力资本培育制度进行变革。

有关研究证明,基础教育具有缩小收入差距的作用,而高等教育则具有扩大收入差距的作用。因而,首先要加大对初、中级教育的投入力度,规范初次教育的平等机制,保证所有新生劳动力都能接受平等有效的培育。其次,完善高等教育的保障机制,加大对所有有接受高等教育意愿者多种形式的物质支持。最后,建立失业人员的人力资本转型和升级机制,将教育保障作为社会保障的重要内容。

(六)尽快建立低水平、广覆盖的社会保障体系

社会保障政策实际上是政府运用社会成员之间和同一社会成员不同时期

之内的收入所得而进行的转移支付方式,即"在不同代的人之间和不同代的人内部进行再分配的计划",来强制性地安排、保障那些无收入或低收入的社会成员,仍然能够获得基本的生活条件。

与国外相比,我国在社会保障和福利支出上存在较大差距,发达国家的保障和福利支出一般占财政支出的30%~50%之间,发展中国家也都占到20%左右。而我国抚恤和社会福利支出占财政支出的比重多年来始终在2%左右徘徊,属于世界上支出比例最少的国家之一。所以,我们要缩小收入分配的差距,必须加大对社会保障的支出,以提高公众的社会福利水平。

但是,我国的福利政策又不能照搬发达国家的经验。由于我国目前的经济发展水平还不高,这就决定了我国要建立的社会保障体系是低水平的。因为过高的社会福利与社会保障体系会增加企业的用工成本,导致就业供给岗位的减少。同时,过高的社会保障支出会加重我国负担,拖累经济增长。况且在我国人口众多、地区差距严重的情况下,社会福利制度并不能得到很好的实施。所以社会保障水平要与我国的经济发展阶段相适应,以避免陷入"拉美陷阱"之中。

本书结语

本书的主要观点是:转型期我国收入分配格局的现状与形成都有自身的特殊性。造成我国收入差距扩大的原因是多方面的,经济增长是其中之一,但不是主要原因。收入差距对经济增长的影响是显而易见的,适度的收入差距对经济增长起正向作用。经济增长与收入分配的作用受不同经济条件和经济体制的制约,从而表现出不同特征。但是实现经济快速增长过程中收入分配的适度与合理是可能的,也是有利于经济增长的。我国的收入差距已经处于危险的边缘,需要及时进行调整。收入差距不会随着经济增长而自动缩小,市场对差距的缩小是无能为力的,对差距大小的调整需要政府通过相应的政策与制度来进行。

本书的研究说明,控制收入差距并不只是为了实现道德层面的公平,从经济上来说,如果任由收入差距扩大,那么经济增长将受到损害,这对每一个社会成员都不利。而且,也不能寄希望于经济发展本身自动地产生缩小收入差距的作用,因为本书的研究结果显示,收入分配问题是一个制度问题,市场机制和经济增长本身都没有促使收入差距缩小的内在因素,且更高的经济发展水平将与更高的收入差距相伴随。本书的政策含义是显而易见的。如果政府采取政策将收入差距控制在适度与合理范围内,将有利于提高经济增长速度,而经济增长则又反过来对缩小收入差距有利。相反,如果任由收入差距进一步扩大,那么将对经济增长产生负面影响,由于经济增长下降将不利于缩小收入差距,因此一个初始的收入差距的扩大就可能导致收入不均等—经济衰退—收入不均等的恶性循环。所以,收入差距的控制是当前中国经济实现可持续发展和建设和谐社会的积极举措。

控制收入差距是不可能通过再分配中的财政转移支付等方式来实现的,

更主要的还是要在市场初次分配这个源头上来解决。在收入分配的调节方面,要充分发挥政府的作用,对原有的相关制度进行变革和创新。

邹恒甫曾经说过,中国经济改革的理论研究,只不过是考察主流经济学框架里的一些特殊的制度约束和扭曲罢了。摆脱这些制度约束和扭曲,而同时又不可避免地引入或多或少的新约束和扭曲,是许多杰出中国经济学家摸着石头过河的艰辛尝试。在这种渐进的演变中,许多新的政策措施不断在中国经济改革中激起轩然大波,但我们本来就应该如此实践。① 这或许能够给我们一些启示。

本研究中有许多不足之处,比如:对收入差距成因要进行精确分析,得出有说服力的结论,需要选取大量的相关指标,进行多元线回归分析,和多重共线性检验与调整。前提是大量的搜集相关数据和进行复杂的数据分析,由于种种原因,本书没有做这方面的工作,给本书留下了不小的遗憾。

对于收入分配与经济增长关系的研究,应该进行深入的分析与对比,尽量找出具有一般性的规律或经济意义。但由于水平所限,特别是对数量分析方法的掌握还不够娴熟,所以只进行了简单的定量分析,使得本书的论证稍嫌单薄。

全面地研究收入分配问题需要从不同角度,利用不同的指标来分析,本书仅仅用了基尼系数这一个指标,研究结果难免存在一定的局限性。另外,本书虽然也通过数据分析对理论进行验证,但受数据来源和技术手段所限,常常需要对数值进行基于主观判断的修改,且仍然不能得到令人满意的较为客观的结果。同时为了研究的方便,本书直接引用了他人关于基尼系数的计算结果,没有亲自演算、核实这一关键数据,这也是本书存在的不足之处。

由于数据收集的繁杂性,同时由于水平所限,对我国收入分配适度性的动态评判标准本文只是进行了定性分析。要对我国现阶段收入分配的适度性做出准确而有说服力的判断,一定的定量分析是必要的。这有待于今后进一步完善和改进。这是本书的不足之处,也是今后在这一领域继续进行研究的方向。

---

① 龚六堂编著:《经济增长理论》,武汉大学出版社 2000 年版。

参考文献

《马克思恩格斯全集》第 25 卷,人民出版社 2001 年版。

《马克思恩格斯全集》第 49 卷,人民出版社 1982 年版。

《马克思恩格斯文集》第 8 卷,人民出版社 2009 年版。

白雪梅、吕光明:《教育与收入不平等关系研究综述》,《经济学动态》2004年第 4 期。

蔡昉、都阳:《中国地区经济增长的趋同与差异——对西部开发战略的启示》,《经济研究》2000 年第 10 期。

蔡昉、林毅夫:《中国经济》,中国财政经济出版社 2003 年版。

蔡昉:《2002:中国人口与劳动问题报告——城乡就业问题与对策》,社会科学文献出版社 2002 年版。

蔡昉:《探索适应经济发展的公平分配机制》,《社会主义论丛》2006 年第1 期。

蔡昉:《中国流动人口问题》,河南人民出版社 2000 年版。

蔡继明:《我国当前分配不公的成因和对策》,《中共中央党校学报》2010年第 3 期。

常修泽:《中国分配制度改革的三个提升——防止陷入拉萨尔的"分配窄圈"》,《中国经济时报》2010 年第 323 期。

陈安平:《财政分权、城乡收入差距与经济增长》,《财经科学》2009 年第10 期。

陈广汉:《增长与分配——发展中经济面临的选择》,武汉大学出版社1994 年版。

陈世清:《对称经济学》,中国时代经济出版社 2010 年版。

陈世清:《经济领域的哥白尼革命》,中国时代经济出版社2005年版。

陈玉宇、王志刚、魏众:《中国城镇居民20世纪90年代收入不平等及其变化—地区因素、人力资本在其中的作用》,《经济科学》2004年第6期。

陈宗胜、周云波:《非法非正常收入对居民收入差别的影响及其经济学解释》,《经济研究》2001年第4期。

陈宗胜、周云波:《再论改革与发展中的收入分配》,经济科学出版社2002年版。

陈宗胜:《发展经济学——从贫困走向富裕》,复旦大学出版社2000年版。

陈宗胜:《改革、发展与收入分配》,复旦大学出版社1999年版。

邓利娟:《试析台湾"均富型增长模式"的改变》,《台湾研究季刊》2005年第3期。

杜平、沈毅俊:《国民收入分配格局演变的比较分析及启示》,《工业技术经济》2009年第3期。

房宏琳:《居民收入构成来源对城乡差距的影响差异分析》,《求是学刊》2010年第6期。

冯金华、徐长生:《后凯恩斯主义理论的发展》,武汉大学出版社1997年版。

高连水、尹碧波、刘明:《我国居民地区收入差距的变动趋势及其解释》,《中央财经大学学报》2012年第3期。

高梦滔、姚洋:《农户收入差距的微观基础:物质资本还是人力资本?》,《经济研究》2006年第12期。

高培勇:《收入分配:经济学界如是说》,经济科学出版社2002年版。

高志仁等:《积极创新条件,提高农民财产性收入》,《光明日报》2008年3月22日。

龚六堂编著:《经济增长理论》,武汉大学出版社2000年版。

郭军华:《中国城市化对城乡收入差距的影响—基于东、中、西部面板数据的实证研究》,《经济问题探索》2012年第9期。

国家发改委宏观经济研究院课题组:《全面建设小康社会的目标和任务》(下),《经济研究参考》2004年第30期。

国家计委宏观经济研究院课题组:《中国城镇居民收入差距的影响及适度性分析》,《管理世界》2001 年第 5 期。

国家统计局:《中国统计年鉴》,中国统计出版社 2008 年,2009 年,2010 年,2011 年版。

国家统计局城市社会经济调查总队:《财富:小康社会的坚实基础》,山西经济出版社 2001 年版。

国家统计局城市司广东调查总队课题组:《城镇居民家庭财产性收入研究》,《统计研究》2009 年第 1 期。

韩建雨:《收入分配与经济增长关系问题研究综述》,《经济纵横》2011 年第 1 期。

洪兴建、李金昌:《两极分化测度方法述评与中国居民收入两极分化》,《经济研究》2007 年第 11 期。

胡鞍钢、王绍光、康晓光:《中国地区差距报告》,辽宁人民出版社 1995 年版。

胡鞍钢、王绍光、周建明:《第二次转型:国家制度建设》,清华大学出版社 2003 年版。

胡联合、胡鞍钢、徐绍刚:《贫富差距对违法犯罪活动影响的实证分析》,《管理世界》2005 年第 6 期。

胡学勤:《缩小收入分配差距经济理论与我国现实分析》,《扬州大学学报(人文社科版)》2005 年第 3 期。

黄泰岩、王检贵:《如何看待居民收入差距的扩大》,中国财政经济出版社 2001 年版。

黄潇、杨俊:《收入分配差距与经济增长的非线性关系再检验》,《山西财经大学学报》2011 年第 7 期。

景天魁、毕天云:《从小福利迈向大福利:中国特色福利制度的新阶段》,《理论前沿》2009 年第 11 期。

康书生、李灵丽:《增加居民财产性收入的金融支持》,《金融与保险》2010 年第 6 期。

郎永清:《信息决定机制:一个人力资本定价选择模型》,《经济理论与经济管理》2003 年第 6 期。

李稻葵、刘霖林、王红领:《GDP 中劳动份额演变的 U 型规律》,《经济研究》2009 年第 1 期。

李实、[加]史泰丽、别雍·古斯塔夫森:《中国居民收入分配研究Ⅲ》,北京师范大学出版社 2008 年版。

李实、张平、魏众、促济垠等:《中国居民收入分配实证分析》,社会科学文献出版社 2000 年版。

李实、赵人伟、张平:《中国经济转型与收入分配变动》,《经济研究》1998 年第 4 期。

李实:《中国农村劳动力流动与收入增长和分配》,《中国社会科学》1999 年第 2 期。

李扬:《中国金融改革》,江苏人民出版社 1999 年版。

李子联:《农村劳动力转移中的"激励效应"与"抑制效应"——兼论劳动投入视角下收入分配的经济增长绩效》,《中国经济问题》2011 年第 1 期。

林毅夫、蔡昉、李周:《中国的奇迹:发展战略与经济改革(增订版)》,上海三联书店、上海人民出版社 1999 年版。

林毅夫、刘明兴:《中国的经济增长收敛与收入分配》,《世界经济》2003 年第 8 期。

林毅夫:《制度、技术与中国农业发展》,上海三联书店 1994 年版。

刘承礼:《改革开放以来我国收入分配制度改革的路径与成效—以公平与效率的双重标准为视角》,《北京行政学院学报》2009 年第 1 期。

刘方棫、李振明:《跨越中等收入陷阱,促进收入可持续增长》,《消费经济》2010 年第 6 期。

刘国光:《究竟如何看待当前的"贫富差距"—社会主义本质特征探微》,《人民论坛》2010 年第 31 期。

刘力:《经济增长现收入分配关系的理论观点述评》,《广东外语外贸大学学报》2004 年第 4 期。

刘霖、秦宛顺:《收入分配差距与经济增长之因果关系研究》,《福建论坛·人文社会科学版》2005 年第 7 期。

刘瑞、于海涛:《社会经济发展战略流派、范式及中国的组合选择》,《社会科学研究》2011 年第 4 期。

刘生龙:《收入不平等对经济增长的倒 U 型影响:理论和实证》,《财经研究》2009 年第 2 期。

刘树杰、王蕴:《合理调整国民收入分配格局研究》,《宏观经济研究》2009 年第 12 期。

刘伟、蔡志洲:《国内总需求结构矛盾与国民收入分配失衡》,《经济学动态》2010 年第 7 期。

刘扬、王绍辉:《扩大居民财产性收入共享经济成长成果》,《经济学动态》2009 年第 6 期。

刘兆征:《我国居民财产性收入分析及增加对策》,《经济问题探索》2009 年第 7 期。

卢嘉瑞:《中国现阶段收入分配差距问题研究》,人民出版社 2003 年版。

卢现祥:《从第一次分权让利到第二次分权让利——对中国经济增长的动力机制的反思》,《福建论坛》2010 年第 1 期。

陆铭、田士超:《收入差距的负面影响及预警体系构建》,《学习与探索》2007 年第 2 期。

陆铭:《因患寡,而患不均》,《经济研究》2005 年第 12 期。

吕炜、赵佳佳:《中国经济发展过程中的公共服务与收入分配调节》,《财贸经济》2007 年第 5 期。

罗小芳、卢现祥:《论共享式增长—对我国经济发展失衡的制度思考》,《金融与经济》2010 年第 8 期。

马从辉:《开放经济条件下居民收入分配问题研究》,中国财政经济出版社 2004 年版。

马明德、陈广汉:《中国居民收入不均等:基于财产性收入的分析》,《云南财经大学学报》2011 年第 6 期。

马强、孙剑平:《拉美国家收入分配问题及其对中国的启示》,《理论导刊》2011 年第 3 期。

彭刚、彭忆欧:《中等收入陷阱的国际视角与中国对策》,《重庆社会科学》2011 年第 10 期。

钱敏泽:《开放经济下中国分配差距变化及对经济增长影响》,经济科学出版社 2006 年版。

乔洪武、董希楠:《经济伦理视角下庇古福利经济理论研究》,《商业时代》2011 年第 16 期。

权衡:《"收入分配——经济增长"的现代分析:转型期中国经验与理论》,上海社会科学院出版社 2004 年版。

任保平、林建华:《西方转型经济学的理论演化及其述评》,《河北经贸大学学报》2005 年第 5 期。

任太增:《劳动份额、制度羁绊与劳动者讨价还价能力》,《改革》2010 年第 5 期。

司志宾、张东辉:《地区收入差距与经济增长——基于中国统计数据的实证分析》,《东岳论丛》2007 年第 5 期。

宋树仁、李玲、梅立群:《中国居民基尼系数的测度与计量》,《统计与管理》2010 年第 2 期。

苏振兴、袁东振:《发展模式与社会冲突——拉美国家社会问题透视》,当代世界出版社 2001 年版。

孙光德、董克用:《社会保障概论》,中国人民大学出版社 2000 年版。

唐东波、张军:《中国的经济增长、城市化与收入分配的 Kuznets 进程:理论与经验》,《世界经济文汇》2011 年第 5 期。

汪玉凯:《分配制度改革取决于政府能否约束自身》,《中华工商时报》2006 年 9 月 4 日。

王梦奎、李善同主编:《中国地区社会经济发展不平衡问题研究》,商务印书馆 2000 年版。

王培刚、周长城:《当前中国居民收入差距扩大的实证分析与动态研究——基于多元线性回归模型的阐释》,《管理世界》2005 年第 11 期。

王绍光、胡鞍钢:《中国:不平衡发展的政治经济学》,中国计划出版社 1999 年版。

王小鲁、樊纲:《中国收入差距的走势和影响因素分析》,《经济研究》2005 年第 12 期。

温家宝:《关于发展社会事业和改善民生的几个问题》,《求是》2010 年第 7 期。

文宗瑜:《创造条件让更多群众拥有财产性收入》,《中国投资》2010 年第

4 期。

吴敬琏:《当代中国经济改革:战略与实施》,天津人民出版社 1999 年版。

徐佩华:《探索改善收入分配的经济增长模式》,《华东交通大学学报》2006 年第 3 期。

闫肃:《经济增长、储蓄结构与收入分配——我国国民收入分配格局问题研究》,《经济经纬》2011 年第 1 期。

颜鹏飞、唐轶昂:《我国居民收入分配差距研究——兼评库兹涅茨的"倒 U 理论"》,《福建论坛(经济社会版)》2002 年第 3 期。

杨灿明:《转型经济中的宏观收入分配》,中国劳动社会保障出版社 2003 年版。

杨春学:《和谐社会的政治经济学基础》,《经济研究》2009 年第 1 期。

杨俊、张宗益:《收入分配与经济增长——近代西方理论与实证考察》,《重庆大学学报》2002 年第 10 期。

杨宜勇、池振合:《2009 年中国收入分配状况及其未来发展趋势》,《经济研究参考》2010 年第 6 期。

杨宜勇、池振合等:《国际金融危机对我国低收入群体的影响研究》,《经济研究参考》2009 年第 13 期。

易锋杰:《"基尼系数"质疑》,《财经理论与实践》2002 年第 4 期。

尹恒、龚六堂、邹恒甫:《收入分配不平等与经济增长:回归到库兹涅茨假说》,《经济研究》2005 年第 4 期。

尹世洪主编:《当前中国城市贫困问题》,江西人民出版社 1998 年版。

曾国安、洪丽:《收入分配不公问题的多维解读》,《江汉论坛》2010 年第 6 期。

曾国安:《关于居民收入差距的几个问题的思考》,《当代财经》2002 年第 6 期。

张道根:《中国收入分配制度变迁》,江苏人民出版社 1999 年版。

张东生主编:《中国居民收入分配年度报告(2010)》,经济科学出版社 2010 年版。

张景鸣、孟凡军、孙昭慧:《居民收入分配差距测度方法研究综述》,统计科学与实践》2011 年第 6 期。

赵雪峰:《拉美国家缩小收入差距的社会政策及启示》,《中国经贸导刊》2011 年第 5 期。

中共中央宣传部:《七个怎么看》,学习出版社、人民出版社 2010 年版。

中国社会科学院工业经济研究所编:《中国企业竞争力报告(2007)——盈利能力与竞争力(2007 年企业蓝皮书)》,社会科学文献出版社 2007 年版。

钟茂初、宋树仁、许海平:《中产阶层的定量界定及其中国收入分配格局演进趋势》,《未来与发展》2010 年第 2 期。

周长城:《中国生活质量:现状与评价》,社会科学文献出版社 2003 年版。

周文兴:《中国城镇居民收入分配与经济增长关系的实证分析》,《经济科学》2002 年第 1 期。

周云波:《城市化、城乡差距以及全国居民总体收入差距的变动——收入差距倒 U 形假说的实证检验》,《经济学(季刊)》2009 年第 8 期。

朱光磊:《中国的贫富差距与政府控制》,上海三联书店 2001 年版。

[法]巴斯夏:《和谐经济论》,章爱民译,机械工业出版社 2010 年版。

[法]勒帕日:《美国新自由主义经济学》,李燕生译,北京大学出版社 1985 年版。

[法]西斯蒙第:《政治经济学新原理》,何钦译,商务印书馆 1997 年版。

[美]M. P. 托达罗:《第三世界的经济发展》(上),于同申等译,中国人民大学出版社 1988 年版。

[美]阿瑟·刘易斯:《二元经济论》,施炜等译,北京经济学院出版社 1989 年版。

[美]阿瑟·刘易斯:《发展计划》,何宝玉译,北京经济学院出版社 1989 年版。

[美]贝克尔:《人力资本》,梁小民译,北京大学出版社 1987 年版。

[美]本杰明·M. 弗里德曼:《经济增长的道德意义》,李天有译,中国人民大学出版社 2008 年版。

[美]布坎南:《自由、市场与国家》,平新乔等译,上海三联书店 1988 年版。

[美]道格拉斯·C. 诺思:《西方世界的兴起》,张炳九译,学苑出版社 1988 年版。

［美］道格拉斯·C.诺斯:《经济史中的结构与变迁》,陈郁等译,上海三联书店1987年版。

［美］费雪:《利息理论》,陈彪如译,上海人民出版社2005年版。

［美］库兹涅茨:《各国的经济增长率——总产值和生产结构》,常勋译,商务印书馆1999年版。

［美］吉利斯、波金斯、罗默、斯诺德格拉斯:《发展经济学》,彭刚等译,中国人民大学出版社1998年版。

［美］库兹涅茨:《经济增长与收入不平等》,《美国经济评论》1995第45期。

［美］拉维·坎波尔、琳·斯奎尔:《关于贫困的思想演变:对相互作用的探讨》,收录于［美］杰拉尔德·迈耶、约瑟夫·斯蒂格利茨:《发展经济学前沿》,本书编译组译,中国财政经济出版社2003年版。

［美］劳伦·勃兰特、罗斯基托:《伟大的中国经济转型》,方颖等译,格致出版社2009年版。

［美］迈克尔·P.托达罗:《经济发展与第三世界》,印金强等译,中国经济出版社1992年版。

［美］迈克尔·波特:《国家竞争优势》,李明轩、邱如美译,华夏出版社2002年版。

［美］钱纳里等:《发展的形式》,李新华等译,经济科学出版社1988年版。

［美］斯坦利·L.布鲁、兰迪·R.格兰特:《经济思想史》,邸晓燕等译,北京大学出版社2008年版。

［美］威廉·鲍莫尔、罗伯特·利坦等:《好的资本主义,坏的资本主义》,刘卫、张春霖译,中信出版社2008年版。

［美］小罗伯特·B.埃克伦德、罗伯特·F.赫伯特:《经济理论和方法史》,杨玉生译,中国人民大学出版社2001年版。

［日］速水佑次郎:《发展经济学——从贫困到富裕》,李周译,社会科学文献出版社2003年版。

［英］安东尼·B.阿特金森等:《公共经济学》,蔡江南译,上海三联书店1994年版。

［英］哈耶克:《通往奴役之路》,王明毅等译,中国社会科学出版社1997

年版。

[英]李嘉图:《政治经济学及赋税原理》,郭大力、王亚南译,商务印书馆1976年版。

[英]亚当·斯密:《国民财富的性质和原因的研究》(上),郭大力、王亚南译,商务印书馆1972年版。

Adelman,I and Morris,C T Economic Growth and Social Equity in Developing Countries,Stanford University Press,1973.

Aghion p,Howitt p. Growth and Gycies through Greative Destuction,1988. MIT Mineo.

Ahluwalia,M S,Inequality,Poverty and development,Journal of Development Economics,1976,3.

Alesina A. ,and Perotti R. ,1996,"Income Distribution,Political Instability and Investment",European Economic Review,81,5.

Alesina,Alberto and Rodrik,Dani. Distributive Politics and Economic Growth [J]. Quarterly Journal of Economics,May 1994,77(4).

Barro,R,2000,"Inequality and Growth in a Panel of Countries",Journal of Economic Growth,65.

Benhabib,J. ,And Rustichini,A. ,1996,"Social Conflict and Growth", Journal of Economic Growth,1,pp. 129-46.

Chenery,Ahluwalia[1974],Redistribution with Growth,The World Bank,Oxford University Press,1974.

Clarke,R. More Evidence on Income Distribution and Growth[J]. Journal of Development Economics,1995,47(2).

Deininger,K. & Squire,Lyn,1998,New Ways of Looking at Old Issues:Inequality and Growth [J]. Journal of Development Economics P. 57. Deininger, Klaus,1999. Asset Distribution,Inequality and Growth[J]. Journal of Development Economics,Washington D. C. Birdsall,N. & Juan-Luis,L. 1997. Asset Inequality Matters:An Assessment of the World Bank Approach to Poverty Reductoin[J]. American Economic Review P. 87. Matin,R. 1998. Does Aggregation Hide the Harmful Effects of Inequality on Growth[J]Economics Letters.

Denison, E. F. (1985), "Trends in American economic growth, 1929—1982", Washington DC: Brookings Institution.

Fei, Ranis, Growth with Equity: TheTaiwan Case, Oxford University Press, 1979.

Foellmi, Reto and Zweimuller, Josef. Inequality and Growth: European versus U. S Experiences [D]. Working paper, University of Zurich, 2003(6).

Forbes, K. , 2000, "A Reassessment of the Relationship between Inequality and Growth ", American Economic Review, 90(4).

H. G. Johnson, 1958, "Development research on Pakistan".

Kaldor N. Alternative Theories of Distribution[J]. Review of Economic Studies. 1956, 23.

Kaldor, N. 1956, "Alternative Theories of Distribution", Review of Economic Studies, 23.

Kanbur Ravi, Zhang Xiaobo. Which Regional Inequality? The Evolution of Rural-Urban and Inland-Coastal Inequality in China from 1983 to 1995 [J]. Journal of Comparative Economics, 1999(27).

Kravis, G. International Differences in the Distribution of Income. Review of Economic and Statistics, 1960, 42, No. 4.

Kuznets S. Economic Growth and Income Inequality[J]. A-merican Economic Review. 1955, 45.

Louis Emmerij, El Desarrollo Económico y Social en los Umbrales del Siglo XXI, BID, Washington, D · C · , 1998.

P. T. Bauer, Disssent on Development, Weidenfeld and nicolson, 1972.

Paukert, F. Income distribution at different leves of development: a survey of evidence". International Labaur Review, September, 1973.

Perotti, R. , 1996, "Growth, Income Distribution and Democracy: What the Data Say", Journal of Economic Growth, 1(2).

Persson, T and Tabellini, G. Is Inequality Harmful for Growth? Theory and Evidence[J]. American Economic Review, 1994, 84(3).

Stiglitz J. E. , 1969, "The Distribution of Income and Wealth among Individuals", Econometric, 37.

Susan E. Mayer, What Money Can? t Buy: Family Incom and children? s Life Changes(Harvard University Press, 1997); Jhon Romer, Epuality of opportunity (Harvard University Press, 1998)。